關帝學　聖鸞學院系列叢書

與神對話

對話

第七屆全國扶鸞大會
暨全國鸞堂介紹彙集

中華玉線玄門真宗教會教尊
陳桂興——編

真理大學教授、台灣宗教與社會協會理事長
張家麟——著

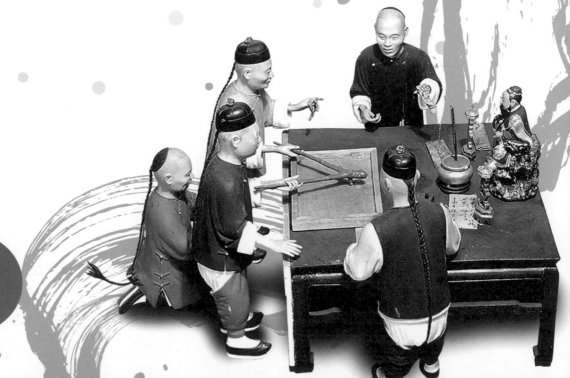

上冊

序

　　玄門真宗很榮幸能受邀承辦第七屆的全國扶鸞展演活動，透過承辦讓本教門全體修士與護道會能有更全方面的學習，在此非常感謝參與第七屆扶鸞展演的全國各宗教、各宮院、各鸞堂及所有參與的宗教專家學者、宗教先進等。

　　本教從參與承辦第七屆扶鸞展演活動，深深的感受到這樣的活動是不但是深具意義，更是非常急迫需要的。因為現在的鸞堂、鸞務、儀軌可以更深入調整，使「鸞堂」「鸞務」「儀軌」能更提升與傳承。

　　承辦扶鸞展演活動，虔敬尊奉恩主恩師訓示：

　　第一、扶鸞展演真實內涵的宣傳宣示，須知既稱展演，就應有完整儀軌展示的本義，也就是必須有「將過去的內涵展示」與建構強烈「參與學習」的精神融合成為一個完整的展現，因此其展演過程必須具足充分展現及互動學習為主的目的，所以舉凡扶鸞單位的位置、參觀者的動線、現場招待、與導覽說明……等等，都是扶鸞展演的重要工作。

　　第二、扶鸞展演應事先提一「主題」為本次扶鸞的共同祈請的鸞示，或是能針對現有時事、社會情況、眾生需求，以慈悲救世的大願作為恭請恩師鸞訓的方向主題。

　　第三、扶鸞的宣傳及教育功能成效思考：需知每次的扶鸞展演舉辦均得蒙諸多願心善舉人士的大力發心，人力、物力的龐大捐讚與支持 ...... 主辦的目的必須是秉持將殊勝上乘扶鸞大法的正法、修課、傳承、諸聖恩師的教化訓

勉……達到最好的效果，諸大誓願心的盡心籌措才有所成全之，因此，如何將參與單位的介紹完整呈現，如何將本次扶鸞展演活動的意義內涵，讓參與者甚至是參觀者都能有所明瞭，如何讓參與單位能彼此互動學習達到自己內化，自己知道改善，如何將聖訓鸞文在現場就能讓所有參與參觀者都能感受到恩師的慈悲聖示……等等都是成就扶鸞展演功德的必要作為思考。

第四、對於扶鸞聖堂的傳承思考：現在各扶鸞的宮院鸞堂都有普遍老化的現象，這是一個警訊，從對外來論，鸞堂的恩師訓示鸞文，不夠廣為宣傳及不易取得時，這也就造成社會大眾的需求減少，甚至不被理解，當不被需求或不被理解的鸞文聖訓，自然就會讓參與者減少，當參與者減少願意學習或傳承者自然減少，這就是鸞堂老化的主因之一。因此若要挽轉鸞堂老化的趨勢，首先必須與社會需要接軌，從鸞務、鸞訓……等等，都需要主動積極的宣達，讓大家參與，讓更多人理解，其次就是必須非常注重內部的聖化及正法儀軌傳承，切勿因沒有足夠的人就將儀軌就簡就略，這樣因就簡就略的儀軌正法作為，造成的後果將是無可回復的聖業扼殺，千千萬萬要切記不可造下的業罪。

玄門真宗是一個完全依鸞文鸞訓作為教門聖務的依憑，一切都依憑著鸞示指導，從不敢人為私心踰越……從宗教、從儀軌、從使命、從修課、從傳承、從方便濟世……鉅細靡遺的一步一階提攜教導…..都是一字一字的聖訓鸞文為依憑，我們深深感受到恩主恩師的無量慈悲大願與浩瀚的智慧，真是令我們無比的感恩與誓願心行。

尤其對於扶鸞修法的傳法課程，天人合一的《聖鸞》修練法要，從精勤修

行中達到修證真實安住的回歸自性法趣，獲得自在法喜、圓融、健康無礙，悟證充滿慈悲的真實生命根源洞悉本來，通天澈地，神遊法界……達到『天人合一』的天人師，以下略提教門針對扶鸞《登聖鸞》的修練課程：

天人合一的《登聖鸞》扶鸞修練法要

《登聖鸞》聖凡雙修的八大基礎修法

1. 圓融家庭的修練

2. 廣結善緣的慈悲心祈願修練

3. 侍神的虔敬入門修練

4. 身心健康的圓融大法修練

5. 元神皈證的靜息修練

6. 身心篤定的印心修練

7. 財運福報的心想念力持咒修練

8. 無形恩師會契的基礎修練

《登聖鸞》超凡入聖的七大進階修法

1. 超凡入聖的閉關修練

2. 法界相應法的靈氣拳修練

3. 心神相應法的法香修練

4. 神靈相應法的祈請修練

5. 陰陽引渡的經法修練

6. 因緣相應法的促機神算修練

7. 安魂定魄的制解修練

《登聖鸞》金指妙法五大修法

1. 進入真實的生命密鑰修練

2. 覆命皈旨的密契修練

3. 認祖歸宗的祖靈血緣修法

4. 三世因果的因果查辦修法

5. 財運福報的問心修法

《登聖鸞》代天宣化天命三大修法

1. 勸世旨敕，宣以修身養性行功立德，教以中正身心，聖凡雙修。

2. 救世旨敕，宣以方便濟世法作，教以陰陽圓滿，生死無礙。

3. 渡世旨敕，宣以超凡入聖的聖凡行作，教以出離生死，皈證圓融。

玄門真宗　玄興教尊　謹識

【與神對話】

2020 第七屆「全國扶鸞展演」
扶鸞儀式網路展演及
『宗教扶鸞的社會關懷』

目次

活動資訊

壹、活動計劃

一、主旨

本教主辦第七屆「全國扶鸞展演」,並訂定今年的主題為 2020 扶鸞儀式網路展演及『宗教扶鸞的社會關懷』,敬邀 貴宗教、宮、院、堂參與,以資弘揚扶鸞的宗教殊勝儀軌,敬祈參讚為禱。

二、說明

(一)活動宗旨

今年辦理第七屆「全國扶鸞展演」,以「宗教扶鸞儀式的社會關懷」為主題。由有志參與扶鸞儀式展演的全國各宮廟寺院,先在自己的宮廟寺院中辦理扶鸞儀式。經過本教請專業團隊錄製後,在國曆 11 月 28 日起為期一個月,透過網路向全世界傳播。

期間並邀請學者及扶鸞實務的宗教人士辦理學術論壇,整個過程再行錄製後,透過網路播出。落實宗教交流,並深化宣揚扶鸞儀式的內涵。用此關懷、安定社會人心及為全球疫災祈福。

（二）宗教網路傳播新趨勢

2020 年由於新冠肺炎（或稱 Covid-19）疫情，絕大多數國家都對集會頒佈了禁令。這對以人為服務對象的宗教宮廟寺院產生了重大影響，宗教宮廟寺院紛紛宣布延期或取消今年度的各項活動。讓許多有志於透過宗教來教化眾生的宗教單位或是宗教人士們感到憂心不已。

不過，隨著網路科技日益發達，透過網路宣揚宗教的「教義」、「濟世」、「儀軌」，已經是宗教界不能夠再輕忽的一件事了。過去以實體方式的宗教活動，現在逐漸轉在網路進行。

其實，用網路科技在線上為信眾作宗教服務，或各宗教宮廟寺院執事，在網路上直接與信眾聯繫與溝通，進而達成「宣教」、「濟世」的效果，已經是現在及未來的主要趨勢之一。

儘管宗教的實體活動，可以讓與會者直接面對面，而能帶給他們更多的信任感和良好的現場體驗。但是，仍然有些信眾受到地點和時間的限制，而無法與會。

如果落實推展「網路的線上宗教服務」，不僅善用科技突破相關限制，更能在疫情期間，避開人群聚集之窘境；順利的宣揚扶鸞文化及關帝信仰。

（三）辦理透過扶鸞儀式網路展演觀摩

廣邀各宮廟寺院的展演扶鸞儀式，及邀請各宗教界人士與學界的參與。透過網路向全世界傳播，可以更提昇鸞堂扶鸞儀式的神聖性。

【與神對話】

　　對內可以從比較宗教儀式的觀點，學習其他鸞堂的優點，提升自己鸞堂扶鸞儀式的能力；對外透過網路傳播，讓全世界都能看到台灣宗教界的扶鸞儀式，也能為台灣社會盡一份宗教家的責任。

（四）本屆扶鸞主題

（1）主題 1：宗教儀式的社會需求

　　扶鸞儀式如何與現在社會緊密結合，經由扶鸞儀式的展演來理解扶鸞儀式的功能，並透過學術論壇的論述，深化傳達扶鸞的功能是否能滿足現代社會的需求，更能經由鸞文的內容分析，檢證其是否符合當代台灣社會信仰者的需求。

（2）主題 2：扶鸞儀式與鄉土關懷

　　因應全球性新冠肺炎疫情肆虐成災，造成國際、政治、經濟、民心等動蕩不安，恭請各宗教、各宮院堂以「鸞訓」主題、儀軌、法節，為全球性新冠肺炎疫情肆虐成災共同祈福，祈願加被弭平疫災。

（五）辦理事先採訪攝錄深度扶鸞及全國網路直播

　　從即日起，前往各宮院堂寺廟作深度的扶鸞儀式錄製。經過完整的製作後，預計在國曆 11 月 28 日至 12 月 27 日，作為期一個月的網路直播，用此推廣鸞務至全國、全球。

（六）邀請參加全國北中南扶鸞展演、 學術論壇及現場攝錄直播

（1）場次

國曆 11 月 29 日　南部地點：高雄意誠堂

國曆 12 月 13 日　北部地點：基隆代天宮

國曆 12 月 27 日　中部總結圓滿：彰化花壇玄門山

（2）學術論壇

　　邀請宗教代表、宗教學者、主鸞代表觀摩扶鸞，參與學術論壇、對話。並將整理成書出版，使大眾對扶鸞儀式變遷及神聖性有更深刻地瞭解。

（3）攝錄直播

　　於現場對下列面向，作「深度」、「完整」的攝錄。

1、人員：「正鸞」、「副鸞」、「唱生」、「紀錄生」及「效勞生」。

2、儀式：整個扶鸞及祈福消災儀式過程。

3、座談：扶鸞後辦理學術討論及對公部門的建言。

4、鸞之文物或書籍：經由扶鸞著造的鸞書、經典；各項宗教文物。

5、降筆：降鸞神明的介紹。

6、神蹟：扶鸞、降筆的各種神蹟故事。

貳、主辦單位

中華玉線玄門真宗教會

參、承辦單位（教授群）

1. 台灣宗教與社會協會
2. 真理大學

北區：

1. 真理大學張家麟教授、2. 政治大學謝世維教授
3. 銘傳大學劉久清副教授、4. 真理大學蕭進銘教授

中區：

1. 真理大學張家麟教授、2. 政治大學謝世維教授
3. 逢甲大學王志宇教授、4. 嶺東科技大學呂宗麟教授

南區：

1. 真理大學張家麟教授、2. 成功大學黃聖松教授
3. 高雄師範大學陳韋銓副教授、
4. 銘傳大學通識中心 蔡秀菁兼任助理教授

肆、協辦單位

1. 高雄意誠堂關帝廟

2. 基隆大竿林仙公廟代天宮

伍、活動時間表

時間	活動	
12：30-13：30	準備 ・ 報到（迎賓）	
13：30-14：00	祭拜 ・ 繳書 開幕 ・ 致詞	現場 直播
14：00-16：00	扶鸞展演	
16：00-16：10	休息	
16：10-18：00	扶鸞廟學前沿論壇	
18：00-18：20	頒發證書 ・ 圓滿	

陸、主辦單位簡介

中華玉線玄門真宗教會

　　根據「玉皇尊經」的記載，關公在公元一八六四年被各教教主推舉，禪登「玉皇大天尊玄靈高上帝」，至今一百三十餘年，復於公元二OO三年在內政部正式申請准予立教名為『玄門真宗』，並頒敕皈依國度法界為無極大圓融天，創建人間圓融國度。

　　玄門真宗立教正是應命於三期末世的重要時機，於宗教界正值紛亂，正邪不辨、假道橫行的「亂紀」，擔當重整道盤的重任。就現實生活面而言，世人倫理道德觀念淪喪、不守綱常、作姦犯科，造原社會動盪、國本動搖，玄門真宗負有重建倫理道德、淨化社會和人心的重任。

　　玄門真宗以玄靈高上帝（關聖帝君）為教主，旨在建構一個圓融的國度，一個兼容並包屬於中國固有道統基礎下和諧謙恭、有情有愛的新社會，這是廿一世紀人類的新希望，也是廿一世紀人類生活的寄託和依靠，這正是玄門真宗教的背景和意義。

　　玄門真宗是一以承續固有文化法源「金玉滿堂」法証，追求「生命圓滿」的無上精神內涵，以完整的天地人、三才一貫依旨及陰陽對等的圓融法趣，對於法界來去之間的甚深奧妙及生命之間的因果關係、生息本源、圓融的依止，甚深微妙法界、生命生息等等的修行法要有著非常殊勝的旨趣要訣。

　　並以建立聖凡雙修的玄門真宗圓融國度，發揚、延遞屬於固有文化根源精神的宗教法脈，更以宗教的慈悲誓願心，力修宗教師成就「天人師」的行諸渡

化方便法門，勸以聖凡皆修圓滿的真如圓融大道，並促以知從「聖凡雙修」中

尋求自我生命意義的昇華，及以同體大悲的精神，回饋社會，服務人群的職志。

柒、協辦單位簡介

1 高雄意誠堂關帝廟

【寺廟沿革或簡介】

溯自清光緒廿五年歲次庚子年（民國前十二年，西元一八九九年）有位 諱意仔之種菜老伯，於今址，當時菜園中，建有草寮神壇，奉祀 三恩主（即文衡聖帝、孚佑帝君、諸葛武侯），迨至民國前四年（西元一九〇八年），改草寮神壇重建為土角茨神壇。以奉祀 文衡聖帝為主神、並設鸞扶鸞濟世。為感念意伯之恩，故堂名曰「意誠堂」，訂每年農曆四月十四日（孚佑帝君聖誕日）為堂慶紀念日，農曆六月廿四日（文衡聖帝聖誕日）為慶典節日。

本廟乃是台灣境內少數設有鸞台之神堂，先人誠遵聖訓，揮鸞闡教，奉天宣化儒宗，渡化迷津，開世人之覺路並於民國十五年（西元一九二六年）組織成立「同善社」，民國十八年（西元一九二九年）同善社正式落成。（位於今意誠堂左側之建物，即是當年之同善社，有匾為証。）於民國五十五年春拆除土角茨神壇，重建為磚造南式廟宇，迄至翌年荔月前殿後殿分別竣工，於焉而有現今莊嚴堂貌之規模矣。意誠堂於民國五十六年重建竣工同時成立「財團法人高雄市意誠堂」，並組織成立董監事委員會。

民國九十年歲次辛巳年葭月現任主任委員洪榮豐先生發起興建並著手籌建二樓凌霄寶殿，以恭奉玉皇大天尊，南北斗星君，及三官大帝，獲堂生熱烈響應，歷時一年有二個月，於民國九十二年歲次王午臘月二十日舉行安座大典。本堂於民國九十二年十一月三十日改制為「高雄意誠堂」。今意誠堂廟貌更俱金碧輝宏，雄偉壯觀。本堂歷史悠久，神威顯赫。香火鼎盛，且誦經團每於朔、望之日早晚為虔誠祈求之善男信女誦經，恭讀疏文，以求消災解厄，祈求風調雨順，國泰民安，薪火相傳，以示後代。本廟於民國１０４年正式改名為「高雄意誠堂關帝廟」。

【神蹟故事】

距今約莫四十年前，某次本堂聖帝祖恩主正在扶鸞濟世，當時有一對來自日本神奈川縣橫濱市的高橋一男先生與其妻在本堂廟外等朋友，這對夫妻平時並沒有宗教信仰。忽然廟內傳來呼叫「童玉蘭」之名，而「童玉蘭」即為高橋一男先生的妻子。這使得這對夫妻非常驚訝：「人生地不熟，為何有人在叫她的名字？」這對夫妻走入廟內後，隨即走到鸞台邊上，與本堂 聖帝祖恩主與眾神恩師結緣。本堂 聖帝祖恩主隨即向他們指示：「家庭將有變故，應注意家中老小身體之事。」並賜符令三道，令其有事化一座消災。果不其然，當這對夫妻返回日本後，家中老小生了一場大病，其夫想起在本堂的一切感應，於是依照本堂聖帝祖恩主所指示之方法，順利地化解了災厄。

爾後，高橋一男先生與童玉蘭女士相當感激本堂聖帝祖恩主與眾神恩師的恩澤與這段善緣，便從日本寄來缽與木魚，本廟妥善保存至今。

2 基隆市大竿林仙公廟代天宮

　　本宮是以鸞來立廟，在民國22年成立代天宮的籌備會，一直到民國48年再成立我們後殿的武聖殿，是由王標中住持發起的，一直到民國64年才完成了武聖殿的整個工程，本宮從民國22年立廟到現在剛好有88年的歷史，將近是百年的老廟，本宮前殿是奉祀主神俘佑帝君、後殿是奉祀關聖帝君，本宮是屬於以鸞來立廟，是三恩主和五恩主系統，是屬於民間宗教，那民間宗教也包含儒、釋、道三教的融合，所以，我們是多元神明的宮廟。

【神蹟故事】

自從 1882 年孚佑帝君的信仰傳入臺灣以後，由於神靈赫濯，求鸞問事，靈驗無比，在北臺灣廣為流傳，1890 年宜蘭舉人李望洋創立新民堂，1895 年宜蘭進士楊士芳創立喚醒堂，都奉孚佑帝君為主神，扶鸞問事，1905 年雙溪鸞生連新孚自喚醒堂求得分靈在水湳洞設堂為貧苦的礦工扶鸞問事，這一年出身金包里年僅二十歲的呂瑞乾來到水湳洞當礦工，便與孚佑帝君結下不解之緣，當了六年的副鸞生，1911 年接替連新孚主持鸞堂，馬上出現不可思議之靈異神跡：孚佑帝君賜他一段良緣，雙溪大地主游阿生新寡的媳婦吳氏查某來到水湳洞作為他的伴侶，1912 年入贅於游家繼承一筆土地與資產，由三級貧民搖身一變，成為富甲一方的大地主。

1923 年 呂瑞乾離開水湳洞搬到基隆長居，1924 年在草店尾三番地設立協發商店兼設鸞堂，生意日益興隆，而扶鸞問事的信眾，從水湳洞、九份、金瓜石、雙溪、鼻頭、澳底、金山、萬里以及基隆各地蜂擁而來，將協發商店擠得水洩不通，商務鸞務兩頭忙，七、八年以後的 1931 年，鸞務已非尋常鸞堂可以勝任，勢必升級到廟宇的規格才足以滿足信眾的需求。建廟時機業已形成，一天扶鸞問事之時驚見孚佑帝君降旨指示速往基隆之西尋求廟地，於是呂瑞乾邀到相識的地理師一起同行，原來孚佑帝君又為他顯現了一件不可思議的靈異神蹟：倆人來到基門之西六千步的大竿林，世外桃源般的山水幽境，果然勘查到一塊建廟寶地 --- 臥虎山，而地主從事金飾事業的蕭發這年剛買下這片山林，在此結廬奉祀觀音、文殊、普賢菩薩，打坐修禪，以避塵囂。不但樂於無償捐

地建廟，並且願意出錢出力，協助建廟。因緣俱足，水到渠成。

時當日本統治臺灣三十五年以後的昭和六年，政治安定，社會繁榮，各行各業蓬勃發展，人民生活安康富足，家不閉戶，路不拾遺，街道整齊，建築優美，教育普及，人文素養提昇，堪稱基隆的太平盛世，唯一不利建廟的條件是日本要將臺胞「皇民化」，各地紛設「同風會」，連宗教都要與日本同風，因此禁止臺灣傳統廟宇的興建。就在躊躇間孚佑帝君又為他展現另一神蹟：基隆的首紳，因推廣日語教育有成，1901 年榮獲明治天皇頒授藍綬紳章，1903 年即被指派為基隆區長，街長，相當於市長的許梓桑出現了，原來他是呂瑞乾姻弟游勝發的姑丈，許梓桑一出頭，所有的困難都迎刃而解。

1932 年取得建廟許可，呂瑞乾、蕭發、許梓桑三股人脈匯合起來，幾乎網羅大基隆地區所有的鄉紳名士來共襄盛舉。由許梓桑主持建廟大計，各執事分工合作。1933 年完成初胚工程，選在農曆十月十六日大吉之日恭迎觀音佛祖、孚佑帝君、關聖帝君，司命真君，王天君，柳星君諸寶相入廟安座。1937 年孟冬大工告竣，舉行慶成典禮。計自發起建廟到全部完工僅僅花去六年的時間，這一連串不可思議的奇蹟在在說明了孚佑帝君的靈驗，信而有徵，難怪代天宮七十多年以來，雖然經歷戰火洗禮，改朝換代，社會興衰，而庭院依舊清幽，廟貌日見巍峨，殿內神靈赫濯，香火鼎盛。信眾對孚佑帝君的信仰日益興隆。

捌、論壇主題

「神來一筆－扶鸞 ‧ 數位化 ‧ 社會關懷」討論主題

1. 經典

（1）請您從歷代的扶鸞，書寫出諸多鸞書、經典，有什麼意義？又有那些代表性的鸞書，值得推薦？這些鸞書中，又有那些關懷社會議題？

（2）您對《真誥》、《太上感應篇》、《呂祖全書》、《關帝全書》、《列聖寶經》等經典，有什麼看法？請擇一說明它在當代社會的價值與意義？

2. 儀式

（1）扶鸞在歷史的發展中，曾出現在道教、乩壇、恩主公信仰、一貫道、天道、紅卍字會、天帝教、慈惠堂系統、中華玉線玄門真宗等各教派，您認為有必要統一儀式流程嗎？有需要將各鸞堂扶鸞儀式「制度化」嗎？

（2）傳統扶鸞儀式以父權主義為主軸，有必要在兩性平權的社會堅持嗎？扶出的鸞文能否關懷當代婦女或性別平等議題？

（3）現在已經進入第四次工業革命，您認為扶鸞如何與數位化結合，善用 3C 工具，才能發揮其物超所值的效果？

3. 功能

（1）傳統扶鸞具有「代天宣化」的功能，您如何看待？當代台灣或全球出現新的社會、政治、經濟問題，您認為如何用扶鸞儀式與之結合，作出合理的「社會關懷」？

（2）傳統扶鸞尚有「神仙來歷」、「祖先榮任神明」、「與詩人酬唱」、「科考猜題」、「勸善、行善的神話故事」、「天堂地獄遊記」、「降筆警告世人」、「教導修行」、「弘揚儒教道德律」、「出版善書」等功能；在您看來，有那些作為值得借鏡？

4. 鸞堂發展

（1）鸞手是鸞堂的核心，您認為應該如何培養當代優質的鸞手及鸞生，傳承鸞務？能否建立一套人才養成的「巧門」與「制度」？

（2）當代鸞堂與過去清領、日據時期相較，常出現萎縮的現象，其萎縮的原因為何？您又如何看待當代鸞堂的困境？反之，當代鸞堂執事者，欲推廣扶鸞或發展鸞堂，應該有那些作為？

5. 現場觀察

（1）請問您在現場觀察扶鸞儀式，您的感覺或感受為何？

（2）請您對扶鸞現場神明降筆的鸞文，作出評析？

（3）整體觀察現場，您有什麼建議給鸞堂、鸞手及鸞生？

【與神對話】

一、共識與前景：為鸞把脈‧開方

真理大學宗教學系　張家麟教授

（一）高雄意誠堂扶鸞廟學論壇總結

承蒙玄門山教尊陳桂興的抬愛，請我來高雄意誠堂廟埕開講，主持《神來一筆：第七屆扶鸞展演廟學前沿論壇》！

先由 10 間鸞堂進行扶鸞展演，揭開飛鸞降筆的神秘面紗，彼此交流；再作論壇。與會專家學者及鸞堂領袖共同集思廣益，討論當代台灣鸞堂或恩主公信仰，如何傳承、發揚光大古老的「鸞文化」？2 小時下來，大概得到幾點共識：

(1) 推廣優美的經典

將宋朝到民國扶鸞創造的《太上感應篇》、《覺世真經》、《文昌帝君陰騭文》、《桃園明聖君》、《呂祖醒心經》、《大道真經》、《瑤池金母收圓普度定慧真經》、《關帝大解冤經》、《玉皇普度尊經》、《玉樞涵三妙經》等，作為日常、年節法會或神明聖誕的課誦經典。

(2) 扶鸞與 3C 連結作行銷

當代已進入第四次工業革命，鸞堂應善用電子多媒體立即傳播鸞文；運用臉書、Line、Youtube 等社群網路，作網路直播。以一天上傳一鸞文的方式，講解神對當下問題的見解，宏揚恩主公信仰。

(3) 鸞文呈現道德律與當下困境

鸞堂本來為「民間儒教」，又稱「儒宗神教」；具「濟世堂」的特性。因此，鸞文除了傳承、弘揚古老的儒家道德律，堅持華人漢文化價值觀外；也要為百姓化解當下社會的諸多困境，吻合社會脈動。為了百姓健康，以前，曾於日據時代降筆「勸戒鴉片」；現在，應該可請神降筆「禁食毒豬」。

(4) 扶鸞要符合社會「主流價值」

「老歌可以新唱」，扶鸞也可以「與時俱進」，符合現代社會的「主流價值」。培養男、女性優秀鸞手；出版鸞書須有現代性；鼓勵鸞生人人參與扶鸞；呈現兩性平權、現代年輕化、民主參與的主流價值。

(5) 以鸞會友共創「多贏」

一年一度的扶鸞展演，已經邁入第七屆。今年與往年相較，除了以鸞會友外，多了「廟學前沿論壇」，刊行《神來一筆》學術論文集，向上蒼繳書儀式，並在全程以「網路直播」。希望來年能在此基礎上持續成長，能在觀摩學習後，達到「你好、我好、大家好」的新境界。

會場約 200 餘名的信眾、鸞生、志工，走出第一步，把廟埕開講當作「修行」。本來，剛開始如菜市場吵雜，中場在主席請求後，大夥引頸專心聆聽；進入禪定境界。如此看來，誰說民間儒教的信徒不可教化？

（二）鸞何去何從？

針對本次扶鸞展演的數位化、社會關懷這項主題所規劃的經典、儀式、功能、鸞堂發展，及現場觀察等各面向的問題回應如下：

(1) 經典

1. 請您從歷代的扶鸞，書寫出諸多鸞書、經典，有什麼意義？又有那些代表性的鸞書，值得推薦？這些鸞書中，又有那些關懷社會議題？

我以為歷代祖先投入扶鸞活動，書寫上千卷的鸞書、經典，經過時代的淘汰，千錘百鍊之後，只有極少數經典得以留傳，甚至成為廟宇誦經生經常奉誦的寶經。

在這些經典中，我強烈推薦宋朝出來的《太上感應篇》，明朝末年清朝初年產生的《關聖帝君覺世真經》、《文昌帝君陰騭文》、《呂祖醒心經》，當代台灣扶出的《保生大帝大道真經》、《瑤池金母收圓普度定慧真經》及《玉樞涵三妙經》。這些經典具有強烈的勸善、移風化俗之妙，也可以用在各廟宇主神的聖誕法會、禮斗法會中，更可以當作鸞生修行的準繩。

2. 您對《真誥》、《太上感應篇》、《呂祖全書》、《關帝全書》、《列聖寶經》等經典，有什麼看法？請擇一說明它在當代社會的價值與意義？

上述這些經典，皆為鸞文中具代表性的典籍，《真誥》、《呂祖全書》、《關帝全書》屬於學者研究的主要文獻，《太上感應篇》、《列聖寶經》則是鸞堂系統中的鸞生奉為圭臬的寶典。

對鸞堂的鸞手、鸞生、門下生而言，於早、晚課時擇《太上感應篇》、《列聖寶經》任一經篇課誦，皆有利於自己的身心靈成長。

(2) 儀式

1. 扶鸞在歷史的發展中，曾出現在道教、乩壇、恩主公信仰、一貫道、天道、紅卍字會、天帝教、慈惠堂系統、中華玉線玄門真宗等各教派，您認為有必要統一儀式流程嗎？有需要將各鸞堂扶鸞儀式「制度化」嗎？

　　漢人宗教的特性是「多元中有一致性」，用它來解讀扶鸞儀式的精神及現象也頗體切。在一致的精神中，都是由鸞手的鸞筆在仙佛的指引下書寫出鸞文。至於鸞筆的樣式、鸞台、鸞手如何執鸞筆、鸞手穿著的法衣等，皆可呈現多元的樣貌。相較於西方天主教、基督教或伊斯蘭教，他們信徒參與望彌撒、作禮拜、作五功等儀式，呈現制度化的現象，此為西方制度型宗教的特色。我們扶鸞儀式，則有我們的文化底蘊與多元特色。

2. 傳統扶鸞儀式以父權主義為主軸，有必要在兩性平權的社會堅持嗎？扶出的鸞文能否關懷當代婦女或性別平等議題？

　　傳統漢人文化受儒教「男尊女卑」影響，呈現父權主導一切的現象，在扶鸞儀式中也可看出端倪。當時代走到兩性平權的社會時，我們樂見男性與女性鸞手並陳，男性與女性鸞生沒有性別歧視，都可進入鸞堂內殿，敬拜恩主公。甚至我們也渴望當代鸞手扶出的鸞文，重視男女平權的議題，讓男性與女性共同撐起社會、家庭、私人職場、公部門各領域。至於，我們台灣社會部分人，尤其是年輕族群所討論的 LGBT 的議題，我們鸞界也要代表恩主公表態是否支持。我個人以為，鸞堂站在儒宗神教的立場，天地陰陽和諧的角度，及整個國家民族未來長治久安發展之際，對這個意見持很大的保留。

3. 現在已經進入第四次工業革命，您認為扶鸞如何與數位化結合，善用 3C 工具，才能發揮其物超所值的效果？

　　40 年以前，扶鸞是神秘的；20 年前，中華玉線玄門真宗在扶鸞時開始使用電腦、投影機結合，公開鸞文及扶鸞的過程，我在調查時甚為驚豔！在此時此刻，低頭族甚多，我們也要善加運用網路平台，把扶鸞的過程、鸞手的經驗、鸞生的修行全部上網，當作行銷及教化。這也是此次主辦方做網路直播的前瞻視野，值得各宮廟借鏡。

（3）功能

1. 傳統扶鸞具有「代天宣化」的功能，您如何看待？當代台灣或全球出現新的社會、政治、經濟問題，您認為如何用扶鸞儀式與之結合，作出合理的「社會關懷」？

　　鸞堂的特色為「代天宣化」，我們要宣揚儒教道德律，將孔子的四書變成簡單的鸞文義理，讓鸞生、效勞生、信徒奉為人生準則。每個時代的扶鸞都有它與社會相適應的功能，扶鸞才有辦法在那個時代生存與發展。簡單地說，當年有科舉考試，扶鸞就創造了考前猜題，滿足士子的需求。在文風鼎盛的宋、元、明、清，鸞手就與蘇東坡、紀曉嵐等讀書人酬唱詩詞。在我們清季及日據時代，台灣沒有健保，鸞手創造出來諸多的藥籤與藥方。

　　到了當代，我們有當下的困難與需求，例如鸞手扶出的鸞文是不是要關注萊豬進口？我們有沒有必要關懷下一代的飲食安全？有沒有必要留意周遭環境生態污染？有沒有必要反省年輕人的低頭族、每天玩遊戲？有沒有必要關心每個人的人身安全？甚至有沒有必要反省經常指責別人，而從不檢討自己的人？簡單的說，我們要關心環保、食安、社會安全、教養及個人主義至上的議題。

2. 傳統扶鸞尚有「神仙來歷」、「祖先榮任神明」、「與詩人酬唱」、「科考猜題」、「勸善、行善的神話故事」、「天堂地獄遊記」、「降筆警告世人」、「教導修行」、「弘揚儒教道德律」、「出版善書」等功能；在您看來，有那些作為值得借鏡？

　　在科學昌明之後，扶鸞的主軸功能應該隨之轉化，在我看來，「降筆警告世人」、「教導修行」、「弘揚儒教道德律」、「出版善書」等功能，值得推廣；至於「神仙來歷」、「祖先榮任神明」、「與詩人酬唱」、「科考猜題」、「勸善、行善的神話故事」、「天堂地獄遊記」等功能，和

現代科學主義相悖，不宜過多闡述。鸞文如果要吸引理性的當代人，要
啟發人的善念、善心，而非說太多脫離現實，不可能的神話故事。慈濟
證嚴的《靜思語錄》，佛光星雲的《迷悟之間》和法鼓山聖嚴的《禪修》
等，都是可以參考的好例子。

（4）鸞堂發展

**1. 鸞手是鸞堂的核心，您認為應該如何培養當代優質的鸞手及鸞生，傳承
鸞務？能否建立一套人才養成的「巧門」與「制度」？**

　　鸞手為鸞堂扶鸞時的核心人物，在過去鸞手培養相對容易，因為讀
書人本來就具有文史哲的造詣；現代讀書人多元化了，具有此能耐的人，
也不見得願意投入鸞務。因此，當代扶出來的鸞文與古代的經典鸞文相
較，相形失色。為了避免此缺失，培養優質的鸞手及鸞生傳承鸞務，各
鸞堂應該具有遠見，從長計議，有計畫的培訓鸞生成為鸞手。甚至要「制
度化」的規範，循序漸進，從「金指妙法」做起，平時閱讀經典，關心
時事與當代人的困境，要把鸞與現代社會緊密結合，才有辦法寫出好的
鸞文。此外，鸞手養成還要經常類似佛教培養禪師一樣要「閉關」。閉
關期間，在優質鸞師的前輩指導下，飽讀與鸞文有關的詩書；且要每天
打坐，體會鸞與儒教的關連；或許才能開悟。

**2. 當代鸞堂與過去清領、日據時期相較，常出現萎縮的現象，其萎縮的原
因為何？您又如何看待當代鸞堂的困境？反之，當代鸞堂執事者，欲推
廣扶鸞或發展鸞堂，應該有那些作為？**

　　鸞之所以萎縮，和鸞手缺乏及鸞文未與當代社會、信徒需求結合有
密切關連。因此，當代扶鸞儀式或鸞堂務必需滿足當代社會或此時此刻
信徒的需求。與當代結構脫鉤，鸞堂或鸞務一定萎縮。

二、從經典看扶鸞的源流及功能

成功大學中文系　黃聖松教授

（一）經典

《說文解字》釋「鸞」字之意為**「亦神靈之精也。赤色，五采，雞形。鳴中五音，頌聲作則至。从鳥䜌聲。周成王時氐羌獻鸞鳥。」**[1] 知「鸞」本是鳥之種類，因其色彩斑斕又鳴聲可和協五音，故後世引之以喻神仙。「扶鸞」由是表現請示神明之法，以「鸞」指神明，謂神明藉「扶」－指人之輔助－傳達指示。神明透過「正鸞」、「正乩」於沙盤書寫，由「副鸞」或「唱乩」以或言或唱方式敘述神喻，最後由「錄乩」記錄書寫。上述「正鸞」、「正乩」於古時稱「巫」，專司神明傳達世人之喻示；「副鸞」、「唱乩」與「錄乩」則為「史」，以文字典錄神明－即「巫」所傳達內容。每次「扶鸞」所書文字稱「乩文」、「鸞文」，爾後集結成冊即稱「鸞書」。歷代鸞書最為人熟知者當以《太上感應篇》為首，該書不僅流傳甚廣且時代亦早，至少在南宋李石（1108-1181）《樂善錄》已見此書。此書託名太上老君所授，唯該書內容部分襲用東晉葛洪（283-343）《抱朴子》〈對俗〉、〈微旨〉二篇，全文僅約一千二百餘字。該書篇幅雖短，然部分警句頗為廣傳；如**「禍福無門，惟人自召」**；**「是道則進，非道則退」**；**「見人之得，如己之得」**等，士人普羅皆朗朗上口。正因《太上感應篇》言簡意賅而一針見血，故得受宣揚而深植人心，其端正風俗之效頗具影響，近世高僧如印光法師（1862-1940）、淨空法師亦極力推崇。

（二）功能

清末以來臺灣民間盛行「鸞堂」，或稱為「儒宗神教」，其信仰主神稱為「恩主」，因而有學者以「恩古公崇拜叢」稱之。[2] 王見川認為鸞堂信仰係介於「制度化宗教」與「普化的宗教」之間，[3] 故於嚴格定義之宗教概念，鸞堂信仰未屬前者。臺灣民間鸞堂於客家族群聚落尤為盛行，[4] 依張二文研究成果，認為客家聚落仕紳與意見領袖往往為鸞堂信眾，彼等於鸞堂取得個人心靈與文化權力之滿足，鸞堂亦保存客家族群崇文與忠孝節義精神，其相關科儀亦與客家族群節慶儀式淵源甚深。[5] 然依張二文調查舊高雄縣區客家聚落鸞書情況，發現鸞書出版時間集中於日治大正（1912-1926）、昭和（1926-1945）及光復（1946）初期，爾後幾乎不再見扶鸞出書，僅是翻印已出版作品。[6]

筆者綜合觀察，究其緣由有三：第一、因鸞生逐漸凋零，尤其正鸞過世後往往後繼無人可在沙盤書寫，故許多鸞堂難將鸞文集結成冊。

第二、即使鸞堂尚有扶鸞儀式，然僅供給信眾問事解惑，故難再大規模出版鸞書。

第三、現代社會資訊傳播快速且民眾知識水平普遍提升，以往透過鸞堂與鸞書傳達教化之功能已被學校教育取代。然扶鸞與鸞書在傳統社會負擔教化職責，係能以儒家思想移風易俗且導正人心。

---

1 漢・許慎著，清・段玉裁注：《說文解字注》（臺北：黎明文化事業公司，1994年，據經韵樓藏版影印），頁150。

2 鄭志明：〈台灣民間鸞堂儒宗神教的宗教體系初探〉，《台北文獻》直字第68期（1984年），頁79-130。

3 王見川：〈臺灣鸞堂研究的回顧與前瞻〉，收錄氏著：《台灣的齋教與鸞堂》（臺北：南天書局，1996年），頁199。

4 張二文：〈高雄縣客家鸞堂的起源——月眉樂善堂與其鸞書之研究〉，《臺灣學研究》第5期（新北：臺灣學研究中心，2009年10月），頁32-53。

5 同上註。

6 張二文：《高雄縣客家聚落鸞堂之調查與研究》，高雄：高雄縣文化基金會，2006年。

　　筆者認為若能將扶鸞與鸞書適當轉型，仍具安定社會影響力。建議方式有四：

　　第一、將扶鸞儀式轉型為臺灣「無形文化資產」：2016 年「文化資產保存法」修正案，將「文化資產」分為「有形文化資產」與「無形文化資產」兩大類，「無形文化資產」包括「傳統表演藝術」、「傳統工藝」、「民俗」、「口述傳統」及「傳統知識與實踐」等五類，扶鸞屬「民俗」類。目前有團體已成功申請登錄為高雄市「無形文化資產」，足證申請管道暢通而可行。

　　第二、精緻製作扶鸞紀錄片：扶鸞紀錄片應以「人」為敘述主體，以鸞生參與扶鸞之因緣為主軸，具故事鋪陳與脈絡，逐步開展扶鸞科儀文化、鸞堂歷史傳承等議題，方能感化人心以達宣傳扶鸞與鸞書效益。

　　第三、透過管道宣傳切合時事之扶鸞降喻：臺灣民眾普遍關心社會，舉凡政治、經濟、社會等議題，常是茶餘飯後閒談之資。若能將適切時事之鸞書內容，透過社群媒體等管道向大眾宣傳，不僅有安定民心之效，亦可適時宣傳扶鸞文化。

　　第四、辦理鸞書宣講座談：鸞書內容部分乃藉鑒歷史人物，若能邀請適當講師專司宣講鸞書歷史故事，既能遇教於史，讓聽眾潛移默化了解神明喻義，又可保存鸞書傳統。

三、扶鸞儀式的比較及鸞堂的發展

高雄師範大學經學研究所　陳韋銓副教授

　　根據以往的研究，關於鸞堂的最早出現有三個脈絡，首先是北臺灣的宜蘭新民堂（創始於 1890 年）、喚醒堂（創始於 1895 年）為代表，其次是外島澎湖的一新社樂善堂（創始於 1853 年）為代表，最後是中臺灣的彰化廣善堂（創始於 1901 年）為代表。由於傳承的脈絡不同，因此臺灣各地鸞堂的扶鸞儀式也會有一些不一樣，同時隨著時代的進步，傳統的扶鸞儀式也在進步，如與多媒體和網路的結合運用。以下本人試從鸞堂儀式與發展來做一番論述：

（一）扶鸞儀式內容比較，

　　一以「苗栗獅頭山勸化堂」（創始於 1897 年）、「宜蘭新民堂」（創始於 1890 年）、「中華玉線玄門真宗」（創始於 1994 年）、「高雄意誠堂」（創始於 1899 年）為例

			苗栗獅頭山勸化堂	宜蘭新民堂	中華玉線玄門真宗	高雄意誠堂
語文使用	語體	古文（傳統）	ˇ			
		混合（折衷）			ˇ	ˇ
		白話文（現代）		ˇ		
	語言使用	全程台語		ˇ	ˇ	ˇ
		全程客語	ˇ			

7　參見張家麟：《臺灣宗教融合與在地化─以民間宗教儀式為焦點》（臺北：蘭臺出版社，2010），頁 190－191。

大類	項目	內容	有/無	①	②	③	④
參與人員	鸞手	男生擔任（傳統）		✓	✓		✓
		男女混合（折衷）				✓	
		女生擔任（現代）				✓	
	護法	沒有護法（傳統）		✓	✓		✓
						✓	
	內殿外殿參與人員	男左女右（傳統）		✓	✓		✓
		男女混合（現代）			✓		
	接駕生	有接駕生（傳統）		✓	✓		✓
		無接駕生（現代）			✓		
	撥沙或撥檀香粉生	有		✓		✓	民國100年之前有
		無			✓		✓
	儀式主導	男性主導（傳統）		✓			✓
		男女混合（折衷）			✓		
		女性主導（現代）				✓	
進行	司儀	無（傳統）		✓	✓		✓
		有（現代）				✓	
	監壇	有（傳統）		✓	✓	✓	
	請神	唸誦請神咒（傳統）		✓	✓	✓	✓
	上香	正、副鸞手上香（傳統）		✓	✓		
		鸞手與天地人三才一起上香（折衷）				✓	
		全體一起上香（現代）			✓		✓
淨化儀式	使用符咒鸞筆、沙盤、鸞桌淨化		有	✓	✓		
			無				✓
	參與者使用檀香爐燻燒全身		有		✓		
				✓		✓	✓
宣講	儀式空間灑淨		有		✓	✓	
			無	✓			✓
	中途宣講（傳統）			✓		✓	
	儀式結束後宣講（折衷）				✓		
	沒有舉行宣講活動（現代）				✓		
儀式結束唸誦經文	無唸誦經文（傳統）			✓	✓		✓
	有唸誦經文（現代）				✓		
共同參與儀式	信徒只有跟拜（傳統）			✓	✓		
	信徒一起唸誦經文（現代）				✓	✓	

類別	項目	選項	一	二	三	四
禁忌	女性月事期間參與儀式	不可參與（傳統）	✓			
		可參與（現代）		✓	✓	✓
	禁止女性進入內殿	無法進入（傳統）	✓		✓	
		可進入（現代）		✓	✓	
鸞轉乩	只有鸞手（傳統）		✓	✓		
	鸞手兼乩童（現代）			✓		✓
金指妙法	儀式上無使用（傳統）		✓	✓		✓
	儀式上有使用（現代）			✓		
鸞筆	雙人龍頭鸞筆（傳統）			✓		
	雙人無龍頭鸞筆（傳統）		✓		✓	
	單人龍頭鸞筆（現代）			✓		
	單人無龍頭鸞筆（現代）			✓		
鸞桌	鸞筆直接在鸞桌上進行扶鸞			✓		✓
	沙盤放置鸞桌上進行扶鸞		✓	✓		民100年前有
使用多媒體設備	利用投影機即時顯現出鸞文儀式結果	無使用（傳統）	✓	✓		
		有使用（現代）		✓		✓
	結束後將鸞文傳成數位化出版	無使用（傳統）				
		有使用（現代）	✓	✓		✓
法衣	傳統法衣（傳統）		✓	✓		
	改良式法衣（現代）			✓		
使用鐘鼓			✓	✓	✓	✓ 大神來才有
網路直播（現代）					✓	
扶鸞時間			固定每星期六下午1點半進行扶鸞儀式	自從鸞手於101年過世後就沒有扶鸞了	固定每星期六晚上7點半進行扶鸞儀式	固定每星期五晚上8點半進行扶鸞儀式（勸化與濟世問事）
總計	沿用傳統		20	13	5	13
	混合折衷		0	1	3	1
	改良傳統		1	8	14	5

1. 沿用傳統的代表→苗栗獅頭山勸化堂－如結束後將鸞文傳成數位化出版（改良傳統）。

2. 折衷傳統與現代的代表→宜蘭新民堂－如男女混合主導儀式（折衷）。

3. 改良傳統的代表→中華玉線玄門真宗－如男女混合擔任鸞手（折衷）、女性主導扶鸞儀式（現代）、扶鸞儀式上有使用金指妙法（現代）、使用單人龍頭與無龍頭的鸞筆（現代）、利用投影機即時顯現出鸞文儀式結果（現代）、結束後將鸞文傳成數位化出版（現代）等。

4. 折衷傳統與現代的代表→高雄意誠堂－全體一起上香（現代）、信徒一起唸誦經文（現代）、女性月事期間可參與儀式（現代）、鸞手兼乩童（現代）、利用投影機即時顯現出鸞文儀式結果（現代）、結束後將鸞文傳成數位化出版（現代）、網路直播（現代）等。

（二）針對鸞堂的永續發展，本人建議如下：

1. 鸞堂主事者一定是對扶鸞文化有熱忱的領導者－如高雄意誠堂的洪主委積極經營與推廣。

2. 有計畫的培養新生代鸞手－有良好的國學基礎的人是最佳選擇。（例如可以來就讀高雄師範大學經學研究所）

3. 定期舉行鸞文會讀與共修活動－有助於鸞生與信徒在對鸞文與宗教信仰的凝聚與成長，如邀請大學教授來講有關宗教文化或扶鸞方面的事物。

4. 定期舉辦各鸞堂的扶鸞儀式觀摩與交流－比如此次的第七屆全國扶鸞大會。

5. 善用媒體宣傳與網路直播（與時俱進）－資訊科技發達的時代，人手一機，網路無遠弗屆，網路直播與分享（如有分享者，可贈送鸞堂製作的開運小飾品或紀念品）。網站與 FB 社群設置與經營。

6. 開發與鸞堂有關的文創商品（落實到民生）－如 Q 版的神明（關聖帝君）、鸞筆、鸞文書籤、鸞文書法等。

7. 以人為主體的扶鸞文化－除宣講勸化之外，另外就是解決人們所產生的問題，讓人能安身立命。

8. 積極參與公益慈善事業與藝文活動－將神明傳達給人的真善美真正落實到社會公益上（發揮人飢己飢，人溺己溺的精神）。

四、扶鸞的經典、儀式、功能及發展

真理大學宗教學系　蕭進銘教授

（一）經典

1. 請您從歷代的扶鸞，書寫出諸多鸞書、經典，有什麼意義？又有那些代表性的鸞書，值得推薦？這些鸞書中，又有那些關懷社會議題？

2. 您對《真誥》、《太上感應篇》、《呂祖全書》、《關帝全書》、《列聖寶經》等經典，有什麼看法？請擇一說明它在當代社會的價值與意義？

　　中國古代「神道設教」的神書（神降賜之書）、乩書或鸞書，其歷史，至少可以追溯至東漢時期傳由神人授予方士于吉的《太平經》（《太平清領書》）。至魏晉時期，道教上清派又有《真誥》、《黃庭經》、《上清大洞真經》等重要神書、經書的出現。南宋以後，文昌帝君與梓潼帝君信仰結合，並被元始天尊授予「神人交接之術，飛鸞闡化之法」（《梓潼帝君化書・序》），用以代天宣化，勸導世人。自是而後，文昌帝君被尊為飛鸞主神，由文昌帝君所降之鸞文、經書（如《文昌帝君陰騭文》、《勸孝文》、《勸敬字紙文》）甚多，影響既深且廣。明、清時期，降鸞的主神，除文昌帝君外，更有關聖帝君、孚佑帝君等神靈，到處飛鸞顯化，著書無數。而其信徒則廣結鸞堂、善堂、勸善局等社團，並將所降鸞書集結成《關帝全書》及《呂祖全書》付梓出版，同時積極推廣、宣講。及至清末，文昌、關帝及孚佑三位帝君，即被認為是應時救劫、濟世度人的三位主要恩主，相關的鸞堂，普見於海峽兩岸，無論是著書勸善，還是施藥救人，皆卓有成效。是以，歷朝歷代所出現的不少神書、鸞書，除在道德教化方面，影響極為深廣外，在施方治病及消災解厄上，亦頗有其靈驗和果效。以《太平經》一書為例，該書在漢魏六朝時期流傳甚廣外，書中所

提倡的中和、太平、承負、解承負（猶如今日所言之世代正義）等思想，以及對於當時破壞土地行為的批判、對於大地之母的珍惜愛護和守一、守中修持方法的倡導，即使是在當代，仍深有啟發。後代類似《太上感應篇》、《文昌帝君陰騭文》、《關聖帝君覺世真經》、《桃園明聖經》等影響十分深廣的鸞書、勸善書，書中所言之種種勸善德目（比如，「持齋戒殺」，「勿網禽鳥，勿毒魚蝦」等），無論是古代，還是今日，都仍相當有意義，也很值得加以宣揚推廣。

（二）儀式

1. **扶鸞在歷史的發展中，曾出現在道教、乩壇、恩主公信仰、一貫道、天道、紅卍字會、天帝教、慈惠堂系統、中華玉線玄門真宗等各教派，您認為有必要統一儀式流程嗎？有需要將各鸞堂扶鸞儀式「制度化」嗎？**

   各宗教傳統之扶鸞降神儀式，因順應不同的時代、族群、地域、條件、因緣、根器而發展出不同的形式及內涵，此乃自然、人文之多元、普遍現象。也因存在如是的現象，所以自然、人文世界也更加的精彩美麗、多彩多姿，且可相互借鑒及學習。因此，個人不認為扶鸞儀式應當尋求統一或制式化，且在民主多元的社會當中，事實上，也不可能達到統一。

2. **傳統扶鸞儀式以父權主義為主軸，有必要在兩性平權的社會堅持嗎？扶出的鸞文能否關懷當代婦女或性別平等議題？**

   陰陽、乾坤、兩性各有其不可或缺之互補功能、角色、作用及平等價值，本是古代陰陽、乾坤及中和思想的認知和主張。如《太平經》一書，即相當強調對於陰性和大地之母的尊重愛護。偏重一邊之父權主義的出現及長期主導政治、經濟、宗教等領域，本即是傳統陰陽、乾坤及中和思想的偏頗和扭曲的發展，其所產生的弊端亦不少。到了今日，女性已廣受教育，能力亦與男性相當，故自然不應再堅持。

   歷代的鸞書、鸞文的思想及內涵，本即常對應及尋求解決時代的問題而產生，故今日的鸞文，若能針對當代類似婦女或性別平等、平權、地球環境等問題，提供看法，自然是值得鼓勵及肯定。

41

3. **現在已經進入第四次工業革命，您認為扶鸞如何與數位化結合，善用 3C 工具，才能發揮其物超所值的效果？**

　　網際網路及數位科技的普及，必然會對傳統宗教的存在型態、管理組織及傳播方式，帶來相當根本、徹底及深遠的影響和改變。尤其是在宗教教義的傳播及人神、人與人的連繫、互動上，因為數位化、人工智慧及大數據的出現和普及，將更能超越時空、物質條件的種種限制，及更為精準有效。因此，愈是能掌握及運用數位科技的宗教團體，抑或團體本身即擁有資訊管理人才的配置，對於自身宗教的弘揚推廣，也將更有成效。不過，再好的技術、工具，若無真實深厚的內涵以為根本基礎，亦難以長久普傳。

（三）功能

1. **傳統扶鸞具有「代天宣化」的功能，您如何看待？當代台灣或全球出現新的社會、政治、經濟問題，您認為如何用扶鸞儀式與之結合，作出合理的「社會關懷」？**

　　傳統扶鸞所具有之神道設教、代天宣化、施方治病等功能的發揮，有其教育、出版、知識和醫療條件不普及等時代情勢和背景。今日的台灣社會，如上種種不普及的情況，已出現根本性的轉變，這應當也是導致傳統鸞堂在現今社會當中紛紛出現信眾稀少、年齡老化及鸞手後繼無人的主要原因。是以，傳統的扶鸞欲求在今日重新復興或廣為現代人所接受，實有需要運用現代人心、社會較能接受或較感興趣的方式和管道（比如，多媒體及平等、互動的方式），同時，扶鸞勸化、消災解惑的內容，也能針對個人及時代社會所面臨的種種問題，提供適切的答案和教導。

2. **傳統扶鸞尚有「神仙來歷」、「祖先榮任神明」、「與詩人酬唱」、「科考猜題」、「勸善、行善的神話故事」、「天堂地獄遊記」、「降筆警告世人」、「教導修行」、「弘揚儒教道德律」、「出版善書」等功能；**

在您看來，有那些作為值得借鏡？

  傳統扶鸞之類似「請示解惑」（與神對話）、「教導修行」、「剖析個人及家庭累世因果問題」、「施方治病」、「教化勸世」、「出版善書」等等功能，若能適切轉化成現代人普遍接受使用的方式（比如，善書的出版，除實體書外，也可建置數位善書圖書館），也能適切針對及解決個人及時時代社會所面臨的問題，都仍有其值得借鏡之處。

（四）鸞堂發展

1. 鸞手是鸞堂的核心，您認為應該如何培養當代優質的鸞手及鸞生，傳承鸞務？能否建立一套人才養成的「巧門」與「制度」？

  可考察學習及衡量評估基督宗教、伊斯蘭教及佛教、瑜伽修行等宗教傳統，是如何長期、制度性的培訓其專職、專精之神職人員的經驗，在鸞堂或教門當中，建立起適合自身宗教情況的教育或養成體制。

2. 當代鸞堂與過去清領、日據時期相較，常出現萎縮的現象，其萎縮的原因為何？您又如何看待當代鸞堂的困境？反之，當代鸞堂執事者，欲推廣扶鸞或發展鸞堂，應該有那些作為？

  萎縮的主要原因有：1、宗教的多元。2、教育、知識及出版的普及。3、社會、科學、科技、醫療的發達、突飛猛進及社會結構的轉變。4、鸞堂的制度組織、儀軌及思想教義，未隨時代的需求、變遷而不斷的調整轉變。5、未能建立適切、制度性的人才傳承培育方式和管道。

推廣、發展鸞堂應有的作為：

（1）能具備、運用現代的知識、技能和多元的宗教觀，以及能體察現代人心、社會的變遷、問題和真正需求。

（2）建立理想、適切的培育傳承人才的方式和制度。

（3）能廣納、善用各種人才，建立多元、開放及能不斷調整應變的管理組織。

（4）與在地社會緊密結合。

五、扶鸞儀式的現代化 (一)

銘傳大學通識中心　蔡秀菁兼任助理教授

針對這次扶鸞展演儀式，我想對儀式及功能兩個面向中的幾個小問題，發表我的看法。

（一）扶鸞儀式的現代思想潮流

在儀式部分中的問題 (2)：傳統扶鸞儀式以父權主義為主軸，有必要在兩性平權的社會堅持嗎？扶出的鸞文能否關懷當代婦女或性別平等議題？我有幾個角度的見解：

我深信「宗教要與時俱進才能長存」，同理可推，「扶鸞儀式也要與時俱進，符合現代社會的主流價值，才能代代相傳。」

由此來看，扶鸞這個古老的儀式，它從魏晉南北朝楊羲真人扶鸞，陶弘景做記錄，書寫出《真誥》算起，離現在至少已經有 1600 年左右的歷史。從當年到民國創建，我們漢人社會都是屬於「父權主義」的社會，根本談不上男女平等，更別說現在的同志議題。

在我看來，「男女平權」是普世的價值觀，也是值得我們當代台灣人追求的「台灣價值」。因此，扶鸞不但要讓男女兩性參與，也支持女性擔任鸞手，展現出台灣已經走到「新女性主義」(feminism) 的價值觀。從這次的扶鸞現場，我們也看到女性鸞手，這個傳統清朝、日據時代以前的鸞堂所未見的現象，也是合理、進步的展現。

而在鸞文的呈現，除了傳統的道德律、修身、神仙故事、勸世、教誨等可以持續之外，我也支持兩性平權的價值觀，應該多多出現在鸞文中，讓恩主公的慈悲，平等看待男性與女性。當時下女性在社會撐起半邊天的時候，我們的鸞文、主持鸞務的鸞手或效勞生，理論上也應該有相當比例的呈現。關注女性在當代社會的困境，這應該符合恩主公的濟世精神，也是我們鸞堂的主要精神，我們經常自己稱為「濟世堂」。

（二）扶鸞儀式與當代數位科技的結合

在儀式的問題 (3)：現在已經進入第四次工業革命，您認為扶鸞如何與數位化結合，善用 3C 工具，才能發揮其物超所值的效果？我的看法如下：

在宗教學上的命題之一是「宗教與文化的融合主義」，這句話用白話來說是指，宗教跟文化兩個現象，彼此會相互交融，形成「你濃我濃」的現象。當文化發展到印刷術的年代，扶鸞的鸞文在宋朝出現了一本偉大的經典《太上感應篇》，成為宋朝理宗送給滿朝文武大臣的必讀經典，也是明朝、清朝一般人家教導子弟學習的三本聖經之一，與《關帝覺世真經》和《文昌帝君陰騭文》並列。

同理類推，當我們的文化走向了三Ｃ工業文化，老百姓人手一機，成為「低頭族」時，我們的扶鸞儀式就要緊扣這項潮流，採用主流電子媒體的 youtube、google、facebook、line、IG…等年輕人經常接觸的軟體。甚至要開拓年輕族群接觸鸞務，把鸞文、恩主公的話語、扶鸞的過程、靜態的照片，簡潔有力的上傳到年輕人喜歡的媒體上，讓他們接觸古老祖先代代相傳的恩主公智慧，寓教於樂影響他們。

簡單地說，我們部分鸞堂已經把扶鸞儀式當下，透過電腦投影機立即呈現，這是進步值得稱讚的作法！也有部分鸞堂，將鸞務放到官網，這是基本的作為，

如果可能的話，我們要學習佛教法鼓山，他們成立數位化佛教研究人才，將法鼓山的種種儀式、環境之美，拍攝數位化影像，讓一般大眾即使未曾到過現場，透過手機，就能立即瀏覽。

這次，我們全國扶鸞展覽會議，主辦方有抓到這個脈動，因此才會把主題訂為「網路直播」。我個人以為，不只在這次全國扶鸞展覽網路直播，未來在各宮廟堂自己的扶鸞動態，也可以培養自己的師兄姊現場攝影錄製直播，亦可後台剪接重點，放在上述所說的各項軟體。當然，目前最好的行銷策略，就是自己培養「網紅」，來解說本宮有關扶鸞的種種現象及跟神的訊息。

（三）扶鸞儀式產生的功能

對主辦方設計扶鸞儀式功能的問題 (2)：傳統扶鸞尚有「神仙來歷」、「祖先榮任神明」、「與詩人酬唱」、「科考猜題」、「勸善、行善的神話故事」、「天堂地獄遊記」、「降筆警告世人」、「教導修行」、「弘揚儒教道德律」、「出版善書」等功能；在您看來，有那些作為值得借鏡？提出淺見如下：

傳統扶鸞得以在歷朝歷代發展與漢人社會中的「功名主義」密切相關，都是由有功名的文人，或是沒考上功名的文人主持鸞務。因此，他們寫出的鸞文無論是神仙來歷、勸善的神話故事、降筆戒煙的詩詞、修行法門的文章，仔細閱讀，可看性高，詩文優雅，對仗工整。簡單地說，這是傳統文人善長的工作，是他們吃飯的傢伙。

然而，傳到了當代，我們的鸞手參與扶鸞，不見得有功名，文學底蘊也不見得高，因此要扶出傳統文人的「經典」、「詩詞歌賦」難度甚高。不過，鸞手依然可以透過神明降筆的扶鸞儀式，關懷當代的社會階層不同問題。像慈濟功德會，關注地球污染、深入各社區做資源回收，創造的慈濟帝國，也是我們鸞手可以借境學習，我們的鸞文也可以實質的關注當下台灣嚴重的環境污染問

題，並用鸞文指引化解之道。

簡單地說，當我們鸞文脫離優美的詩詞之後，更要豐富鸞文的意境及內容，舉凡當代出現的種種困境，鸞文都可以加以關注。就像在清朝日據時代，我們的鸞文關注的是祖先吸食過多的鴉片，我們現在的鸞文也可以關注青少年接近的毒品。不僅如此，明年一月美國萊豬的進口，可能造成當代及下一代身體健康的困境，我們的鸞文也可以領先一步，未雨愁繆，代表恩主公的慈悲，指引大家如何因應萊豬問題。

最近接二連三的大學生自殺，突然之間青春美好的生命就如此結束了。不僅是他們父母親的家庭悲劇，也是國家人才的損失。恩主公的鸞文，理論上，也可以關注這項「自殺議題」，引導鸞生及社會大眾，增加毅力，承受壓力，勇敢面對困難，尋求師友的協助，化解內心及社會種種的不平之氣，讓這個社會不再有人自殺。如果恩主公不關心這些時下社會的困境，當然與現代社會脫鉤，鸞歸鸞、社會歸社會，此時的鸞自然而然就萎縮。相反地，當鸞隨時隨地關注社會現象、百姓哀嚎、蒼生的不平……。此時，恩主公信仰自然進入人心，隨之興盛！

六、扶鸞儀式的現代化 (二)

銘傳大學通識教育中心　劉久清副教授

(一) 扶鸞儀式是否需制度化

扶鸞既為鸞堂最主要之儀式，甚至是鸞堂所以成立之根本，則進行扶鸞時需有一定制度化之儀式，自為當然之理。否則，無以確立所得鸞文之意義與價值。

但是，各個不同鸞堂之扶鸞儀式是否需建立共同遵循之制度，則需再行斟酌。

將扶鸞儀式制度化之價值，在於有共同乃至統一之標準可以依循，從而避免儀式差異引起之爭議，並建立公信力。

只不過，中國宗教（尤其是民間宗教）的特性，如楊慶堃所指出的，在其具瀰散性質，是為瀰散性宗教（diffused religion），本就與基督宗教之類制度性宗教（institutional religion）不同。

欲將不同鸞堂各自發展的扶鸞儀式，加以統一、制度化。其主要目的，應在於使扶鸞儀式得以合理性化（rationalization），以期合乎現代價值，從而避免再被貶為迷信。但是，誠如 Max Weber 所指出的，合理性化發展無法避免會陷入鐵籠（iron cage）中，從而難免有阻扼各個鸞堂發展活力之疑慮。

何況，即便如基督新教，固然為一制度性宗教，其各個宗派、教會，雖信仰相同的神祇、閱讀相同的經典，卻也各有其不同的崇拜儀式。

因此，每一鸞堂將其扶鸞儀式制度化，當然有其必要性。至於意圖將各個不同鸞堂之扶鸞儀式予以統一、制度化的作為，則大有斟酌餘地。

（二）性別平等

鸞堂與扶鸞儀式乃是發生於中國社會的制度、儀式，自與社會形態、制度密不可分。中國傳統社會乃一家戶長式男性中心社會，則扶鸞儀式反應此一現象自屬合理。

如今，在女性主義推動下，性別平等已浸假成社會主流價值，甚至已是一種政治正確。則扶鸞儀式反應此一變遷，自屬應該。

但是，重點並不在儀式變革，而在參與扶鸞儀式者是否具性平等意識。

扶鸞儀式扶出之鸞文，既與扶（正）鸞生、唱（副）鸞生與記錄生（錄鸞）之素質息息相關，則鸞文與性別平等之關連，自也與該三者所具之性別意識相關。

因此，欲使鸞文能避免性別歧視，關鍵在使扶鸞生、唱鸞生與記錄生具備性別平等素養，而非任何形式性之改革。而要使他們具備適當性別意識，就需在他們的養成過程中加入性別平等課程。

至於已經在執行扶鸞儀式者，亦宜適度接受性別平等講習，以養成性別平等意識。如此，所扶出來的鸞文，就自然不會具備性別歧視意涵，也有助於社會性別平等之發展。

扶鸞儀式與扶出之鸞文既能合乎性別平等，而儀式執行者又都能具性別平等意識，則扶鸞儀式中任何有礙性別平等之成分，自也會因此而被改革。

（三）數位化

扶鸞儀式與數位化的關連，最為明顯可見，且普遍實施的，是將所扶得的鸞文公諸網路，乃至將扶鸞儀式透過網路公開實施。

但是，對於宗教數位化的研究，事實上，早已由網路宗教（cyber-religion）進展到數位宗教（digital religion）的討論。Heidi Campbell 指出：數位宗教議題探討的是數位媒體與數位空間是如何型塑宗教實踐與如何被宗教實踐型塑的問題，並建議將數位宗教視為將線上宗教實踐、宗教空間與離線宗教脈絡彼此相互擴充、連結、融合的橋樑。

在此一前提下，前述於網路公開進行扶鸞儀式與將鸞文公布於網路，依 Christopher Helland 的分類，屬於 Religion Online（將數位媒體作為促進離線世界宗教活動的工具），尚未及於 Online Religion（實際在網路世界進行宗教活動）。

但是，以 Religion Online 推廣扶鸞儀式與鸞文，固然可行。若要進一步探討扶鸞儀式與鸞文是否可能或必要發展為 Online Religion？就必須深入探討扶鸞儀式的根本意義與其所以可能的依據何在。

否則，如果只是為數位而數位，卻必須承擔因此損及鸞文之神聖意義與價值的後果，就可能陷入得不償失的窘境。

七、扶鸞的傳統與現代

政治大學宗教研究所　謝世維教授

（一）經典

從南宋金元時期開始，許多宗教經典以一種創新的「飛鸞開化」形式，傳遞神聖經典，形成經典出世的新類型。這類的經典通常由一群奉道的知識分子，組成鸞堂或道壇的文人團體，透過鸞臺真手，飛鸞降筆書出各種宗教經典。這些文人有道士、有儒生，而這些經典被視為教化的善書，廣為傳布。其降鸞的主神，許多是宋代以後出現的神祇。例如關聖帝君、梓潼帝君、呂祖、玉皇、玄天上帝等等。而這些宋元飛鸞出世的經典諸如《梓潼帝君化書》、《玉皇本行集經》、《玄天上帝啟聖錄》、《西山許真君八十五化錄》、《純陽帝君神化妙通紀》等都被收進道藏。而《太上感應篇》、《呂祖全書》、《關帝全書》、《列聖寶經》、《覺世真經》、《文昌帝君陰騭文》、《桃園明聖經》、《呂祖醒心經》、《大道真經》、《瑤池金母收圓普度定慧真經》、《關帝普度尊經》等更是影響後世深遠深入民心。

其中，清代扶鸞文化昌盛，乩壇影響力大，許多文士參與扶乩文化，這種現象一直持續到民國時期的上海，當時的政商人士參與乩壇者多，許多救世團體其本質就是鸞堂或乩壇。而清代最重要的道經集成《道藏輯要》當中很大一部分的經典都是扶鸞而降示的，這召示扶鸞文化對於近現代中國文化與華人心靈的重要性。

（二）儀式

在宗教意義上探討「飛鸞開化」的神聖經典模式，對於我們理解華人的經典與教化，有著重要的意義。要了解傳統「經典」的概念與這種「飛鸞開化」的神聖經典有何種根本性的不同，必需去追索「飛鸞開化」的神聖經典的歷史根源，進而分析這些經典內容，探討士人如何從不同的歷史脈絡，為這些「飛鸞開化」的神聖經典，賦予「教化」內涵，讓經典具有廣為傳布而教化人心的功能；同時思考經典中顯化、修行、傳道等宗教典範的模式與概念，更深刻理解中國宗教的核心意涵。事實上，扶鸞或扶乩的方式在唐宋時代已開始流行，《夷堅志》記載了許多民間紫姑神扶乩的實踐。洪邁《夷堅志》三志‧壬卷三《沈承務紫姑》寫召迎紫姑之法：「以箕插筆，使兩人扶之，或書字於沙中。」扶箕在宋代已成文人閒餘問神之事。換言之，神靈通過扶鸞而降示經典或問事解惑的宗教實踐自唐宋以降，早已深入人心。這種扶鸞儀式主要流傳在仕紳階層，以文字做神人的溝通，在明清時期，建立深厚的扶乩文化，甚而發展出許多救世團體，深深地影響了清代、民國的地方社會。在扶鸞儀式上也發展出多元的傳統，有儒教、有道教、也有新興宗教等等。進入當代，扶鸞儀式應該更加多元，與時代並進，符合當代社會的價值。不但形式要多元，也要培養年輕鸞手；出版現代性的訓文與鸞文，也鼓勵女性參與扶鸞；讓兩性平權、鸞生年輕化，使扶鸞文化能夠跟時代並進。

（三）功能

鸞堂的教示，也稱「儒宗神教」，具有濟世導民的特質。傳統的扶鸞訓文弘揚儒家道德律，倡議漢文化基本價值，建立一種以宗教為基礎的道德教化，承擔一般倫理教育的功能。在今日，面對社會困境與危機，鸞堂也承擔了撫慰人心的功能，在人心創傷、恐懼、疑慮之時，唯有神明能夠給予百姓真正的內心撫慰。當今的疫情造成全球死亡無數，影響生活、經濟、政治等面向，造成全球人內心的深刻創傷。此時，唯有神明的話語及教導，能夠撫平內心的恐懼與創傷。

另外，修行也是扶鸞的功能之一。清代呂祖扶鸞降示的《太乙金華宗旨》是一部重要的修練作品。該書清晰的闡釋內丹修練的歷程。二十世紀 20 年代，德國漢學家尉禮賢（1873-1930）《太乙金華宗旨》譯為德文，心理學家榮格（1875-1961）深受啟發，開始鑽研煉金術，1929 年出版《太乙金華宗旨》的德文譯注本《黃金之花的秘密》，榮格寫了一篇很長的序，從而開啟榮格一系列煉金術與心理學的研究。而這一派的研究開展了當代榮格學派的治療與分析，對當代的心理學與精神分析學產生重大影響。因此，扶鸞的訓文，尤其是修練、修行的指南，不但對個人的修行有重要的幫助，甚至對當代社會大眾的心理，都會有重大的影響，使現在人在當代資本主義社會當中不致迷失心靈，從而成為身、心、靈健全的現代人。

（四）鸞堂發展

鸞堂必須在保有傳統形式的同時，思考新媒體的運用。宗教在當代社會被新的媒介，諸如音樂、影像、物件、新興媒體，不斷地重組與延伸。宗教信仰的問事與人神溝通，在新的社會結構與都市情境中，如何讓神明靈力，能夠即時並且方便的傳遞，因此形塑新的宗教網絡與組織。這是傳統宗教面臨當代快速變遷社會，個體化社會宗教變遷的情境之下，面對新媒體介入，如何在傳統宗教扮演腳色，所必須有的思考。掌握新的媒介、傳播技術的人，取代傳統以講道、文字來建立宗教論述，那些宗教傳統經典詮釋者及宗教組織的掌理人，不再是唯一權威，傳統宗教權神聖權柄不再被壟斷。

當代鸞堂在保有傳統神聖傳遞模式與儀式的同時，面臨是否與如何轉化或吸收新媒介及掌握新媒介的技術。扶鸞文化具有悠遠的歷史以及深厚的人文精神內涵，在推陳出新的靈性選擇中，如何保持靈驗與神聖，具備本真性？這是立於當代的我們必須思考的。對於在個體化社會中重視自身主體性及自我性展現的人，如何讓扶鸞文化仍有高度的價值，這是我們必須反思的。

八、扶鸞文化傳承的思考

前嶺東科技大學　呂宗麟教授

　　從當代宗教的角度來說，扶鸞是近代我國宗教發展中相當重要的神及仙佛與人溝通技術，這種方式逐步跨越了各種宗教和教派而有不同脈絡的發展，過去囿於許地山對筆記類資料的觀察，認為扶鸞只是文人聚會、做詩、遊戲，仙道降真交流，例如，許地山曾指出：**「扶箕（鸞）是觀念力與靈感活動的現象，有感當然有應，感應的表現就是箕示，這觀念力與靈感多半是從在壇場參與扶箕請仙的人發出的，一二人扶著箕，十幾二十人的觀念力或思想力集中在扶箕者的身上，使他們不自覺地在沙盤上寫字；說起來，所寫出的離不開在場諸人的觀念意志與知識程度」**，目前既有的研究成果已充分顯示扶鸞的影響其實相當全面，若單以宗教領域來看，明清的主要神明信仰如關聖帝君信仰、文昌帝君信仰之所以盛行，扶鸞所造出的經典如《覺世經》、《文昌帝君陰騭文》確實有著密切的關係。

　　在漢人社會裡，鸞堂顯然是一種，相對於一般「法術型行動」的民間信仰而言，更積極的試圖要去提昇人本身在信仰過程裡面的「控制性」的一種社會選擇，其做法則是將已廣被社會意識所接受的因果道德律，透過通靈的形式，由經過了「體系化的神明系統」與賞罰原則，來將這一套規律予以再確認與有所強化，並以文字或圖畫等外顯的方式，將鑲嵌著一群特定社會關係的信眾網絡，加以神聖化與結晶化，而最終產生出包含著無限功德的，在公眾中廣為傳佈的勸善經典。

　　不過筆者以為，對於當今的台灣鸞堂而言，在面對嚴重少子化之時，似乎應思考兩項基本重要的課題，一是鸞手不足（包括人數、穩定性、敏感度等等的不足），也因為鸞生的養成不易，所以幾乎正乩都是一輩子奉職；另一個是會缺少鸞堂自己的校正生（鸞書造作中的靈魂人物，負責乩文校訂與編訂成書），而這兩個問題，會使得既有的鸞堂，脫離鸞堂化的發展，若僅導向是作為修心養性的靜坐場域，或是經常搭壇設台作法與超渡，此等方式，是否有助於扶鸞文化的永恆性亙古發展？

　　筆者擬建議是否成立「修道學院」，以完整的培養課程，專責訓練與養成鸞生，經層層考核通過，發大宏願，頒授「神職狀」，若能如此，或許能使台灣鸞堂文化提升到更高的層次；人類過去數百年來在現代醫學上的研究發展堪稱非常進步，然而卻永遠有許多疾病無法經由中西醫學獲得有效改善，一定是我們忽略了什麼？而沒有找到真正的原因，現代醫學對患者病情的診察與研究均偏重在物質因素對肉體疾病的影響，過份強調肉體器官，低估心靈，對於靈魂的部分則完全忽略；例如，我們回強調要重視個人身心靈的健康，身體的不健康可以尋求中西醫的幫忙，心理的問題可以諮詢身心科醫師或心理諮商師加以解決，但是靈魂出現問題時，我們是否可以經由鸞生的「靈體療理」加以協助呢？

　　當然，靈體療理是一種非侵入式的，不吃藥，甚至不需碰觸患者身體的療理方式，靈體的療理並非以開藥方或心理諮商方式，而係由神或仙佛以其力量，經由鸞生加以處理，當然，鸞生必須經過訓練考核方能擔此重責大任，例如，俄國沙皇尼古拉二世在 1904 年 8 月，他們終於如願以償生下一個兒子亞歷克西斯（Alexis），但不幸的是兒子罹患血友病，他們不但完全對外封鎖此惡耗，1906 年底請了一位通靈者拉斯普丁（Grigori Rasputin）為他兒子「治病」，拉斯普丁憑藉其「止血的能力」，贏得了沙皇尼古拉二世和亞歷山德拉的青睞，由此可見，靈體療理並非沒有根據的。

九、扶鸞的經典與鸞堂發展

逢甲大學歷史與文物研究所　王志宇教授

（一）經典

1. 《文昌帝君陰騭文》有人認為是宋代的作品，大陸學者陳霞則認為該書是託名文昌帝君而作的善書，而「文昌帝君」的封號始見於元仁宗之時，因此推估其成書於元代。另一學者李剛則推論此書仿效《太上感應篇》所作，並且在內容上作了補充，所以是繼《太上感應篇》產生後，接著問世的道教勸善書，最遲不會晚於元代。一般學者

都認為《陰騭文》是道士隱身在後，藉由文昌帝君降筆扶鸞的名義，編選一篇勸說世人積德行善的勸善文。其內容以儒家「天人感應」之說為基礎，也吸收了佛教「因果報應」及道教「行善錫福」的思想。而從其作品內容，可能也反映了元代以後，社會秩序的混亂與人倫價值的淪喪。此本適合作為入鸞堂生的誦讀課本，建立人生價值。在鸞書中，戰後所出版的《地獄遊記》是最清楚反映民國六十年代以後的社會問題的作品，基本上反映的就是台灣工業化以後資本家苛待勞工的種種問題。

2. 《太上感應篇》學者推論約成於北宋末南宋初。有認為是李昌齡者，吉岡義豐則考證《感應篇》，認為是由南宋初年四川人李石所撰。

　　有言：「《感應篇》敘述惡事較多於善，防惡甚密，辭嚴理正，昔人謂『天下通行必讀書』；《陰騭文》勸行陰騭，重作善一邊，辭氣吉祥和藹，懇惻動人；《覺世文》尤是儒者身心性命之學。」酒井忠夫認

為《感應篇直講》、《敬信錄》等善書流通的意義是作為民間通行的庶民道教教育的教材。《感應篇》的文字與內容主要出自《抱朴子》的〈對俗〉與〈微旨〉兩篇。但《感應篇》推陳出新，內容全是規善懲惡及闡述社會道德。酒井忠夫指出：《抱朴子》跟晉朝貴族社會有較強的關聯，《感應篇》在宋代問世，增加了家族道德及構成宋代社會基礎的道德觀念。

葛兆光則指出：《感應篇》除所列應行善事與應戒惡行外，主要是講社會、家庭的人際關係的內容。如諸善中的「忠孝友悌，正己化人，矜孤恤寡，敬老懷幼」，諸惡中的「攻訐宗親」、「不和其室，不敬其夫」等。《陰騭文》列舉善行首先排列是「正直代天行化，慈祥為國救民，忠主孝親，敬兄信友」，都充滿儒家倫理道德意味。他指出與過去的道教戒律相比，大大加重了社會倫理方面的分量。換言之，《感應篇》所言：**「太上曰：「禍福無門，惟人自召；善惡之報，如影隨形。」** 其實對現代人已是當頭棒喝，而書中又言：**「是道則進，非道則退。不履邪徑，不欺暗室；積德累功，慈心於物；忠孝友悌，正己化人；矜孤恤寡，敬老懷幼；昆蟲草木，猶不可傷。宜憫人之凶，樂人之善；濟人之急，救人之危。見人之得，如己之得；見人之失，如己之失。不彰人短，不炫己長；遏惡揚善，推多取少。受辱不怨，受寵若驚；施恩不求報，與人不追悔。」** 這些道德條目，對於日漸道德淪喪的現代社會，有振衰起敝之利。其言：**「嗜酒悖亂，骨肉忿爭；男不忠良，女不柔順；不和其室，不敬其夫；每好矜誇，常行妒忌；無行於妻子，失禮於舅姑；輕慢先靈，違逆上命」**，對於過分崇尚個人主義，自由社會，所造成的混亂，這部經典實有撥亂反正之功。

（二）鸞堂發展

1. 鸞手確實為鸞堂的核心，其人品、學識都是需在選擇上注意的標準，

是以鸞堂的選擇宜由正、副堂主或正鸞等，長期觀察某些適合的鸞生，在適當時日邀請其參與訓練。當然這種選擇可由鸞堂的核心領導，組成一組織，專門觀察選擇相關鸞生的挑選與訓練，建立組織、擇優人選，最後並呈請仙佛定奪，應是鸞堂可行的方式。

2. 鸞堂的萎縮有幾個可能的原因，一是都市化，鄉村人口的流失，也造成鄉村參與堂務的人口變少，二是許多鸞堂的停鸞是由於正鸞的流失，無法培育新正鸞的情況下而停鸞，三是未能吸引年輕人口的投入，上述原因使鸞堂日漸沒落。目前鸞堂宜發展青少年組織，透過青少年活動的辦理，吸引年輕人口到堂，並宜透過宣講組織，宣傳鸞堂價值，以能吸引年輕人口投入。鸞堂也需要辦理相關文化活動，將道學轉化到相關文化活動中，形成自然的宣傳與運作，以廣納對於宗教文化有興趣的人士，最後能進入到鸞堂成為積極求道的人才。

【與神對話】

玖、扶鸞展演活動紀實

◆南區

1. 活動流程表

2. 扶鸞展演單位簡介、鸞文介紹

1. 高雄意誠堂關帝廟

2. 高雄東照山關帝廟

3. 東港鎮靈宮

4. 鳳邑仁美社合善堂

5. 五甲協善心德堂關帝廟

6. 大潭保安宮省修社天恩堂

7. 明心社修善堂

8. 車城統埔鎮安宮

9. 中華玉線玄門真宗教會

3. 觀摩單位

4. 研討會議記錄

5. 活動照片集錦

◆北區

1. 活動流程表

2. 扶鸞展演單位簡介、鸞文介紹

1 基隆市大竿林仙公廟代天宮

2 三芝智成堂文武聖廟

3 桃園明聖道院

4 竹東慈惠堂

5 高雄意誠堂關帝廟

6 中華玉線玄門真宗教會

3. 觀摩單位

4. 研討會議記錄

5. 活動照片集錦

◆中區

1. 活動流程表

2. 扶鸞展演單位簡介、鸞文介紹

1 中華玉線玄門真宗教會

2 竹山克明宮

3 石龜溪贊天宮感化堂

4 斗六福興宮道元堂

5 員林承天宮

6 彰化武德福山宮

7 太和金闕玄清宮

8 高雄意誠堂關帝廟

9 台灣關廟

10 基隆代天宮

11 高雄東照山關帝廟

12 嘉義玉闕明性堂

13 烏日東女慈聖宮頭庄媽

3. 觀摩單位

4. 研討會議記錄

5. 活動照片集錦

玉線玄門真宗教脈辦理第七屆全國扶鸞展演：
神來一筆－扶鸞儀式・網路展演與社會關懷

南區展演地點：高雄意誠堂關帝廟
南區展演日期：109 年 11 月 29 日

活動流程表

一、 典禮開始 全體就位

二、 開香祈福典禮開始（主祭者請就位、全體請肅立）

1. 乾坤對禮 鞠躬 請復位

2. 全體肅立 恭向玉皇大天尊玄靈高上帝 高雄意誠堂關帝廟文衡聖帝暨各
   宗脈主神、列聖恩師行三鞠躬最敬禮

3. 鐘鼓生請就位

4. 請聖臨壇〉三十六鐘七十二鼓迎接諸天聖神仙佛真
   《參與者請肅立合掌恭迎》由玄勝師請淨爐 玄信師請淨水 帶引到天公爐

   （向外）

6. 上香（一上香、再上香、三上香）各自稟告請聖臨壇

7. 收香（三柱）

8. 恭向諸天聖神行三鞠躬最敬禮

9. （向內）恭向玉皇大天尊玄靈高上帝 高雄意誠堂關帝廟文衡聖帝暨各宗
   脈主神、列聖恩師行三鞠躬最敬禮

10. 上香（一上香、再上香、三上香） 稟告

11. 宣讀 宗教慈悲・護國佑民 為化解世界疫災祈願文

12. 呈繳神來一筆著作 宣讀疏文

13. 全體肅立 恭向玉皇大天尊玄靈高上帝 高雄意誠堂關帝廟文衡聖帝暨各宗脈主神、列聖恩師再行三鞠躬最敬禮

（司儀先說明：請各參與展演單位依自己儀軌行進內堂禮儀）進內堂

三、 學術論壇座談會 典禮開始

1. 開幕式

2. 主辦單位致歡迎詞

3. 主持人致詞

4. 貴賓介紹

5. 主題論壇與討論

四、 拍攝團體照

五、 主辦單位頒發紀念品

六、 頒發參加證。簽書會。領平安餐盒

七、 圓滿禮成

八、 電影欣賞：陣頭

南部扶鸞展演單位

1 高雄意誠堂關帝廟

【連絡資料】

高雄意誠堂關帝廟

地址：802 高雄市苓雅區三多四路 66 號

電話：07-3343207

【六部生介紹】

主委：洪榮豐	正鸞生：林茂伸	正鸞生：蔡瀚睬
總幹事：侯榮事	副鸞生：黃鴻文	紀錄生：王秋月
唱生：李政翰	把門生：姚明通	紀錄生：黃耀平
唱生：顏丁任		

【第七屆全國扶鸞展演鸞文】

高雄意誠堂關帝廟　觀世音菩薩　降　　蔡瀚琛扶

詩曰：

　　蓬萊寶島有聖善

　　諸真神佛喜助鸞

　　修心養性孝子門

　　勸世庇佑智無邊

話：淺談禮與忠

　　禮者做事適當之尺度也，忠者竭盡心力為人設想之美德也

孔夫子曰：

　　「君使臣以禮，臣事君以忠」，也就是在上位者按照禮對待部屬

　　部屬就會竭盡心力去完成上位者任命的份內工作，主從關係就和諧也，以做人

之根本「忠孝仁愛」為基礎來服務社稷，言必忠信，行必篤敬，則國富民安也

荊州關羽祠　關聖帝君　降　　林茂伸扶

七鸞賦：

　　大鸞長鳴儒道釋　　　千古金章桃筆

　　聖會南起乩沙盤　　　三教揚善順天

　　萬筆起落醒世勸善　　善文滿溢宮廟社堂

　　筆生雨後春筍　　　　伊時荊州關廟

　　意誠扶鸞臨　　　　　鸞復神州

　　聖神仙佛勸世來　　社稷存善去惡

　　寶島神遊扶鸞大會哉

　　博士宏詞　　　人性善惡

　　杯水猶然江湖

2 高雄東照山關帝廟

【寺廟沿革或簡介】

東照山關帝廟創始於公元一九五一年（民國四十年）歲次辛卯間，原謂文芳社，於四處廟口代天宣講聖諭，奉祀 南天文衡聖帝令牌，掛名於保生大帝廟、祖師公廟等處。

公元一九六一年（民國五十年）農曆辛丑年間，有誠信人士林水諒、許進發、葉 惠、蕭雲南、陳保發、邱樹生、沈石玉等，發起於高雄市新興區林森一路一六一巷三十五號地，創始謂文芳社明德堂，

祀奉 南天文衡聖帝為主神，俗稱 關聖帝君，並且祀奉列位聖神，即推薦林水諒為第一任堂主，許進發為副堂主，俱協力領導，蔡棣興務任宣講，適時群賢畢至，以代天宣化為己責，立神設教皆于修身之本，沐雨櫛風四處奔走，宣講聖諭傳揚儒家經論，人間振起三綱五常，四維八德，並設道場使堂生修身養性，尤扶鸞濟世為民消災解困，是真聖帝顯靈，聖業大展，然善信大增，香煙時盛，原廟址不敷使用，欽奉聖帝旨意，於公元一九七六年（民國六十五年）間，聖駕親擇東照山現在之基地，並由第一任堂主議同堂生不遺餘力發起，致力於公元一九七九年（民國六十八年）十月十二日動土，墾地施工敢謂方興土木之始，奈因工程艱鉅耗資龐大，時興時停，於公元一九八三年（民國七十二年）間，聖帝顯靈以敦聘賢德唐傳宗成立興建委員會，並任主任委員，王玉雲與王天恩為副主任委員，陳天送為總幹事，並於公元一九八六年（民國七十五年）歲次丙寅年六月二十一日一樓大殿 關聖帝君入火安座，且向高雄縣政府登記由唐傳宗任管理人，同年任命李吉田發起東照雜誌社，並任社長延續過去廟口代天宣化之任務，宣揚道務，使海內外善信均能來東照山朝拜。聖基因位處山區野外工事困難，幸眾志成城，刻苦經營十餘載，於公元一九九０年（民國七十九年）正式落成。隨即奉唐傳宗之命籌組管理委員會，於公元一九九一年（民國八十年）十月正式變更由李昆茂任主任委員，蔡顯明為總幹事，組成道務系統發行東照雜誌，全力推展聖業，緬懷諸賢大德及善信助建美意，使諸事順適，乃聖神功化之極，自此神安斯展，遐邇蒙庥。

東山日照長生今草木，明德身修永著古詩詞。
千秋聖業薪火典範傳，萬世道統天高水流長。

【神蹟故事】
東照山帝君靈感啟示錄～異域顯蹟

撰稿／總編輯　謝艾辰

故事／外籍新娘提供

　　今生有幸能來台灣對我而言是一件非常幸福的事，我來自東南亞國家一個貧窮的家庭，家境清寒，在一個因緣先生出差到越南，透過友人介紹而認識了先生跟婆婆，其實在那個時候應該可以解讀為買賣婚姻，我們家需要的是一筆金錢來改善困境及養育嗷嗷待哺的弟妹，婆婆則是需要一個媳婦來幫忙照顧中風在床的先生，也就是我公公，先生事親至孝，心地非常善良，他只跟我說一句話：「我父母老來得子，年事已高希望我對他們好，其他的事我不用擔心。」婚後來台沒多久，先生、婆婆即帶我一同到東照山關帝廟拜拜，我也沒多想，在台十五年來，一方面照顧公公及婆婆，（公公於十年前往生），也添了一男一女，跟著孩子學中文，先生當家教也以東照山雜誌來教我，他說這是一本善書，裡面有很多善知識，對我很有幫助，又說我很聰明，只是貧窮沒能受好教育，慢慢的東照山雜誌我也看得懂，說實在的我也很納悶，先生的條件也不錯，為什麼沒戀愛結婚，而是來異國婚姻，後來才從鄰居方面得知其情傷，原來他有位論及婚嫁的女友，不希望與父母同住而分手，很是感傷，鄰居友人言婆婆是東照山關帝廟皈依信徒，面對兒子的孝順致使情傷，心中萬般不捨，虔誠的祈求帝君作主，為兒子求得好姻緣，頓時心中才恍然大悟，原來我陪婆婆常去東照山拜拜的關聖帝君是我的大媒人耶！

　　我並無宗教信仰，不怕讀者見笑，我因為聽多了異國婚姻的不幸，心中面對異鄉的未來也是很惶恐的，每當夜深人靜時，即跪下祈求天公保佑我，直到來台灣時才知道，原來關聖帝君就是天公耶，冥冥之中仿佛有人告訴我，「百善孝為先」，只要心存善念事親至孝，自然一切順遂，因此婚後來臺，照顧公公、婆婆及夫家大小事務，也深受先生的疼愛，病中的公公更是依賴著我直到

往生，說也奇怪，每年參加法會拔薦公公，心中總有一股莫名的喜悅，而且也常夢見公公錦衣微笑入夢來耶！

多年來跟著婆婆耳濡目染也深深體會宗教的力量，熟知累世冤親債主因果業力的可怕，透過夫家的教育引導，我時常為家人及遠在越南的家人植福，並於東照山關帝廟年度法會超拔冤親債主、歷代祖先，這些都是我在家鄉從沒有做過的，日積月累感受到命運的改變，家弟在越南顯現善因緣而有了一份好工作，妹妹接受一位台商教導美髮技能，也小有成就，收入增多更改善了家中經濟，現也不需要夫家的幫助了，他們也心存感恩懂得回饋，時常寄家鄉名產來孝敬婆婆，可喜的是他們也懂得及時行善種福田，千言萬語只有感恩兩字在心頭，感恩夫家的大量，更感恩東照山關帝廟恩主公的保佑與疼惜，同時以此功德、善因緣顯蹟與大家分享，並迴向往生公公及歷代祖先，感恩……………。

【連絡資料】

高雄東照山關帝廟

地址：84050 高雄市大樹區忠義路 1 號

電話：07-3710981

【六部生介紹】

主委：吳進財　　　堂主：吳貴榮　　　正筆：鄭淑芬

正筆：蔡峰松　　　副筆：鄭芳奇　　　唱鸞生：盧鈺琇、莊登崴

紀錄生：林敏宙、葉雪香　　　　　　　效勞生：蔡宗勳、蔡瑞慈

【第七屆全國扶鸞展演鸞文】

東照山明德堂千手千眼觀世音菩薩　降

詩：

明德鸞明靈光煥

同舟同濟氣浩然

儒宗世代廣宣揚

聖訓真言振綱常

千手拔苦了凡塵

千眼視眾業中生

觀音聞聲千處應

菩薩慈悲大道行

聖示：諸善生佛安

　　何謂觀自在？觀者非是視觀而是回光返照，觀我無有、無念、了了常知，本來覺性，此乃修心之首要，若能觀心，方能放下解脫，若無法觀心，則會淪入輪迴之苦也。何是自在，則是能放下人天感官一切享樂而觀世間法，證吾自在，因此修道在俗世，成道在紅塵，觀現今學道者，遠不及先人明悟一步一腳印，奉道而行之。卻是欲一步登天，好高騖遠，自以為是，如此學道實難成就也。故學道者切莫執著分別妄想之心，縱有滿腹學識才能，亦無助益，期望眾善子能好好省悟、懺悔，早日了脫生死輪迴，達至不生不滅之境也。共勉之。

阿彌陀佛

回

東照山明德堂關聖帝君　降

詩：

東瀛神光傳法音　　照耀萬物善相映

意證禪機應修真　　誠虔篤志先學仁

關懷黎民勤顯化　　聖文儒理藉筆開

帝深願爾德義行　　君引明燈渡蒼生

聖示：諸儒生道安

　　　　意誠堂中聖神雲集　　東照明德榮興法喜

　　　　儒宗神教覺道育民　　願生宏揚千秋萬世

話曰：孝悌忠信為人之本，禮義廉恥為人之根，孝為
　　　孝順父母尊敬師長，悌，兄友弟恭、長幼有序。
　　　忠，盡己之無私奉獻。信，信守承諾，忠厚無
　　　欺。禮，規短有度，禮不踰節。義，正當行為，
　　　義不自進。廉，清楚辨別，廉不避惡。恥，切
　　　實覺悟，恥不從枉，此八德乃儒宗之基本。然
　　　而近世人心頓變，世道衰微，處事殘忍，待人
　　　無信，天地不畏，神明不懼。學庸論孟，棄置
　　　凌夷，良可哀也。如今惟有復興儒宗教育，依
　　　道奉行，明理至善，方能挽轉人心，達至人人
　　　親其親、長其長，而天下平也。故在比願生能
　　　齊修共勉勵，亦祝生平安如意、福慧增輝，諸
　　　生加油。

3 東港鎮靈宮

【寺廟沿革或簡介】

　　東港舊稱「東津」、緣起西元一八八二年，南天欽差大臣李府千歲奉旨下凡，行醫濟世，普化眾生，坐鎮（埔仔角）一甲年。

　　西元一八九四年，東港發生瘟疫，神人乏策，眾弟子祈求上蒼消災解厄，李王聞知即往南天稟明「關聖帝君」菕凡，聖心憐惜蒼生疾苦。急隨李皇下凡降乩，開符化缸水解瘟。乞者一一痊癒。眾生祈求李皇懇留帝君降凡坐鎮，帝君感念答應。並提詩一首：

關聖監凡瘟疫除，安民埔角仰名聲，

挽留誠意從人願，從此東津鎮永居。

眾生併於西元一八九五年間協力建造茅茸草廟一座，宮號為「鎮靈宮」。

民國前九年西元一九零三年，東津有祝融肆虐，災情慘重，聖帝聞之向「火神」協商、為求消災解厄。以慈悲之心願將本宮火燒至傾斜為度、龍袍一角為止，來化解災厄。此神績至今世人依然廣為盛傳。

民國二年、眾生發起興建「鎮靈宮」，但聖帝暨李皇指示建廟時機未到、不應冒然興建，茲因眾生有志建廟念切、執意動工、併將聖尊駕移陳善士舊店安座。同時正逢農曆七月強烈颱風來襲、新建中之磚壁應聲全倒，又遇日本統治下嚴禁民間興建廟宇、建築主委已故、致使建廟遙遙無期。無奈移遷聖駕至（花窯仔）安奉，則李皇尊駕移座吳法師家宅奉祀。

民國四十四年乙未科東港迎王盛事圓滿結束後、本宮接令負責戊戌科年大千歲神轎之職，並擲杯遴選莊占先生為大總理及任本宮籌備建廟主委。至戊戌年迎王盛事前入廟安座。

民國五十八己酉年，上蒼看重鎮靈宮，並於六十一壬子年十月初五子時、派欽差大神金闕上相李太白仙翁、帶旨特賜本宮著書，旨賜社號「志善」、堂號「靈善」，命派蔡達主持親自調教鸞生，遵守規條、勸世行善、代天宣化、弘揚道教。

特賜善書命名「醒悟玉章」、於六十二癸丑年十月著書完成。次年建水陸清醮，六十三甲寅年再接旨著第二科書「明理大道」、並與六十四乙卯年續接第三科書命「性命歸元」，著書完成、南天繳旨，舉行五日水陸清醮。期間鸞生熱誠參與、風雨無阻、經常忙到三更半夜、不惜勞苦。聖感慰安。

迨於民國六十六丁巳年、著第四科書「警覺原人」，又蒙聖旨著第五科書「原人引導歸宗」，民國六十九庚申年接旨再著「大道覺理」，完成六科善書著作、辛苦極至、不負神恩、於辛酉年三月下旬作七朝水陸清醮、善書贈送全省各地，神人同慶、功果圓滿。

　　民國七十一壬戌年鎮靈宮廟老舊、不堪續用，隨即成立重建委員會、當時由黃榮春擔任副主任委員，並於七十二癸亥年決議拆除、宮務經費拮据，鸞生心有餘力不足，眼看建宮急在眉燒，無可奈何。所幸神威顯赫、神通廣大、普濟眾生、民感神恩、慷慨捐獻、鼎力持建、再加堂生認真參與、降乩行醫濟世、積少成多，逐漸雕塑成形、幸於民國八十二癸酉年落成完工，雖然稱不上富麗堂皇、也可謂莊嚴隆重。巍巍聳立在東津中心、高度約七層樓高，總花結構經費約肆仟餘萬之多、（不包括裝修部份）。可見當時主事者及眾生之辛勞，東港居民無不嘖嘖稱奇、直呼不可思議。鎮靈宮當時既稱為東港最高廟宇，至今亦然。

　　為答聖恩顯赫、眾生奉旨於八十四乙亥年開壇作清醮、緊接著八十七戊寅年作完醮，總花經費壹仟餘萬，所費開銷皆是聖真仙佛，及主事人日夜辛勞和眾堂生熱心奉獻、共同極力完成、其辛酸不語言表。

　　民國八十八己卯年，上蒼對鎮靈宮厚愛，降乩授旨、屬意眾生續接善書下冊、以達聖意。此時由黃榮春主任委員兼堂主、接授聖旨、虔誠帶領眾生、夜著善書，至九十年完成二科善書、完書繳旨、即作清醮，順於九十三年終於完成五科書下冊，不負聖恩，功果全滿。　本宮完成重責大任後，不但沒有自滿、更加謙虛、又受聖寵、於九十四年吉期、接續著書、第一科書命名：「善德道源」、現以完成，接續第二科書「戒身至德」、眾生正著神意中。

　　本宮神聖皆南天直轄、有別其他聖堂、自建宮以來、上蒼欽點指派本宮堂生、著作善書、教化人心為使命，因此！能入本宮為鸞生者，皆是上蒼屬意、精心挑選、非一般等閒之輩所能進之。善書之精神，在於勸人行善、修身，其文章內容、深淺易懂、適合各皆階層閱讀。可謂教育小孩及修身之好教材。

　　鎮靈宮自從民國前立宮名後、一路走來、辛苦萬分、再加上東港地方純樸、經濟欠缺、興建廟宇之事無人敢擔當。所幸本宮神尊仙佛，神威顯赫、普化眾生、鎮靈宮今日才有如此風貌、莊嚴聳立在東港、神威感召也深深烙印在東港人的心中。

【神蹟故事】

一、降駕除瘟疫

光緒二十年（一八九四年、歲次甲午年）間，東港地方發生疫疾，藥方罔效人心惶惶，千歲交代埔仔角眾弟子，設天案祈禱上蒼，千歲親上南天懇求關聖帝君，駕蒞東津解災救疾，聖帝本有好生之德、憐惜蒼生，慨然答應，隨與李王駕鎮埔仔角，**開符化缸水解瘟**，立即敕令符施良方，不久疫疾盡解，地方信眾歡天喜地莫不感懷，李府千歲即率眾弟子極力懇求，聖帝為之動容遂應允，從此永鎮東津。

二、悲憫捨殿就鎮民

光緒二十九年（西元一九〇三年、歲次癸卯年）間，埔仔角有火光之災，關聖帝君聞知，立即向祝融火神商議，願以鎮靈宮代替居民房舍以受火劫，保全埔仔角弟子財產生命，但火神奉旨行事，不敢有違天命，帝君立即偕火神返回天庭懇請玉帝，玉帝嘉許帝君大仁大義，准予所奏火燒鎮靈宮，至稍欲傾斜為止。

三、信士未遵聖示勞民傷財

民國二年（西元一九一三年、歲次癸丑年），善士陳助發起重建鎮靈宮，聖帝及李府千歲指示，建廟時期未到，但陳助善士暨各有志建廟念切，將眾神聖金身請出鎮靈宮，瞬間草廟突然倒，陳助等士紳將神像安置其舊店作為臨時廟宇，同時興工建築磚壁，豈料是年七月間，強烈颱風來襲，新建磚壁全倒實乃可惜，又日本統治下，嚴禁民間建築廟宇，為此重建鎮靈宮遙遙無期，眾神尊則請至朝隆宮寄奉。

摘至：

1、光緒 20 年（ 1894 ）（文史工作者田野調查，2011 年 4 月）

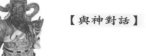

2、《東港廟宇采風錄（三）廟宇簡介篇》，陳進成，屏東縣大鵬灣文化產業觀光促進會，2008）

【連絡資料】

東港鎮靈宮

地址：928 屏東縣東港鎮新基街 68 號

電話：08 832 0811

【六部生介紹】

主委：黃財福

堂主：鄭世揚

正筆生：蕭衡輝

副筆生：蕭明育

唱錄生：黃財福、紀豪澧

筆錄生：李振發、盧相齡、陳佩華

文書：陳怡靜

【第七屆全國扶鸞展演鸞文】

歲次庚子年十月十五日

夫乃東津鎮靈宮主席 文衡聖帝 黃 登

詩

世道暗然社序亂 人心慾惑倒綱常
聖賢真語拋腦後 痴執愚妄最苦憐

夫云：

　　世道暗然人心不古 慾惑痴妄好大自為 卻未知人生無常苦海飄絮
苦短生命無常如影隨行慾惑世夢因心不能自安貪圖處幻榮華富貴實
哉悲乎 世人也 惟心知足常樂 方才能得安樂 定是心享最大榮富矣
圖謀不軌等引自己本性迷妄不得自在 今天下萬眾蒼生 卻者是峰火
相爭經濟紊亂 所天下之人富者則榮 貧者則賤 不能平衡社風 荒廢
聖賢垂教全然拋開腦後 國家綱領敗壞以大欺凌弱小 喪盡天良 其背
後卻隱藏一股無形力量 吹向國家與人民 成為他人永世奴隸矣 因心
執著而成一國天下暴戾 時代越進步 科技越發達 無形恐懼愈是烙印
人心 無形病因 一切由全是世人一手所造成 世道之人惟排除恐懼
必先安其心 修身養性 身心一致 無恐無執無富亦無貧之大心性 則
是棄吾執順天安命達樂開朗 身心念善行仁載德輔養心靈 施大愛胸
襟所施者惠而自定心 不求回報之大因 其背後動力則是以行動回饋
社會 也是現世今一句銘言 「取之社會 用之社會」 讓大同天下真
理平衡人心眾生平等親無利 束縛 行道施人以仁為君以德輔臣 即眾
生平等同之理 生命也同平等 即富與貧同是生命之糧 世人也 何故
執著乎 曇花一現 一切皆是幻海 惟世人心念持之以恆 定性破世障
魔考方才能成為人上之人 更上一層樓也

　　夫銘心感念世道修士生 心念至道志契達天化成一股長虹 南北
修人同心協力一同把古道文化儒宗神教推向國際巔峰 其心其志不可
否滅 扶鸞顯珠璣 句句真言 妙語啟迪人心 則達到教化大真理 引迷
正悔免尋大道明燈 洗心悔過 去惡從善

　　夫心至欣銘佩五體投地 大無為行大愛憫濟天下萬眾蒼生 今覺
聞天音妙樂矣 同心志毅勇往直前 乃世道真修士君淑也

　　余夫簡詞 聊表寸心 夫安筆

4 鳳邑仁美社合善堂

【寺廟沿革或簡介】

高穹金闕御史天官紫微大帝降

詩：

紫微星宿監世堂

大帝奉命會賢郎

降蒞仁美宣玉詔

堂號明賜揚儒風

玉旨開讀

玉皇大天尊玄穹高上帝詔日

　　朕居金闕統御乾坤，威鎮靈霄，柄掌宇宙之樞，統緒諸仙佛聖真昇降之權，無時不以蒼生為念。然蒼生狂妄猶未警覺遷善，日頹塗炭，昧理逆行，不知反省，道德淪亡，豈不痛哉！幸賴諸仙佛聖真慈悲憫惻金階旨奏，普設儒堂設教廣造慈帆共挽澆漓惡風，闡化真理，醒化迷民，今據池賢卿呈疏稟奏，南贍部洲鳳邑高雄縣鳥松鄉仁美村善民王再春等虔心一意，於己未年正月在鳳邑育英社振善堂勤領諸善眾宣誓普煉鸞務，無辭風霜之苦，並於己未年桂月中秋移鸞

仁美福德祠蝦煉鸞務，今已普煉成就，請旨賜准開堂 联龍心大悅，特派金關御史天官紫微大帝帶旨下凡，宣讀頒賜仁美社合善堂為之堂號，准賜扶鸞一、四、七、朔望為期日。

詔勉神人同體竭誠盡職，共挽頹風，欽哉！

此詔 龍飛歲次庚申年花月甲寅日子刻（六十九年二月廿六日）

【連絡資料】

鳳邑仁美社合善堂

地址：833 高雄市鳥松區仁美路 27 巷 5 號

電話：07-7311817

【六部生介紹】

堂主：顏宗吉　　　　　　副堂主：吳添華、王萬居、簡茂林、陳姵華

正鸞：顏輝隆、許仁如　　副鸞：吳正雄

唱生：王美景、王清見　　筆生：吳正賢、林香蘭、張進慧、江秀玉、
　　　　　　　　　　　　　　　　劉明智

效勞生：曾雅琴、吳朝麟、何林淑核、王綿、謝靜枝、盧春月、史美秀、
　　　　唐好枝、陳黃秋、 陳郭牽、陳楊水蓮

【第七屆全國扶鸞展演鸞文】

鳳邑仁美社合善堂正主席八隆宮　池府千歲　降

詩：古今小人重名利

　　唯有君子不背義

　　捨生取義傳萬世

　　浩氣千古道所依

談：義利之取捨

　　夫君子喻於義，豪傑俠義之士，觀其一生之所行，足以感天動地，可歌可泣也，故孔子曰「殺身成仁」，孟子曰「捨生取義」者是，小人喻於利，無道者雖讀聖賢書，然一入官場悉以富貴功名為職志者多，故易為利慾昏其心，易為功名泪其性，因之「計其功而昧於道」，「見其利而忘於義」也，如是正義之所以不張，國運之所以日衰非無其因也，有道君子悉不以富貴功名為之職志，而以行俠尚義為能事，視帝王如草芥，視萬金如糞土，視生死如傳舍，故無處而不自豪，無入而不自得，既然死生無所計，而況於利乎，而況於名乎，孟子曰「舜與跖之分，義與利之間而已」，又曰「魚我所欲也，熊掌亦我所欲也」，二者不可兼得，捨魚而取熊掌，生我所欲，義亦我所欲，二者不可得而兼捨生而取義者也，是以君子貴殺身成仁，捨生取義，然人生孰能無死，得處如鴻毛，寧能偶雛鷲寂寂隱蓬蒿，如是其不為後人所追憶者，未之有也。

　　話：甚喜，中華玉線玄門真宗教會，為承先啟後，繼往開來，承接第七屆全國扶鸞大會，以為薪火相傳，化世易俗，以疫情故分北、中、南三處，南假意誠堂協助籌辦，集其大成各地聖堂亦踴躍參與共襄盛舉，以為護國保民為之旨也，余預祝大會功成圓滿，賀之喜之也。

堂主：顏宗吉

正鸞生：顏輝隆

5 五甲協善心德堂關帝廟

【寺廟沿革或簡介】

起緣於歲次丁巳年民國六年八月間，先輩鄭頭先生、陳有雲先生、陳媽拴先等三位大德，虔誠恭謁神聖降鸞指示，遂遵懍聖訓，為代天宣化，擇良辰吉日，在陳有雲先生家中後堂，上疏奉請金闕玉旨，創設鸞壇。於民國九年十月廿三日遷於草壇，係庄內共建之神壇，奉祀天上聖母。

迨至歲次壬戌年民國十一年二月廿日南天主宰文衡聖帝，親臨降筆，擇地於本堂現址，由鄭頭先生大德提供土地，建造蓋瓦角厝一棟三間，創立協善堂，奉祀文衡聖帝為主神，附祀諸恩主，以按金字聖號牌位朝拜。以提倡倫理道德，挽轉頹風，宣揚聖道為宗旨。

歲次癸亥年民國十二年三月成立省身社，宣講聖諭。

歲次乙丑年民國十四年增建後殿，設立心德佛堂，奉祀觀世音菩薩為主神，以雲蓋寺觀世音佛祖畫像為神位。以度眾生為方便法門，持齋守戒，學經參禪，悟道修真，施恩佈道，靜化人心為宗旨。同年並加入佛教先天道。

歲次丙寅年民國十五年建造西廊房舍。

歲次丁丑年民國廿六年成立悟賢社，為外經科儀部，即誦經團。

歲次戊寅年民國廿七年成立善和社，為聖樂團。

歲次壬辰年民國四十一年建造東廊房舍。

歲次辛丑年民國五十年九月改建協善堂為磚造。並增加奉祀至聖先師孔夫子金身及彫塑關聖帝君等諸恩主金身。

歲次壬寅年民國五十一年六月由鄭榮生等昆仲，將現有堂內土地捐獻協善堂、心德佛堂合併向政府申請核准成立為財團法人。

歲次丁未年民國五十六年十一月廿六日由堂主鄭榮生先生發心興建心德佛堂，為四樓七層大廈。至歲次已酉年民國五十八年十一月十一日舉行安座慶典。一樓奉祀地藏王菩薩、敏光、道明尊者為地藏王殿。二樓奉祀觀世音菩薩及善才、良女附祀韋駄、迦藍尊者、八十八佛、十八尊者、八仙翁、鄭監察星君等仙佛金尊。暨歷代祖師。三樓奉祀燃燈古佛、釋迦牟尼古佛、阿彌陀古佛、彌勒古佛、藥師古佛、等五大尊佛。金尊高丈六尺附祀五百羅漢尊者、阿難尊者、迦葉尊者，為大雄寶殿。四樓奉祀無極天尊瑤池金母暨宮娥女侍，附祀文殊菩薩、普賢菩薩、達摩祖師、慧能祖師等金尊暨西方廿八祖師畫像。在當時為全台最壯觀之佛堂。於歲次辛亥年民國六十年二月二日慶祝落成。

歲次丙寅年民國七十五年五月整新大雄寶殿及五大尊佛暨地藏王菩薩金尊。

歲次壬申年民國八十一年元月整建心德佛堂右側房屋及後面廚房。

歲次癸酉年民國八十二年五月整新無極殿內部及瑤池金母等金尊。

歲次癸酉年民國八十二年十二月由鄭明祥、陳盛修先生發起經董監事會通過整建協善堂。至歲次丁丑年民國八十六年六月廿日安座慶典。一樓奉祀文衡聖帝（以千年樟木彫塑）暨關聖帝君、本堂主席北極玄天上帝、孚佑帝君、金闕上相諸葛武侯、東廚帝君、關平太子、周倉將軍、太陽古佛等諸恩主金尊。二樓奉祀大成至聖先師孔夫子暨倉頡帝君、文昌帝君。

【神蹟故事】

一、學運發爐後，又見紫氣環照，關公顯神蹟？五甲關帝廟，拍照一片紫

鳳山五甲關帝廟百年關公樟木座像，被民眾拍下紫色照片，廟方稱紫氣環照現真祥。陳姓市民週二中午用餐後，帶老婆到廟內焚香祈福，老婆用手機拍攝關公木雕像，見畫面竟一片紫，以為手機壞掉，轉身拍戶外卻正常，他拿自己的手機拍，「關聖帝君」匾額部分也是一片紫色，之後拍又恢復正常，夫妻倆嘖嘖稱奇。

陳姓市民說，他在五甲地區出生，小時候家人常到「菜堂」拜拜，「菜堂」又名協善心德堂，俗稱五甲關帝廟，去年底老婆首次進廟參拜，覺得「磁場很合」，之後常去拜拜。關帝廟上週六、日舉辦「開竅增智慧」活動，奉請至聖先師、倉頡先生及文昌帝君三聖降駕，七百多名學生額頭點上硃砂，象徵開智慧，又以考生姓名作藏頭詩，象徵神明賜詩，祝福考場順利。明天上午八點則於五甲社區舉辦千人遶境活動，邀請儒生著古服、抬著古文明訓「聖文字蹟」遊街，之後到旗津「送字紙」，象徵七十二名孔子門生遶境祈福。廟方表示，關公像為整棵樟木雕製，已有百年歷史，多名信徒去年著儒生古服遶境，順利考取國考，常回廟酬謝神明。有民眾到高雄鳳山五甲關帝廟上香祈福，拿手機拍百年關公樟木座像，照片呈一片紫色。

摘至：黃旭磊／高雄報導。2014.04. https://news。ltn。com。tw/news/local/paper/771855

二、連續六年春節「立筊」！

高雄鳳山五甲關帝廟大年初一出現立筊，使得該廟春節立筊紀錄邁入第六年，擲出立筊的洪姓男子每年都捐助白米，今年第一次參與點燈擲筊活動就擲出立筊，感覺很幸運；廟方則驚喜神蹟延續，祈福神明繼續庇佑地方。

五甲關帝廟正名為五甲協善心德堂，主神包括觀世音、孔子、文昌、關公等；其中具武財神身分的關公，因鳳山多家開出頭獎的彩券行業者曾祈願，近兩年香火特別鼎盛，財神燈人氣也逐年攀高。廟方每年農曆年均舉辦點燈擲筊賽，至去年止、連續五年出現「立筊」神蹟。廟方指出，大年初一下午約一點，洪姓民眾與女兒一起到廟裡上香、並參與點燈擲筊賽，女兒一口氣連擲出九次聖筊（一正一反），成為擲筊活動開始後最高紀錄；接著父親上場，連續擲出五個聖筊，第六次擲出「立筊」，引起一陣驚呼。洪先生雖沒破擲筊紀錄，但生平第一次擲出立筊，比連續聖筊還開心。

摘至：王榮祥／高雄報導。2013.02.

網址：http：//tw。news。yahoo。com/ 五甲關帝廟－連6年立筊

【連絡資料】

五甲協善心德堂關帝廟

地址：830 高雄市鳳山區五甲二路 722 號

電話：07-8217749

【六部生介紹】

董事長：鄭明祥	堂主：陳人惠
正鸞：蘇松池	副鸞：方和守
唱鸞：劉益仲、柯盛耀	打字：陳信蓉
抄錄：陳淑燕、陳品綠	接駕生：黃春芳、張子賢
誦經生：郭福文、胡成家	奉茶生：洪金桂、鄭素妙
朱清德、鄭天賜	把門生：許蕊花、鄭美麗

【第七屆全國扶鸞展演鸞文】

協善堂文衡帝 109. 11.29(10/15)

詩：文行義路守中庸　衡道三千振大同
　　聖理宏揚通寶筏　帝恩浩蕩化迷濛

詩：正道維持有義方　仁風不失達綱常
　　啟開聖理天地合　永耀鸞門顯內章

詩：修身悟道禮為先　神道無私達聖賢
　　鸞鳥含音傳玉語　諸生有幸參神前

今述中庸之道，子程子曰：

不偏之謂中，不易之謂庸，中者天下之正道，庸者天下之定理。子曰：中庸其至矣乎！民鮮能久矣！夫子言：中庸之道可謂極善極美，惜乎世人少之能行之久矣！道者天理之當然，即中庸而已。不偏不倚謂之中，永不變移謂之庸，中乃天下正大之道路，庸是人生之大道理，故言中庸之道是儒家精義所在，是孔夫子門下傳授之心得。

天以陰陽五行化生萬物，氣以成形，人之本性由天所賦，而理亦賦焉！道之本源於天，所出而不可易，道猶路也！聖人曰：所行皆性之德而具於心，無物不有，日日勤行，無時不然，吾心之正，則以天地之心亦正，所以不可須臾離矣！

詩：世道衰頹有義方　　神香感化達陰陽
　　鸞音善化珠璣顯　　教子修身利世揚

詩：儒宗神教利人人　　化育群生立善因
　　聖道啟開超苦海　　立功立業重修身

詩：經聲遠透喜南天　　玉闕感心生內虔
　　神佛金光千萬照　　眾賢有德立鸞篇

詩：匡扶正道禮修身　　聖化人間立善真
　　養性明心成大果　　造功佈德有元亨

【寺廟沿革或簡介】

大潭保安宮主祀保生大帝，根據保安宮廟碑記載，清朝康熙六年（西元一六六七年、歲次丁未年），有陳姓先民於故鄉迎請一尊高七寸之保生大帝神像回庄供奉，並建茅舍為其廟室，名曰：「大道公廟」，其址約在保安宮現址之後西北方三百米之處。

至清朝道光元年（西元一八二一年、歲次辛巳年）由於地方不靖，時有盜寇入侵。乃將沿溪散居之各姓計有陳、林、吳、趙及稍後遷入之莊、蘇、黃、許、李、王、劉、顏、蔡、阮、倪等遷集於現址村舍，並築尖竹圍籬護牆及護庄河溝，以共同拒抗盜匪，並更名曰「新庄」，集資遷建保安宮至現址，廟以磚瓦建造，由陳姓負擔後殿建廟經費，其餘各姓同負前殿建費，遵奉保生大帝指示其有三兄弟即吳、許、孫三真人為主神。

　　清朝咸豐元年（西元一八五一年），有一唐山客至林邊庄落腳賣藝，其隨身供奉一尊神像甚為靈異，當時先民奉保生大帝指示，虔備厚禮，情商該唐山客割愛，而迎回該尊神像，即池府千歲金身也。復奉大帝指示將大道公廟改稱為「文武殿」，以表達對池府千歲之崇仰也。

　　民國二十二年初（公元一九三三年，日本昭和八年、歲次癸酉年），村民咸感於保生大帝、池府千歲等眾神威靈顯赫，庇祐甚多，而宮室廟貌已年久失修，亟需重建，故村里士紳合議發起重建，禮聘新竹著名廟宇建築師李秋山前來營建，歷三年時間完成，於民國二十四年元月（西元一九三五年、歲次甲戌年，十二月），舉行安龕入座大典。

　　第二次世界大戰（西元一九四一年至一九四五年），美國盟軍大舉攻擊日軍基地，而週邊村落亦受波及，軍民死傷慘重，「大潭新庄」雖地處被炸射範圍內幸未被炸中，實賴保生大帝、池府千歲靈威庇祐之賜，台灣光復後全台百姓奮發打拼，創造經濟奇蹟，庄內居民紛紛增高地基改建房舍，而廟室相形陳舊且已有風蝕現象，民國五十七年經眾信徒提議成立興建委員會募資重建，聘蘇志萍先生設計藍圖，李榮泉先生昆仲負責營建，又歷三年時間，終於在民國五十九年十一月吉日（西元一九七〇年、歲次庚戌年十月）完成，並舉行入火安座儀式。

【神蹟故事】

神蹟一

　　在幾十年前，屏東縣東港鎮大潭保安宮省修社天恩堂的前老堂主蘇添飛先生在睡覺的時候，南投縣國姓鄉楞嚴宮『關聖帝君』托夢給前老堂主蘇添飛先生，夢中出現一個『楞嚴宮』的字樣，還跟老堂主說一定要特別表揚頒發給這些效勞生，前堂主蘇添飛先生不知道這間宮廟在那裏，也都未曾交流過，前老堂主那時候就打電話給，日月潭的董事長說這間宮廟在那裏，董事長告訴我們，

南投縣國姓鄉一間廟叫『楞嚴宮』的廟，這間廟在山上，也給了我們宮廟電話，當時我們大潭保安宮省修社天恩堂剛好承辦中華儒道釋頒發好人好事（弘善協會）的事情，『關聖帝君』托夢，是要我們特予表揚效勞生。（因楞嚴宮在重建的時，大部份都是由這些師兄、師姐們，流血流汗一起出錢出力，所建造的。這些師兄，師姐們放下手邊水泥工作，大家共同一起建造這項困苦艱難的大工程，一定要特予頒發好人好事的事蹟，來弘揚獎勵大家才是，將這事跡表揚公佈，讓全國廟宇的師兄師姐和信徒讓他們知情。

神蹟二：

我們的正鸞生蘇朝居老師，年輕的時沒讀過書，完全不識字，但在扶鸞的時候，能夠寫出許多字，這是我們大潭保宮省修社天恩堂的主公『保生大帝』和我們的『楚府千歲』的牽引之下領導我們正鸞生蘇朝居老師，在完全不識字的情況下扶鸞出書。

以上是主公『保生大帝』及『楚府千歲』顯赫的神跡！

南投縣楞嚴宮『關聖帝君』顯赫的神跡！

神蹟三

本堂現任堂主林春月，在十幾年前：當任堂主蘇添飛先生，向鸞生詢問有人要學習唱鸞生嗎。當時林春月有興趣要來學習，但是怕本身沒有讀過什麼書，要如何看懂字又要把它念出來，對他來說是有困難的，但她還是覺得要來給主公牽教。

當每月 三 六 九 日鸞期時，她都戰戰兢兢的站在鸞前認真的學習，哪怕只有看懂幾個字她從不氣餒。平常時主公都會利用她在午休時間，托夢教其學習、認字，每次只教一字，然後她就夢醒，就知道這個字要怎麼念了，在歷經十幾年的學習，如今主公還是利用她午休時間來教她認字，現今鸞期日她站在鸞前看字、唱字都嚇嚇叫，連我這個大專程度「鸞務總監」都快要自嘆不如。

現今她能學習到這樣的程度，就是本著不怕苦、不怕難的精神，而且又有主公認真來牽教，才有辦法達成，這如果沒有主公的神威顯赫，哪有可能從一個不認識字，學習到現今看懂很多字，所以主公的神跡是不容質疑的。

【連絡資料】

大潭保安宮省修社天恩堂

地址：屏東縣東港鎮大潭里大潭路 17-9 號

電話：08-8351356

【六部生介紹】

堂主：林春月	副堂主：蘇錦章、蘇進雄、蘇進興
總幹事：蘇榮利	蔡昭億、蘇忠平
鸞務總監：蘇隆榮	正鸞：蘇朝君、林武生、蔡昭億
唱錄生：周瑞明、林春月	吳慧誼
許美琴、李婉如	抄錄生：蘇榮利、周孟珠

【第七屆全國扶鸞展演鸞文】

大潭保安宮省修社天恩堂　蘇朝居扶

今吾歲次戊辰年正科代天巡狩保安宮
正主席盧府大千歲賜筆

一、中華兒女有理德　　華年寶島是聖域
　　玉旨執筆施化民　　線上呼喚各世子

二、玄機妙奧天降來　　門入期鸞多學習
　　真心為道應加鞭　　宗信明微一輕鬆

　　全心意志大道行　　國民參加有能忠
　　扶起鸞筆教世人　　鸞音鳥語一輕鬆

　　鐘聲發出個人耳　　文理有成好成功
　　應爾時常可認真　　其上不下正修人

　　今天來到意誠堂　　關聖帝君最喜歡
　　一世只有有一次　　神人有福加享受

四、省悔人生多有苦　　修成正果母娘親
　　必要今生化無殃　　行進大道應明知

五、誠況世事多變化　　實行民主好百姓
　　人人準責不忘記　　道上明知很壞行

六、一心一意作善良　　視察明君好上進
　　同行修身好伴侶　　仁行為君常好品

七、忠行為國好軍民　　孝行長輩謝感恩
　　節節順天無誤性　　義勇觀聖護兄嫂

八、以今遠路無惜苦　　德化鸞台指定良
　　必行大道永在春　　行行里程不算遠

今吾楚府大千歲賜筆

一、大開桃筆化世民　　為君好世趁人行

　　一只桃筆化今章　　不惜來鸞參仙佛

二、在此熱鬧是磨筆　　一心一意感世人

　　人人來世多有業　　精神參筆化世淵

三、盡力而為參鸞台　　教訓子弟不作壞

　　人人有心正氣質　　父母憂心吾子兒

　　盼望今日回向期

四、明明上帝有能感　　可惜凡夫不行程

　　正在現在的世界　　善良好半未了悟

五、以文就武多肯學　　身價不退向前走

　　佑成世人人人敬　　則是原鄉好住居

六、以心盡力來參與　　心情百般用心定

　　立德不負家人人　　德行慈悲見老翁

今吾保安宮許真人賜筆

一、許多人人不認道　　　真是苦惱怎如何
　　人心一致半平山　　　無心無力作壞子

二、幸福人生多修來　　　一文一語講不知
　　父母散訓只肚外　　　父母辛苦怎好教

三、台灣善心最很多　　　有個不知修性好
　　每每仙佛有來示　　　遍遍誤身作非人

四、良田好作少講不　　　為何來世無吃苦
　　外流放蕩無像人　　　父母對人無面子

五、以今能做朝心機　　　德引永世好品德
　　必成好心天天鑽　　　行入鸞台作模樣

今吾大潭保安宮吳真人筆　　　　蔡昭億扶

一、吳聯帝廟感榮幸　　　真心交流儒道釋
　　人人慶贊效鸞筆　　　筆示聖會大圓滿

二、意向來此推鸞文　　　誠心追隨鸞價值
　　堂內鸞手會一方　　　千古文化共意誠

三、關心聖會來參與　　　聖業提倡喚世子
　　帝心無私佑萬民　　　君應遵循顧情理

東港大潭保安宮省修社天恩堂

今吾大潭保安宮省修社天恩堂池府千歲降

吳慧誼扶

一、歡喜今天扶鸞會　　　人人有來參聖事

　　多多參與這觀摩　　　全國扶鸞代天宣

二、省會齊合扶鸞會　　　每年一次來辦會

　　乎咱民心來照應　　　人人有心來傳播

三、里民可以來觀摩　　　聖事辦理真輝煌

　　聖大鸞務在此中　　　多多照應這鸞事

四、今天舉辦這聖事　　　發揚光大每角落

　　人人提出一善心　　　可以照會爾大同

　　世界人間出頭天

五、循環人間一直繞　　　繞來繞去歸原地

　　可有心內有動念　　　靠修靠磨持心靈

東港大潭保安宮省修社天恩堂

【寺廟沿革或簡介】

　　明心社修善堂始創於清光緒庚子年間（西元一九00年）的打狗旗后（今高雄市旗津區），乃為本市商工漁業最繁榮之中心地區，大部商賈均聚於此。庚子年三月境內突發瘟疫猖獗，無法能治，社里耆老為求早日平安，祈求南天文衡聖帝消瘟救民，幸賴神威護佑，未久社里恢復平安。以後有耆老薛應主、魏興財、李東漢、傅傳安、許石龍、許石定、孫可、董順其、董順然、吳天發、呂老看、鐘東煌、洪順良、洪順德、黃讀等十五名為答謝神恩，經商議暫奉祝天后宮內、並命為「修善堂」。

　　光緒壬寅年（一九0二）恩主再度顯化甘露，勸世人受戒煙毒，並處處開壇揮鸞，雖受當時朝廷嚴禁，但眾生仍不辭辛勞，奔走郊外各處揮鸞濟世利人。甲辰年（一九0四）恩主欽賜堂日「明心社修善堂」。戊申年（一九0八）承蒙恩主欽賜金匾「至誠志道」，以資鼓勵。民國十三年，該堂遷移至盧成大廳。

並自民國十七年起，至民國二十三年止，前後奉旨著造《醒世金章》、《總教大法真經》等善書。民國十八年在該堂，雕刻三恩主及正副主席金像，當年完成後安座在天后宮內奉祀。

民國三十七年光復後，李有禮提議新建明心社修善堂，由第三任堂主盧成捐獻現址土地，配合各堂主熱心解囊，著手進行興建，順利完成。民國四十五年再次雕刻金像，安座該堂以利濟世。民國四十六年，由第四任堂主李石印主持該堂，至民國五十四年因信徒日增，香火鼎盛，副堂主駱瑞寶乃覺該堂狹隘不堪容納，倡議再度擴建為現今古式宮殿樓堂。

【連絡資料】

明心社修善堂

地址：805 高雄市旗津區吉祥巷 68 號

電話：07-5715771

【六部生介紹】

堂主：李財團	正鸞手：楊國亮	副鸞手：劉明政
唱鸞：顏則名、蔡佑隴	錄鸞：盧建福	

【第七屆全國扶鸞展演鸞文】

明心社修善堂

主席：文衡聖帝 嚴 降

詩：

　　　情風徐來灑塵埃　　塵埃灑盡淨鸞台

　　　鸞台淨盡留正氣　　正氣參天兼慈懷

　　　慈懷心胸照世界　　世界承平並無災

　　　無災無害劫消解　　消解垢穢意誠來

話：

　　吾儒宗聖教渡世以來，皆以理渡人。其秉持聖賢之宗旨，為天地入心、為生民立命，為往聖繼絕學，為萬世開太平。

　　忠孝為本，仁義是遵替天行道。固能淡薄明志。修靜復命，不思物慾累心性，不因見利而忘本，與人無怨、與事無爭，故能執本而去狂瀾。免乾坤之沈淪，製造慈航於斯世，喚醒迷途之蒼生，修心養性，去惡從善，身體力行，窮則獨善其身，達則兼善天下，能如此方能端正人心。尊正世俗，而回復堯天舜日，此乃吾儒宗聖教之教化也。

　　各生辛勞

8 車城統埔鎮安宮

【寺廟沿革或簡介】

統補昔時醫事不發達，村民發生疾病，因無處求醫而叫苦，幸有張府林府郭府先賢祈求上天恩准擇在今汾陽堂為基設鎮安宮，及奉祀關聖帝君三山國王福德正神等給村民祭拜。求醫濟世，而後由林文生 郭增壽張炎那 林乾生 張貴郎訴求集訓習練木筆亦鸞筆而揮鸞問世即開方治疾，再丙午年 (日明治 39 年，1996) 成立覺悟堂，為第一代門主。

爾後人口增加，由覺悟堂鸞下策動村人有志人士，由張延那捐獻土地 (舊廟) 及南天宮關聖帝君御駕選定奠基開工，此地由如黃龍戲水之「龍趾穴」地形最撮大石森林密佈綠水環繞於宮前，當時村中人口戶數達 70 餘戶，又人力財力難已相繼，及日政干擾之下工程中途停止經十寒載，再次有賴府郭府先賢大力襄助，村民棋力協助續建始能勉於落成，將汾陽堂移駕新宮安座。

門下續求南天宮恩准著書出期「喚新新編」而後民國 52 年拆除舊宮，再由第三代四代鸞下由堂主林振邦副堂主王榮吉，策動全村之勞動力下在同年農曆 8/14 新宮再平安座落成。民國 70 年村中十數位青年有志之士有意入鸞共沐神恩，有周雨亭等門下求準策劃，八卦形關聖帝君五常園在民國 73 年奠基破土，74 年動工第一期工程，因財力有限停滯六年後，因有杭州靈隱寺濟公菩薩降臨該宮協助濟世之下，工程在延續至民國 88 年農曆 6/24 關聖帝君天誕，而在現址舉行安座大典。

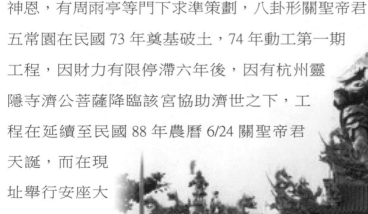

【連絡資料】

車城統埔鎮安宮

地址：屏東縣車城鄉統埔村統埔路 54-6 號

電話：08-8821364

【六部生介紹】

主任委員、總理：黃致富	堂主：陳地龍
正鸞：陳英芳	副鸞：潘香蘭
武鸞：范瑞騰	副總理、唱生：郭永宗
唱生：尤桂蘭	監堂：張金源
抄錄生、宣講生：鄭金煌	抄錄生、護駕：鄧堯文
護駕、迎送生：林顯德	整砂生：吳容誠、張高梅枝
誥經生：張美驪	誥經生：柯秀菊、郭月娥、張月英
常務監察、壇務生：張志明	副總理、壇務生：尤陳秋香
鳴炮生：張增男	壇務生：傅照鳳、白小青

【第七屆全國扶鸞展演鸞文】

統埔鎮安宮　中華民國109年11月29日

歲次庚子年陽月十五日　於高雄意誠堂舉辦第七屆全國扶鸞大會

聖示金章

吾乃南天宮靈侯太子關是也

　　恭賀全國善信大眾　有此虔敬之心　舉辦一次扶鸞大會　增進全國各友宮堂由鸞筆行正事之科儀　值得嘉勉促進也

詩曰　意氣風發扶鸞會

　　　　誠徒善信虔敬天

　　　　堂事扶揚日益增

　　　　鸞會交流無上期　勉之

　　余再恭祝意誠堂　諸神師神威顯赫　各轄境善眾平安也

　　話　此次臨命受旨臨宮扶鸞聖事之科儀　聖主視重神筆發揚之神威　能有慈悲之憫有相助之情　亦能有信眾虔誠之心　動之於情　使於人間有世情之溫暖　悲看全球之疫非是不可避免之災　在於心之　人人有同理心　人人有己心　無私之心　有廣闊愛人之心此即有趨緩之情　人心為要　關懷為社會　社會之安定　在於心人人有一公正之心　憫憫之心　心之善念　無慾之心　更無貪之心　有奉獻大眾之心　能有誠信之心　人重虔更重　更加重於信　更非是心口不一之表　能有此正信之念心　更能有祥和之氣　此心有關懷之胸　社會何亂之有　此能助於疫情蔓延之情也在此能有此盛會　南瞻部洲鎮安宮諸同修鸞下生　能多習多學習有補拙之處　亦能用心請益之心也　社會有此熱心虔敬之善眾要有無私之同修　引導無私無慾　大公大正之胸懷　如此　社會得以有浩然祥和之氣氛　免有恥辱之事也　社會之安寧　社會之安定　在於人人之一片之心也　正心為要　此

　　余最後恭祝　貴宮　宮務日盛　國泰民安扶鸞聖事　宣傳有成　實至名歸之作　此　退

　　　　　　　　　（屏東縣車城鄉統埔鎮安宮覺悟堂　恭錄）

9 中華玉線玄門真宗教會

【連絡資料】

中華玉線玄門真宗教會

總教區：彰化花壇玄門山

地址：彰化縣花壇鄉灣東村灣福路 60 巷 83 號

電話：04-7880567　傳真：04-7880569

【六部生介紹】

教尊：玄興	筆生：妙筆
唱生：玄勝師、玄真師	內監壇：玄信師
外監壇：玄慈師	覆文生：明竺師
筆抄生：明詒、明皓	金指妙法：明君、明玲、明昀

【第七屆全國扶鸞展演鸞文】

扶鸞儀式

玉線脈沿關帝教門 玄門真宗關聖帝君 降

曰：

全國招賢聖會參

扶鸞契接神人照

展演示訓科儀範

救贖拯迷渡蒼黎

示：

本教門承辦第七屆全國扶鸞展演聖會，今首啟南方，
商借意誠堂共邀辦理，行諸百般多有叨擾，企盼海涵矣！

扶鸞救世、渡世、醒世，為拯拔蒼黎，為救贖眾生
而設、而有之科儀，行諸儀典，隨時代變遷，又無傳承
之範，已有式微沒落之憂。今承辦科儀展演，招賢會聚，
為扶鸞科儀典範，能因共參凝聚、會聚論述而有傳承之
曙光，法頌殊勝，更感謝各宮院廟能共參盛會，傳述眾
聖恩師真慈聖訓，真是可勉可嘉也。

隨時代變遷，本教闡揚扶鸞科儀之殊勝，因應現代
科技網路展演同佈全世界，不再只侷於現場儀式，更可
因網路廣佈，無遠弗屆，救贖拯迷之佈，更是無拘束，
渡引十方無礙矣！

萬般儀行，除重視傳承課事，更為眾生陷厄疫災之
染，恐慌無助，眾神真慈，為拯拔蒼黎，能拔苦消災免
難，同在展演聖會，為護國佑民、為化解疫災祈願，企
盼眾神聖神威救贖拔拯眾生能離苦得樂，早日恢復平安
平淨之生活。

末，吾同呈收繳著作之論，呈表三界同贊。

【金指妙法】

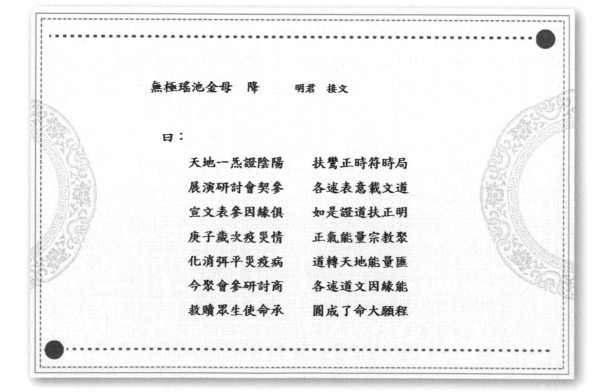

無極瑤池金母　降　　　明君　接文

曰：

天地一炁證陰陽　　扶鸞正時符時局
展演研討會契參　　各述表意載文道
宣文表參因緣俱　　如是證道扶正明
庚子歲次疫災情　　正氣能量宗教聚
化消弭平災疫病　　道轉天地能量匯
今聚會參研討商　　各述道文因緣能
救贖眾生使命承　　圓成了命大願程

玄門真宗關聖帝君　降　　明玲　接文

偈曰：

展演聖會揚儒風　　同心共行拯世黎
各揚其宗宗的同　　台疆聖弘鸞教宣

示：

　　全國扶鸞展演在藉聖會共研共揚各宗各脈之拯世
主的，聖降人行同揚大誓，也藉此聖會共力為天災疫
情來祈願，盼能共願共力讓世界平和、眾生共安啊！

關聖帝君　降勉　　明昀　接文

謂：

關懷社稷振綱常　　聖責擔承護蒼黎
帝諭宣頒五常德　　君志誓願眾徒從
人心思變挽頹風　　生命真義藏妙趣
五常入作生活事　　導師引行化育栽
圓融修徑聖凡同　　國度立顯證功評

【南區觀摩單位】

基隆代天宮

孫文南院

大發開封宮包公廟

無極御令合發宮

高雄靈師府

小港鳳儀宮至光堂

梓官善化堂

龍鳳宮

鳳山鎮南宮仙公廟儒壇

林園觀音佛院百善堂

新竹慈明堂

新竹關帝廟

高雄道教會

許智傑立委服務處　張榮靖主任

黃文益市議員

高雄市市政顧問張德國

劉世芳立委

高師大經學研究所　副教授陳韋銓

高師大經學研究所　趙惠芬、阮安松、林昕嬡、洪萍如

第七屆全國扶鸞大會論壇 – 南區研討會議記錄

時間：2020 年 11 月 29 日

地點：高雄意誠堂

主席：真理大學張家麟教授

與談學者：成功大學黃聖松教授、高雄師範大學陳韋詮副教授、銘傳大學蔡秀菁助理教授

與談廟宇領袖：玄門真宗陳桂興教尊、高雄意誠堂洪榮豐主委、五甲關帝廟陳人惠堂主、東港鎮靈宮黃財富主委、大潭保安宮省修社林春月堂主、鳳邑仁美社顏宗吉堂主、東照山關帝廟吳貴榮堂主、統埔鎮安宮黃致富主委與陳地龍堂主

出席人數：約 300 人

記錄：蘇倍民

主席：華人經典浩瀚如海，到底哪一部經典值得我們學習？

黃聖松教授：日本時代美濃客家庄有很多善堂，在日本時代鸞堂曾出版鸞文，很可惜後來沒有能做大規模的出版，其原因是鸞生年紀老化。雖然有年輕人來接棒，但是趕不上鸞生凋零的速度，這對扶鸞發展是很大的危機。

從巫的角度來看，在先秦文化就有巫，巫類同於扶鸞的鸞生，如果把巫放進來的話，鸞的歷史可能要往前推 1000 年到 2000 年。

我所接觸的鸞書經典印象最深刻是《太上感應篇》，現在常會聽到：**「禍福無門，惟人自招」**。如何對鸞書、扶鸞儀式做轉型，已經面臨到一個不得不思考的問題。有很多的鸞堂不扶鸞，就會被遺忘，沒有年輕鸞生來接棒，鸞堂可能就被斷送。

　　台灣有「文化資產保存法」，在高雄地區就有幾間宮廟已經透過正式申請，而被註冊為高雄市的無形文化資產。扶鸞就是無形的文化資產，所以我們可以透過文資法，讓各大宮廟來作申請。

　　其實在民間的宣傳的力量也非常大，我們何不嘗試透過來做鸞的紀錄片，可從鸞生的生命經驗、為何接觸扶鸞，這幾十年來都願意在鸞堂服務的精神等角度來切入。也可以過座談的方式，說鸞書中故事，宣揚扶鸞文化，還可以讓更多的年輕人了解到中華文化的精隨，帶來轉化人心的效應。

　　主席：在座的各位領袖是否有推薦的經典？

　　陳桂興教尊：關聖帝君也是用鸞來訓練屬於關聖帝君的道法，尤其是《大解冤經》。

　　洪榮豐主委：推薦《揚善意誠》。

　　陳地龍堂主：《桃園明聖經》是我們關聖帝君廟的基本的經典，是民國48年扶鸞著書《桃園明聖經》。

　　林春月堂主：現在醒修堂正在扶鸞出一本鸞文。

　　吳貴榮堂主：東照山所敬奉是關聖帝君，以帝君的五常德為精神，教導人為人處事，所以經常向信徒推薦關聖帝君的《覺世真經》。

　　陳人惠堂主：民國38年出版《玉聲金鑑》，是台灣第一本的藥書，剛剛張教授在介紹時我們請神時念誦《明德大法真經》，這是是我們所著造。另外一本《金科玉律》，也是我們著作。

　　黃財富主委：從58年以來我們鸞堂出版的8本鸞文都非常精彩，大家可以來東港給我們指教。

顏宗吉堂主：我們的主神池府千歲，每一年都有出版一本善書，到現在已有 30 冊，每一期都還有書，可以跟大家分享。

主席：台灣的鸞堂出版很多鸞書，鸞堂領袖有必要對鸞書作精華的萃取，在座的各位領袖都有必要對鸞文作個總整理。扶鸞儀式進入到後工業時代，我們要如何因應？

陳韋詮副教授：高雄意誠堂有幾個鸞生、副主委，在高雄師範大學研究所修讀碩士學位，扶鸞過程當中出版的鸞文，內容都是跟道德勸說有關，四書五經、十三經都是在呈現道德仁義，對於他們在扶鸞的過程當中是非常有幫助。

經典的延續一定要跟社會結合，儒家的四書五經一定要跟時代結合，才可以延續經典的生命；現在很多鸞堂都要運用多媒體、網路，往外推廣讓更多人知道有這種文化。

玄門真宗是比較新的扶鸞團體，服飾跟傳統比較不一樣；一般鸞生是男生為主，但今天玄門真宗是由女生來扶鸞。另外那個很特別就是金指妙法，是其他鸞堂沒有的。意誠堂保留傳統的儀式，也與媒體、網路結合，把扶鸞的文化繼續往外推廣。

主席：在今天的鸞堂扶鸞有很多男性鸞手、老先生、年輕人，也有不少女性鸞手，如何看待？

蔡秀菁助理教授：我們都知道鸞生對鸞堂是非常重要，現在年輕人是低頭族，常使用手機。所以鸞堂要透過手機，將扶鸞過程、鸞文等資訊傳遞出去。另外，《神來一筆》的封面是用 Q 版的形式展現，會吸引年輕人目光，他們才會主動去接觸。再來，現代化與 3C 結合，有很多宮廟團體用電腦打字，將鸞文投影機在螢幕上面。

我覺得法鼓山網路資訊很不錯，可以做一個借鏡參考，在新冠肺炎發生時，方丈老和尚就在網路教大家唸《延命十句觀音經》。我們鸞堂要有辦法在扶鸞

時針對讓當下問題作回應。另外是網路直播，宮廟要想辦法培養網紅，藉由鸞堂名義分享生活化資訊，對鸞堂也會有行銷效果。另外今天 10 組扶鸞團體就有 3 組的女性鸞手，鸞堂過去是漢人的傳統父權社會，現在社會的轉變，讓女性有可以參與鸞務，來協助鸞堂工作，讓鸞堂越來越興盛。

主席：現在很多宮廟與 3C 做結合已經作得很好，我們請洪主委分享。

洪榮豐主委：聖帝爺跟我們說一句話：「你好，我好，大家好」，不要單打獨鬥，要跟大家結合。去年蘭陽博物館辦一場展覽，我聯合許多團體一起參加。另外，每天一天一鸞文與扶鸞用現場直播。

主席：東照山的鸞堂有女性鸞手，吳主委為什麼會培養女性鸞手？

吳貴榮堂主：鸞堂是一個教育、教化的聖堂，所以我們不會分男生女生，要找一個比較優秀、善良敦厚的人才來宣揚扶鸞，代天宣化，讓大眾社會能夠得到法喜。

陳桂興教尊：玄門真宗是以鸞立教，一切以鸞為指示，會金指妙法的人至少有 50 位，這是我們的修法、修課，我們希望生命可以得到安定，得到天人合一，人與法界和一。我們在拜訪鸞堂都沒落，老人艱苦支撐，沒有年輕人可以接棒。過去善書流傳，讓大家都知道，但是現在人不喜歡看善書，也很少數人喜歡印善書。我們應該將之媒體化，讓大家可以在網路上看到。今天的直播、預告片都可以在網路上得到。

主席：鸞的功能是什麼？

蔡秀菁助理教授：我們的鸞文是否可以更貼切社會的議題，教導大家如何保護地球、生活環境，或是處理青少年、隔代教養、毒品等議題。另外鸞堂是否有注意到萊豬的問題？鸞堂除了傳統的宣講教化外，也要掌握現代議題。

黃聖松教授：意誠堂有一天一鸞文，在 po 鸞文時是古詩詞的形式，可以在宣講時結合現代議題，讓大家比較可以接受。

主席：每一位主委用一句話，分享對鸞的功能與現代社會的結合。

黃致富主委：要大家從善，當好人做好事。

陳人惠堂主：我們要將鸞年輕化、活潑化，像我們一年有兩次開竅典禮，用鸞筆對小朋友開竅，並用鸞筆賜給小朋友一首藏頭詩。

顏宗吉堂主：鸞堂可以傳承是很好的工作，玄門真宗有熱誠辦理扶鸞大會，讓我們鸞堂很羨慕。

吳貴榮堂主：教化人心，眾善奉行，諸

林春月堂主：現在的鸞文都是教人勸善。

洪榮豐主委：希望鸞帶來善心、善念、教化，社會和諧。

陳韋詮副教授：未來鸞堂發展主事者要有熱誠，其次要有計畫培養新生代鸞手，另外要定期舉辦扶鸞大會，扶鸞才會往外擴展；與多媒體結合，科技的資源要善加利用。

主席：今天討論成果，一切歸功於恩主公及眾神。

活動照片集錦

玉線玄門真宗教脈辦理第七屆全國扶鸞展演：
神來一筆－扶鸞儀式‧網路展演與社會關懷

北區展演地點：基隆代天宮

北區展演日期：109 年 12 月 13 日

活動流程表

1. 【參贊禮】全體肅立，玉線玄門真宗教脈玄興教尊率全體修士一同　恭向代天宮孚佑帝君暨列聖恩師 行三鞠躬最敬禮

2. 一鞠躬　再鞠躬　三鞠躬

3. 【行儀】法師依儀著全套法衣

4. 恭請法師進場

5. 全體肅立，恭向玉皇大天尊　玄靈高上帝 代天宮孚佑帝君暨列聖恩師　行三鞠躬最敬禮

6. 全體請跪

7. 上香

8. 全體請起，全體肅立，恭向玉皇大天尊 玄靈高上帝 代天宮孚佑帝君暨列聖恩師行三跪九叩謝恩最敬禮 (一鞠躬 跪 一叩首 、、、)

9. 法師 經生請就位

10. 誦經開始

11. 行宣法旨科儀：

(1) 主法頂禮

(2) 拿起經本，虔敬宣讀：修師○○　奉恩主法旨　教尊授命　要為辦理第

七屆扶鸞展演代天宮誦經祈請禮讚科儀，誦「祈願禮讚真經」，祈請玉皇大天尊 玄靈高上帝 代天宮孚佑帝君暨列聖恩師慈悲作主 祈願今日祈請誦經禮讚科儀圓滿

(3) 將經本發下

12. 起鼓一次後 宣讀「為辦理第七屆扶鸞展演代天宮誦經祈請禮讚科儀祈願文」

13. 開始誦經

14. 祈願禮讚時，請敬獻主事者就位 (p7)

    (1) 恭祝代天宮孚佑帝君神威顯赫 獻～香～(獻香讚)

    (2) 恭祝代天宮孚佑帝君 道務昌隆 獻～花～(獻花讚)

    (3) 恭祝代天宮孚佑帝君 普渡眾生 獻～燭～(獻燭讚)

    (4) 恭祝代天宮孚佑帝君 佑濟昭靈 獻～茗～(獻茗讚)

    (5) 恭祝代天宮孚佑帝君 弘光法義 獻～酒～(獻酒讚)

    (6) 恭祝代天宮孚佑帝君 正導人心 獻～果～(獻果讚)

    (7) 恭祝代天宮孚佑帝君 護佑地方祥和 獻～帛～(獻帛讚)

15. 「迴向文」前 宣讀「為辦理第七屆扶鸞展演代天宮誦經祈請禮讚科儀祈願文」

16. 「迴向文」時帶引三跪九叩謝恩禮

北區扶鸞展演單位

1 基隆市大竿林仙公廟代天宮

【連絡資料】

基隆市大竿林仙公廟代天宮管理委員會

地址：基隆市中和路 138 號

電話：02-24377914 傳真：02-24374582

【六部生介紹】

主任委員：林本源　　　　　　鸞務組長：林亞若

鸞生：黃清真、黃清香、陳妙玹　　錄鸞生：黃清真、黃清香、陳妙玹、

接駕生：王成章、劉禮群　　　　　　　　　池淑女、周德弘、王成章、

外監生：李德修　　　　　　　　　　　　　劉禮群

效勞生：黃思婷、蘇祐慈

【第七屆全國扶鸞展演鸞文】

扶鸞儀式展演

一百零九年十二月十三日
庚子年陽月晦日

九天司命真君

本宮靈侯帝君

九天司命真君降筆曰：　　　　　鸞生：黃清真

　　　輕駕彩雲臨壇堂　　扶鸞展演吉時開
　　　全國齊集聚堂來　　代天宣化馬加鞭

又　云
　　　眾志成城挽倒顛　　利人騙世鸞門開
　　　功果善緣無彼分　　虔誠效聖功有勳

又　云
　　　法門宏開渡緣生　　榮華富貴莫貪染
　　　造德善功蔭家賢　　莫貪嗔癡慈舟登

本宮靈侯帝君降筆曰：

　　　良時吉日法筵開　　恭請聖神降堂來
　　　丹心赤日表虔誠　　一點真心達天階

又　云
　　　眾堂齊集會聚來　　祈福弭災為眾生
　　　乞天賜福消禍愆　　丹誠表志天祐之

123

本宮元陽帝君降筆曰：　　　　　　　鸞生：黃清香

久遠日星今相逢　　綿雨盡掃陽月天　　陽光普照喜迎神　　扶鸞盛會就此開

又　云

各宮廟院聚賢來　　展演之際擺設筵　　馬虎不得趁此朝　　傳統文化要繼承

又　云

夢醒人生幾十載　　貪香愛味有何在　　消業袪災福星臨　　有心造福禍不侵

又　云

騎馬登高望雲嘆　　功高震主命危繫　　靜心細想如逝水　　擺脫功利脫出塵

本宮關聖帝君降筆曰：　　　　　　　鸞生：陳妙玹

玄門聖會眾神至　　孟冬乍晴賴生虔

陽照登台群賢臨　　不分歧見現乩玄

本宮孚佑帝君降筆曰：

代天宣揚悟省修　　消災賜福慶家門

萬聖會期賴修身　　儒家聖教傳萬千

② 新北三芝智成堂文武聖廟

【寺廟沿革或簡介】

　　本堂於清朝光緒庚子年，即民國前十二年四月廿六日由郭石定首倡並得張子清、江盛元二善士之協力促進假本鄉小基隆埔頭街，現在媽祖宮比鄰林氏甘娘宅創設鸞堂堂號為「智成堂」，安奉武聖南天文衡聖帝關、南宮孚佑帝君呂、九天司命真君張、先天豁落靈官王、御前元帥精忠武穆王岳等五大恩主香位供鄉民參拜，執事者郭、張、江等三位熱心效勞並合議籌募基金建造殿堂俾作久遠之計。翌年辛丑歲奉旨著造「節義寶鑑」善書，勸世救劫、書頒宇內普化蒼生，大受歡迎賞識，經宏揚渡化十四年後，即民國二年癸丑歲堂分小基隆及錫板兩處，同時清算基金，分配兩堂雙方所屬，於是本堂乃離開小基隆，新建廟宇於錫板村現址。建堂任務由郭石定、楊峻德、楊元章等人主持，邀定楊救貧仙師擇地，並定座北向南、香螺吞肉、兩獅相馳走、龜蛇把水口、另由地理師楊元章定分金，真是山明水秀之良穴吉地也。

　　民國三年歲次甲寅十一月十六日本堂興建工程告竣，乃奉五大恩主入廟安座落成典禮，車水馬龍盛況隆重。

　　堂號仍沿用舊有「智成堂」名號繼續訓鸞普化工作郭石定繼任堂主三、四年後，聘請楊峻德先生任堂主達二十餘年間，民國八年由楊明機主鸞完成著造「救世良規」至民國二十八年堂主楊峻德逝世後主持乏人，致堂務衰微冷落一段期間。

　　民國九年安奉大成至聖先師孔夫子牌位，民國四十年十一月十二日由張添財、楊善慶二人首倡重整，先後任堂主者杜家齊八年、張添財十六年間又得鸞生郭淇水、盧習孔、楊光堯、陳明修、盧志、孫金順等人先後任施方濟世、普化蒼生，受惠者不計其數。民國四十五年再由正理楊明機主鸞著作「六合皈元」、再版「儒門科範」兩部奇書，貢獻於鸞門，於是名聞遐邇、堂運大振。至民國五十八年間，因本堂廟貌已破舊失修，乃由謝盧燕主辦配合鄉內外諸善信來完成改建，於民國六十一年農曆十月六日全部改建工程告竣落成，廟貌煥然一新，並於民國六十七年聘請楊寬裕為本堂堂主、張添財輔佐之。直至民國七十二年癸亥春、配合三芝智成忠義宮合辦「節義寶鑑」重刊工作，本堂為加強廟務健全組織於民國七十三年七月三十日正式向政府申請登記成立管理委員會，同時遴選委員及監察委員，推薦前鄉長楊彩南擔任本堂第一屆管理委員會主任委員。

　　本會成立後即著手於堂務之推展工作，先以廟產之整頓刻不容緩，隨即對於過去捐獻本堂使用尚未過戶之私有土地地主：楊寬裕、楊李哎、楊玉明、林逐等諸大德均已獲得同意辦妥過戶登記完成為本堂廟產矣。

　　然而本堂土地面積狹隘，加以廟前道路及前面溪流阻隔，空間使用受限，每逢祭典香客什沓，為應時代要求，以將前庭闢建地下一樓作為活動中心，供集會活動、會議、宴會等使用，地上作為停車場，除方便香客停車並做花臺美化環境以利解困，奈何本堂地處鄒魯海濱，經濟能力有限、經召開委員會議及信徒大會議決向外勸募以補短缺，幸獲諸位善信鼎力捐助，得於民國八十四年

農曆三月十八日動工至同年冬季全部工程完成。雖非美輪美奐，但堪稱消遙樂境，此皆賴諸位善信之力量相助始臻完善。

其次本堂內外拜亭之整修及亭屋頂上牌樓、鐘鼓樓、電動鐘鼓之安裝等工程亦於民國七十八年底完工，旋為求美化環境配合社區建設，將堂後丘陵地闢建為公園，雖所需經費龐大，幸得各委員及地方善信，熱烈響應出錢出力慷慨捐輸，配合三芝區公所補助，終使工程完成，本堂內外環境煥然一新，各界人士之鼎力贊襄，誠功德無量也。

欣見本堂觀瞻益壯，四時香煙繚繞、聖威顯赫、遠近聞名，詣堂進香祈願者絡繹不絕，仰祈恩主仁德默佑、風調雨順、國泰民安、爰誌沿革藉資永世流芳。

【神蹟故事】

一、基督教宣教士之子經仙佛揀選成鸞手

大正 4 年 (1914)，經鄉先輩推薦楊元章之子，16 歲的楊明機及楊峻德之弟楊善慶，前來本堂接受「訓鸞」。身為基督教宣教士的楊父，根本不相信自己的兒子可以被恩主公或眾仙佛揀選，教導、啟迪成為正鸞手。未料，出現了奇蹟，楊明機在經過 4 個月的訓鸞，得到恩主公的加持而天啟、開竅，不但能出口成章，並開始扶鸞、濟世。

二、拿比賽獎金解修建廟宇費用

民國 58 年 (1969)，離初立堂已有 55 年之久，本堂廟貌已呈破舊。此時，我國優秀的世界級高爾夫選手謝永郁的母親－謝盧燕，在行天宮北投分宮－忠義廟效勞。據著老回憶，她是該堂虔誠的鸞生，卻得到行天宮玄空法師的指引，前來本堂協助修廟。她以一介女子，憑著堅定的信仰，鍥而不捨的投入整建工程。每當工程告一階段需款孔急時，她傑出兒子謝永郁就贏得比賽獎金，彷彿得到恩主公的庇蔭。就把部分獎金寄給母親，解修建廟宇費用的燃眉之急，而留下一段美麗的佳話。當她認真投入修廟的行徑，感動了鄉親，而共襄盛舉。

摘錄：

沿革史：根據楊明機的《救世良規》中，建堂造 書記自敘，他在甲寅年 (1914) 秋到智成堂訓 鸞。當時年僅 16 歲，經歷 6 年，到己未 (1919)，訓鸞成功，始能通靈造書。

【連絡資料】

智成堂管理委員會

地址：新北市三芝區錫板里 5 鄰海尾 17 號

電話：02-26362557

【六部生介紹】

主任委員：楊邱美雲	委員：黃再傳
委員：陳盧素珍	總幹事：簡麗美
廟祝：石榮華	正鸞手：葉雲清 (超修)
副鸞手：許浩堯	唱鸞手：林勝弘
校正生：潘宗仁、鄭蓁宥	抄錄生：溫惠燕、楊美雲
抄錄生：吳珮綾、葉時助	禮送生：李禎、陳月亮
禮送生：李鳳朱	司香生：歐寶鳳、張琴、葉佳虹
茶果生：鄭彭梅英、鄭季椒	

【第七屆全國扶鸞展演鸞文】

庚子年陽月廿九日　　正鸞　超修

丹天善堂方降筆
陽開冬令北風寒　　月照南瀛熱鬧看　　念祝玄門鸞聖會　　九方神聖樂登壇

金闕內閣中樞蘇駕降
金光萬道沖凌霄　　閣殿朱棚玉砌雕　　內柱卿雲環滿佈　　閣樓紫氣富豐饒
中央肅穆朝依覲　　書館清幽仙佛邀　　蘇讚玄文親奉旨　　詩襄帷幄聖恩苗
喻奉旨下來聖會

白毫童子駕降
白雲當令鎮　　鶴毫降樂欣開　　童喜臨鸞筆　　子隨福降法駕來

南極仙翁駕降
南瀛勝地眾鸞開　　極品文藻龍鳳排　　仙佛喜迎修道客　　翁孩禮接世奇才
降臨祝賀齊心湊　　駕御慶雲一曲諧　　代表玄門開盛會　　天宮籌略建功來

中壇元帥駕降
太極陰陽混沌開　　上穹領旨下瑤台　　中華黃土興周命　　壇建西歧滅紂災
元本綱常生謹守　　帥遵倫理訓蒙裁　　駕臨聖地欣逢會　　降駕揮鸞得意回

保生大帝駕降
保民衛國報天恩　　生侍雙親守孝敦　　大志岐軒深研究　　帝循醫道利人群
吳遷福建祖宗蔭　　真結白礁宣聖文　　人念塵凡尤未靖　　降來囑咐吾經遵

南宮柳恩師駕降
陽烏時轉入寒冬　　月色爭輝瑞氣濃　　念至玄壇神聖駐　　九求八應叩恩隆

呂恩主駕降
南北東西為善少　　宮迎四海福緣人　　孚傳妙法承王喆　　佑命玄功度七真
帝尚勉娠生道進　　君恆子勵德操仲　　呂常驛駐代天宇　　降賀玄門展演臻

玄天上帝駕降
北極天罡遊奕使　　極權總管都三元　　玄冥天地伏魔將　　武鎮乾坤道冠尊
真摯心香誠懺罪　　帝親口授消愆門　　駕臨憬訓良心醒　　教等孝忠日日敦

本堂善財童子駕降
善修功德果　　財物兩無機　　童比孃先到　　子誠代筆揮

南海紫竹林觀音佛祖駕降
南無救苦誓如願　海浪波濤化作塵　紫氣煌煌神聖駐　竹林逸逸仙真鄉
觀聞根性菩提位　音證圓通顯法身　佛道共遵常自在　祖惟世德妙門真

九天章恩師駕降
陽明玉燭迎神聖　月放光華綠萼梅　念獲金言宜謹學　九光化瑞詣神來

文昌帝君駕降
文聖至聖第一魁　昌明益世道宏開　梓鄉濟困施財物　橦水扶危救劫哭
帝舵慈航功德海　君攜彼岸重生回　降來教正人心喚　駕教孝親必要該

九天馬恩師駕降
九如之頌玄門讚　天喜修持辦道開　馬教儒生明善惡　降知消劫自心裁

先天朱恩師降筆
雲飛峻嶺冰寒霜　月喜聖神降百祥　念賀諸生齊盡職　九重吾主出雲房

先天韜落王恩師駕降
先民純善享安樂　天運龍華三會期　韜顯神君時護法　落為糾察都雄族
靈光電繫喪心罩　官執金鞭打逆兒　王誓前盟扶正道　降來搦管訓生知

南宮柳恩師再降
詞　調寄　菩提戀　蓬島鸞台聖會開　代天宣化負任來
滿座鸞生勤篤　喜添後輩良才　句句天機示現　行行勸世襟懷
呼子修成正果　青雲步上金階

張恩師　同上
勸醒回頭聖筆揮　天心惻隱闡道微　原始至今迷惑　當知今世突圍
刻刻莫聞忑提　時時常開道扉　勉勵諸生猛醒　建功積果榮歸

九天司令真君駕降
九鍊純陽晉帝墀　天開一角皇恩施　司分三部呈傳奏　命令萬神陰遣道
真解凶災安處順　君除毒害迎佳期　駕吟法要誠心奉　降教勉生堅道持

智成堂駱恩師駕降
智育開機應運時　成年累月廟名垂　堂來聖會留芳世　駱喜諸生帶譽歸

③ 桃園南天直轄明聖道院

【寺廟沿革或簡介】

　　本院宗旨，在於闡揚道教精義，發展道教救劫倘義精神，實行濟貧助困，賑災恤難等，社會福利慈善事業。

　　本院創設于民國七十二年，歲次癸亥年初夏，由發起人陳成文、黃恭輝、賴登坤等，幾位德翁前輩，鑑於世風日下，道德淪喪，人心不古！尤宗教信仰之旅，缺乏指南，善男信女逐漸墮入迷徑，挽轉之道，乏於其人，因而樹立一正信道場，弘揚固有文化道統，振起道德、為社會增添一分宗教動力，發展修道之謂教新氣象。邀於同年中秋，蒙蓮華寺諸董事之厚愛，及董事長賴登坤道長之慈悲，提供該寺二樓東廂，偽本院開基堂址，名曰「明聖堂」為扶鸞興教據地。

　　本院奉祀南天主宰一文衡聖帝（史記三國時代「關雲長」俗稱關公。）為主神，配祀 孚佑帝君呂仙祖（俗稱呂洞賓仙公）、九天司命眞君（俗稱灶王公）、玄天上帝、觀世音菩薩等，以為宏揚神德，效法命。每夜運木筆請神降述修身要義，啊釋五倫經典，指示迷津，斯時神靈極顯，傳響十方，各地善信男女雲

【與神對話】

集堂主陳成文，總理黃恭輝，鑑于信徒日眾，場地不敷使用，于乙丑年，蒙堂生蕭賢夫妻之慈悲，願意讓于其座落本市愛二街之自宅一棟，供篤堂址發群地，俟經修飾整理後，擇吉遷入。未久信徒更眾，尤入為鸞生者多，斯時陳堂主以為堂基已固，應該功成身退時機，而將堂主一職讓于黃恭輝總理繼續領導。

天不聽不視？天不聽，以人之聽聞而聞，天不視，以人之視見。明聖堂由黃恭輝堂主英明之領導，不惟信徒與學生日眾，而堂務發展更迅速，地方稱譽，神佛稱贊，終感格天皇上帝，降旨頒賜，將明聖堂晉念一「明聖道院」篤南天直轄。守仁不敏，本院為求對社會福利作進一步之貢獻；不惟加設慈善會，雜誌出版社，以利貧困及提高閱讀善書典籍之興趣，作為以文字教化弘道之目標，並加強院務，以謀地方福址。証意新院頒立未幾，又由眾生發起即時興院購地，接而又申請興建，敦得黃三林、劉邦清建築師進行藍圖設計；一切籌備工作于六個月內全部完成，並擇吉于七十八年六月十日，恭請本縣徐縣長鴻志、吳議長烈智、陳市長阿仁、陳議員宗仁等自長墅民意代表多人，為新院址主持動土奠基儀式，預訂於二十個月內部全部人同此心，心同此理，宏願共發，即行擇吉興土，建設道院，但願此一善舉，能得到各界仁翁善長熱烈之支持，惠予匡助。所謂：眾志成城，眾擎義舉，合絲始纖綿，集液方能成裘。建院工程，確實是一件浩繁工作，任務艱巨，又需款匪鮮。如此周知，本院一無恒產，二無固定收入以充經費。荷非群策群力，與及獲得廣大善信之熱心支助，誠非易事。俾能集合群眾力量，作有益人群之工作。本院一本「濟世為懷，為善最樂」之旨，懇祈惠予積極支持，熱烈嚮應，福田共種，善舉同裏，則功德無量無邊矣。

【連絡資料】

桃園南天直轄明聖道院

地址： 330 桃園市桃園區永佳街 126 號

電話： 03-3413555

【六部生介紹】

主委：黃建發	副院主、校正：吳懋群	正筆：李宥希
正筆：陳秀英	司儀：林永芳	唱字、宣講：郭先全
唱字：劉清松	筆錄：呂鳳秀	筆錄：楊啟蒼
誥誦：吳秀麗	接駕：溫弘沛	接駕：蕭河坪
護持：黃織女	護持：陳鳳月	監鸞：黃訓育

【第七屆全國扶鸞展演鸞文】

一〇九年國曆十二月十三日星期日
移鸞基隆代天宮

桃園明聖道院主席　文衡聖帝　降
諸子與善德午安

聖示　儒門通義耀吾壇，余步後塵振筆鸞，
　　　寰顧歐風吹已遍，曠觀覆雨起殘瀾；
　　　人心漸少懷仁義，世道恒多用詐瞞，
　　　致惹神仙齊下降，挽救末俗濟艱難。

　　夫　宇宙萬類，故世界有萬教，亦原於一本散萬殊也，今者世界已交通，文字互為翻譯，究詰其抵教之本真，必歸于中和之道，人類行中和之道，乃獲共享和平幸福。中庸曰：「中也者，天下之大本也；和也者，天下之達道也。致中和，天地位焉，萬物育焉。」儒教為中道之代表，世界萬教將來非兼行儒道不可，儒道者，非常道也，而以中庸與天地參，贊天地之化育，天地非常道也。不久世界非常道不成，故儒字從人從需，即人所急需之義也，亦即日用常行之道也。

　　道者何？一而已矣，朔自一畫開天，北辰為主宰，日月為功用，五行化生，遂有萬物，自人類生，由蠻野而進化而文明，人智日啟，萬教生焉，然萬教之根本，實從于吾儒，而後道、釋、耶、回出焉，斯五大宗是也。降至後世，各教相傳，分門別戶，萬教之名出焉，萬教者，萬殊也，五教者，原于人本也，在天成象為五行，在地立極為五常，聖人本天道之五行，攝聚而立仁義禮智信之五常之道，因時因地而教民範圍，而人心之不同耳，今以五教合源，非合其數，乃合其道也。道為體，教為用，故云：「修道之謂教也。」夫敬鬼神而遠之，則不語怪力亂神，鬼神之為德其盛矣乎！則儒自是以神道設教，聖而不可之，之謂神。撫今追昔，宗拜前徵，以長其恩愛，若非愚夫愚婦，可以怙惡而妄冀，神鬼之教過盛，遂多流於妄誕也，文武周公孔子乃為之斟酌損益，提倡人道以矯其痴迷之弊，制禮作樂，刪定以為人行，而漢固定儒為國教，於道孔道也。然則譬如眾所周知，五教雖各傳有異，其道則一，何哉？蓋道者一也，一生二，二生三，三化而五，乃本歸於一，一者何？中道也。三者何？即三教之元氣。五者何？即五教之元氣。以長養萬物也，故五教於天下者，萬古而長存也。他教者，隨時而興隨時而滅者此也　人皆經五教合源之說為大，不知五教合源尚可合於一身，人身者，本於五臟之精神，而及心肝脾肺腎，譬如中庸開章明義曰「天命之謂性」，天命者，天道也；性者，性道也；率性之謂道者，人道也。修道之教者，即修天道，性道，人道也。以此教他者，皆由五常之發皇而本於仁義禮智信，以教人也。可勉之。吾退

4 新竹竹東慈惠堂

【寺廟沿革或簡介】

竹東慈惠堂，供奉金母娘娘為主神，創廟迄今已有 40 年之歷史。

【連絡資料】

新竹竹東慈惠堂

地址： 310 新竹縣竹東鎮中豐路三段 476 號

電話： 03-5965860

【六部生介紹】

正 乩：謝國銀

副 乩：周煌軒

記錄生：傅惠鈴、傅雪枝

砂 生：林瑞琴、韓藝萱

【第七屆全國扶鸞展演鸞文】

本宮孚佑帝君　關聖帝君

竹東慈惠堂瑤池金母駕到

司鐘鼓一通

瑤池金母詩

降駕到此展法華　　契生效勞志可嘉

法門推廣務精進　　神人合一宣導化

代言聖諭賴靈乩　　天時人傑及地利

宮建巍峨殊勝景　　內外圓融風評佳

扶危解厄聖諭宣　　筆寫砂盤賴誠虔

展望柳筆導化眾　　演淨法現述鸞詮

關聖帝君詩

關懷蒼黎度萬民　聖佛降凡指迷津
帝德巍峨頻下降　君心積德速修身
普化眾生用扶鸞　降筆題詩揮砂盤
凡民三綱五常守　塵慾放下須精進

瑤池金母勉詩

身穿青衣吾契徒　跋涉至此勿含糊
多見多聞聖凡事　法門萬千禮勿疏
車馬代步莫慌張　舉止行藏重安康
事畢回天司鐘鼓　跪伏恭送儀端莊

續詩

張望扶鸞興緻濃　家務放下解釋云
麟角鳳毛稱賢士　詩章妙諦引眾崇

5 高雄意誠堂關帝廟

【連絡資料】

高雄意誠堂關帝廟

地址：802 高雄市苓雅區三多四路 66 號

電話：07-3343207

【六部生介紹】

主委：洪榮豐	正鸞生：林茂伸
正鸞生：蔡瀚睬	總幹事：侯榮事
副鸞生：黃鴻文	紀錄生：王秋月
唱生：李政翰	把門生：姚明通
紀錄生：黃耀平	唱生：顏丁任

【第七屆全國扶鸞展演鸞文】

中華民國一○九年十二月十三日〔農曆十月二十九日〕　　蔡瀚畔扶

高雄意誠堂　福德正神　降

詩曰：

南風鸞起至北瀛

共沐神恩感喜慶

諸生勤做聖賢事

社稷和樂享太平

話：

淺談「善」字，善者受肯定之美德也，孔夫子曰：擇期善者而學也，其不善者而改之，意謂有值得效法之優點就去學習之，這就是尋求進步的態度。有看到不好的缺點，就先反省自己，引以為戒，這就是反省修養精神，以成為更好的自己，如此以一推十，成百至千，天下就更善了。

中華民國一○九年十二月十三日〔農曆十月二十九日〕　　林茂伸扶

高雄意誠堂關帝廟　副主席文衡二聖帝　降

鸞詞：

遊鸞文以永久　　無偏私以明世

徒臨堂以羨沙　　至劫降乎未濟

感聖神以勤扶　　諒仙佛以鴻慈

追善德以同修　　超紅塵以瞬息

與勸世以長久

話：

諸生南北全台遊鸞非常之好，熱情帶來好天氣，眾聖神仙佛也喜孜孜，各位也功果滾滾而來，很好，很好。

6 中華玉線玄門真宗教會

【連絡資料】

中華玉線玄門真宗教會

總教區：彰化花壇玄門山

地址：彰化縣花壇鄉灣東村灣福路 60 巷 83 號

電話：04-7880567　傳真：04-7880569

【六部生介紹】

教尊：玄興

筆生：妙筆

唱生：玄勝師、玄真師

內監壇：玄信師

外監壇：玄慈師

覆文生：明竺師

筆抄生：明詥、明皓

金指妙法：玄德師、明君、明玲、明昀、明圓、明華、明芷、明靜、明定、
　　　　　明月、明岱、明文、明順、明和、明正、明序、明容

【第七屆全國扶鸞展演鸞文】

玉線脈沿關帝教門 玄門真宗關聖帝君　降

曰：

玄機妙訣證天人
門藏密契啟性靈
真修圓融身心全
宗應了命登聖程
扶鸞演式科儀範
納聚良賢共贊評

示：

　本教門辦理第七屆全國扶鸞展演科儀大會，今啟北方演式，基隆代天宮共同協助，商借會場也同協儀式論壇，神人同贊共協共辦中，相互參研、共同學習，諸多叨擾是盼海涵矣。

　　扶鸞科儀演式納聚全國良賢，能為救贖眾生引拔迷津導正人心而發悲憫救拯，能盡心盡力而行應，諸多行儀也因地方風俗而所有異，辦理科儀展演，廣邀良賢之士能共參共展，為各地方所異儀式，藉此廣佈，甚因參習研修能更進程，尤時代變遷傳統儀式也漸漸式微，能藉科儀展演參研傳承教育是最佳良契。

　　今天時運衰，疫情病兆厄運之佈，也使人心恐慌，今除辦理扶鸞大會科儀展演外，更企盼藉此凝聚宗教救贖大願，諸聖仙佛真慈，拔渡眾生離苦得樂，良賢之士共發救拔之志，為眾生化解疫情染病厄劫，拔苦早能恢復平淨安康之社會。

　　宗教慈悲護國佑民本願之志，行諸科儀皆不離本旨，儀式展範也有一定規程，主從有序，律科有定，三才俱備，神人合一，修證圓融，法式莊嚴，在今科儀演式中，宣揚儒風修證真訣法證，示盼本教修徒能知真義，慎修學參，應科期之證也。

　　末：

　　　　科儀展演眾賢聚

　　　　莊嚴榜開道法證

　　　　示範廣佈十方贊

　　　　殊緣聖會神點評

【金指妙法】

關聖帝君　降　　明君　接文

曰：

扶鸞相會契妙靈　　真機現前代天宣

陰陽契應天地人　　共符時緣庚子年

拯贖渡眾出迷津　　引行渡緣蓮台會

身心靈行合一能　　證命了業識真乩

如法行修正是時　　印應修心源原元

真行密契識真藏　　有緣渡眾神人一

真命修真證今程　　乾坤妙轉無上乘

借機行來圓融程　　聖凡同程明心行

玉線玄門真宗教脈文昌帝君　降　　明玲　接文

偈曰：

文傳真理代天宣　　昌旨在應教無邊

帝誓指迷化無無　　君照聖凡皆斯承

真訣妙理在指心　　一行一覺直心應

玄玄妙法渡世黎　　真章顯時應運行

文昌帝君　降勉　　　　　明昀　接文

謂：

　　　文傳義理代天宣　　　昌振道盤應天時
　　　帝心惻隱憫蒼迷　　　君志渡啟冥陽利
　　　勉從修行莫表相　　　示知謙行榜範作
　　　眾等用心同功評　　　乘願了命三世榮

示：

　　　今日藉機勉座下幾言，祈盼眾修徒能真實修之行之，
莫懈時程之證也。

基隆代天宮孚佑帝君　登台　　　　明圓　接文

曰：

　　　孚修陰陽洞悉明　　　佑助眾生尋根迷
　　　帝心憫蒼護民里　　　君應前爵呈聖盈
　　　謂受諸子識民心　　　大願應命契是從
　　　一受虔之作中習　　　法從對做底田行
　　　一心一步踏如實　　　成就了命為當呈

關聖帝君　降　　　　　明芷　接文
　　北基扶鸞展演新　　　來看視人生百態
　　疫情穩定漸光明　　　苦辛營事出頭天
　　問心天理再人心

關聖帝君　降　　　　　明定　接文
　　闡揚聖教五方宣　　　聖恩浩大教化明
　　帝傳鸞示眾生醒　　　君心傳省立功評

關聖帝君　降勉　　　　明月　接文
　　關臨聖會展威儀　　　聖意啟教天命傳
　　帝降神來一筆宣　　　君勉行斯同功程

南天文衡聖帝　降曰　　明文　接文
　　南天一色轄五洲　　　天域聖境蓬萊島
　　文詞勸世渡緣徒　　　衡門入修忠義心
　　聖修五常人本義　　　帝攜門徒同修濟
　　降教渡修圓融域　　　日來一詞好修程
　　先行菈降賀鸞扶　　　教義修徒無可息
　　証緣良機頒旨行

145

關聖帝君　降　　　　　明正　接文

關臨善境好風光　　　聖心在民渡劫來
帝降扶鸞開展演　　　君人一同祈疫消

玉線玄門真宗關聖帝君　降　　明序　接文

代天宮宣化真理　　　真理宣天理論起
五常道理是來論　　　線真承傳起理來
人倫道呈是依據　　　天神下降來宣承
論孝說情依道常　　　宗皈大道倫常選
起承傳合因果論　　　事起擔承人常理
無違願心好道理　　　無常業力起承與

玄德　接文

關懷眾生累世行　　　聖慈憫度眾生苦
帝降北方演化行　　　君志協行同化能
降臨下凡為眾生　　　展演盼能引渡行
共同參研共成就　　　學習向上重振能
成就眾生平安能

明順　接文

關儀莊嚴典範展　　　聖澤巍峨滋潤眾

帝心慈憫化疫災　　　君意借鸞警世人

明和　接文

基層聖凡同功造　　　隆重鸞展醒蒼黎

代天宣化救苦難　　　天命繳旨戮力行

宮堂會師眾神聖　　　妙訣願志無虛作

應運天時運災劫　　　聖神仙佛慈憫祈

明靜　接文

扶讚萬民警世文　　　鸞示應以合世情

展機修程如玄機　　　演境含真示現景

明容　接文

神人合一靈性開　　　聖凡雙作會北行

恭贊天威降文示　　　鐘鼓震天威嚴身

鸞下揮筆恩師學　　　初啟感恩眾天恩

為護眾生平安祈　　　慈恩浩蕩憫眾黎

疫災消彌黎民安　　　安居樂業聖恩慈

明華　接文

　　扶鸞聖事正時機　　　代天宣行司職程

　　五常明澤普進承　　　德程完功救世平

　　聖君明功救贖言　　　化厄化業在今朝

　　宏揚教義玉在行　　　明滿累世三世能

　　宣揚脈門在職責

明岱　接文

　　代天宣化鸞筆勤　　　天人合一知真義

　　勸化濟世渡人承　　　忠孝節義修從作

　　仁義禮智信奉行　　　倫理道德教化程

【北部觀摩單位】

金瓜石勸濟堂

基隆市通淮宮

喚醒堂

淡水行忠宮

財團法人新北市拱北殿

真理大學宗教與資訊管理系

基隆御聖宮

雲義山關帝廟

基隆夫子廟

財團法人台灣省基隆市濟安宮

理教總公所

中華善法聖宗佛學會

天德聖教基隆市支會

內湖玄明宮

協明宮

明玄宮

艋舺協天廟

中華道教純陽祖師協会

CIPA 文創旅遊學院院長 胡蕙霞

真理大學校長、主任

造德宮

聖覺寺

第七屆全國扶鸞大會論壇－北區研討會議記錄

時間：2020 年 12 月 13 日

地點：基隆代天宮

主席：真理大學張家麟教授

與談學者：政治大學謝世維教授、真理大學蕭進銘教授、銘傳大學劉久清副教授

與談廟宇領袖：玄門真宗陳桂興教尊、基隆代天宮林本源主委、高雄意誠堂洪榮豐主委、竹東慈惠堂謝國銀堂主、中華道教純陽祖師協會蔡秋棠理事長、汐止拱北殿林賴松董事長、桃園明聖道院黃建發主委、三芝智成堂葉雲清法師

會眾出席人數：約 400 人

記錄：蘇倍民

主席：有關經典的問題，先請政治大學謝教授分享《真誥》及蕭教授分享看法。

謝世維教授：中國的經典很多是由神傳授下來，現在由神傳授經典的最早記錄是《真誥》。神傳授很多的經典到人世間，一方面解決人家生活上困難，其次是神來治療身心靈病痛，第三就是傳授經典。在儒釋道三教許多經典都是由神真傳授。中國宗教最重要的一個部分就是人跟神是非常親密，你可以跟祂直接交流，讓我們剛剛就直接見證到，張教授進到慈惠堂扶鸞現場時，瑤池金母馬上降下一首有張家麟師四字的藏頭詩，這代表人跟神的關係很親密。這親密感透過扶鸞教化產生的經典，使經典流傳在各個時代，尤其是明清以來的這個經典非常重要很多 - 呂祖全書、關聖帝君全書等等，這些經典還隱含了修身、

修行的方法，這對華人宗教的內在修持產生非常重大影響，而且建立穩固的華人宗教的內在的精神。

蕭進銘教授：在漢朝的《太平經》也是神傳授，有可能也是透過神人互動傳授。扶鸞另一個高峰是宋朝，那時文昌帝君影響很大，當時士子想透過科考黃騰達，但沒有想到累積功德、陰騭，而《昌帝君陰騭文》教導大家要為善不欲人知，長期積累積德，上天自然會賦予。在客家美濃鸞堂還有保留宋朝習字紙的文化，透過習字亭將送紙火化，回歸天地。除了經典之外，還包括濟世、戒煙，引起很大的效果。鸞也透過經典勸善，甚至收養嬰兒做慈善事業，這都是鸞堂透過降神、經典來教化。

主席：經典會影響我們，經典很重要，請問台上的主委，覺得哪一本經典那一句話值得介紹給大家？

林本源主委：代天宮的《醒夢金鐘》，內容說到人與神的交通、勸世等，文詞非常優美。另外大陸扶鸞的《玉皇經》，在殿中以我們是關公為玉皇上帝，作為主神，接著才放呂祖神像。而我對鸞最感動是在代天宮正殿的匾 - 代天宣化，這也是現在代天宮在做的工作。

陳桂興教尊：神和經典的精神是統一的，與神人和一就是要讀祂的經典。玄門真宗一開始是以《普渡真經》為主，內容提到做人處事的道理，今天我們拜關聖帝君，就要知道關聖帝君對人的教化、救贖，所以要讀《普渡真經》。

洪榮豐主委：鸞堂的缺點是鸞文無法廣泛發行讓眾生去看。因為種種的原因，有自私的心，鸞堂要扶鸞參與大會，要出來扶鸞，讓鸞文更多人知道，廟宇也會得到名聲，有功德要大家一起做。

謝國銀堂主：我從 14 歲就接觸苗栗獅頭山勸化堂。後來我在慈惠堂有在

接觸到扶鸞，所以我在竹東慈惠堂扶鸞了34年了，現在苗栗南庄與新竹縣幾乎沒有，但竹東慈惠堂還有在扶鸞，這5-6年來我一直在培養鸞生，目前共有五位鸞生，每個禮拜天都有在扶鸞濟世。

蔡秋棠理事長：我每天晚上都讀《大洞真經》與《醒心經》，在《呂祖心經》有提到：**「一切惟心心最危，范天圍地發光輝。天心即在人心見，人合天心天弗違。人心要符合天心」**，最重要的修心，呂祖還有一個指示：**「鸞堂神蹟無真偽，中庸之道不偏不倚」**。

葉雲清法師：時常默念**「蓋天古佛昭明翼漢大天尊」**，可以受到感應。**「大聖伏魔蕩寇救苦救難大天尊」**，有事情時可以默念這句。在《桃園明聖經》：**「孝悌忠信，禮義廉恥」**，我的老師有交代一個字了解，八個字就通曉。

林賴松董事長：以前汐止拱北殿也是一間鸞堂，但很久沒有扶鸞，今天很高興可以來參加扶鸞大會，以後拱北殿有機會推廣扶鸞，再邀請張教授來指導。

黃建發主委：我們也是用扶鸞傳達訊息，代天宣化，希望將扶鸞能夠發揚光，借用這次及之後的扶鸞展演，將扶鸞推廣出去。

主席：鸞儀式要不要與時俱進，請銘傳大學劉教授、謝教授、蕭教授發言。

劉久清副教授：宗教使用數位最明顯，各宗教經典放在網路上，大家就可以透過的網路尋找；另外一種是網路影響到宗教，有沒有可能神聖空間在網路上出現，所有的宗教活動是在網路上呈現、進行，其實現在已經有個樣子，比方在網路上掃墓、線求靈籤，可是還沒有到那個程度，關鍵原因是先在網路與人之間還是有距離。

TGI FRIDAYS 的經營者發現年輕人有兩個特色不擅長跟人正面溝通，及不喜歡閱讀文字。現今台灣的年輕人充滿各種困惑與困難，他們其實是很需要宗

教來幫助，但他們接受不了文字，所以有沒有可能將鸞文圖像化後，讓年輕人就很容易接受。

謝世維教授：因為疫情的關係，做現場直播，從這些影像可以看到玄門真宗在影像非常用心，藉由影像的力量來改造鸞文化。年輕人除了視覺化、影像化，最重要的是如何把影像的力量能夠傳遞到下一代。我剛講了就是3-4世紀，在《真誥》中，他們與神保持非常密切的連結，一直到明清民國時期，文人、政商名流都參加鸞務，參加鸞務、社會救濟，他們跟神的關係是緊密連結在一起，所以我們應該透過新的媒體，把這精神延續、發揚下去。

蕭進銘教授：在2003年就可以看到玄門真宗將神降的鸞文直接打字，然後透過投影片呈現。今天又看到玄門真宗將鸞透過網路直播來呈現。這一代年輕人吸收資訊不再喜歡文字，也影響到宗教的傳播。因為科技的改變，在網路上有善書圖書館，可以透過網路觀看，所以現代的科技傳播的改變，也影響年輕一代，我們也要調整、重新學習。在YouTube上有好幾萬、千萬個點閱率，宗教傳播不用在聚集眾人在道場聽道，甚至不用固定的道場，透過網路傳播，所以我覺得這也是未來所有鸞堂要走了一個路。

主席：如何將鸞與數位結合？

林本源主委：因為疫情的影響，讓數位化更迅速。以代天宮來說，這幾年已經朝網路化數位化，例如《醒夢驚鐘》已經可以在代天宮網頁看到；今天我看到蔡執行長送給我《觀音籤詩》，將百首籤詩都圖像化，這是我們經典、鸞詩將來要走的方向。鸞是要推廣到社會大眾，沒有靠網路數位化是沒有辦法，圖像化也是避免不了的過程，代天宮這幾年在做，也都盡量能跟上社會脈動，我們現在的網頁、QR code廟宇簡介，都跟網路、手機做連結，當然這只是初步，未來還要專家學者作指教。

陳桂興教尊：如何將鸞數位化、媒體化，要感謝我們恩師，過年以前就來指示要成立媒體資訊中心，剛開始也不知道要怎麼樣的發展，但沒想到疫情來後，這件事情是迫在眉睫。剛好這一次扶鸞大會，將這個工作落實。很多宮廟3-4月都停止活動，但是恩師說當人心不安時，更要出去，承擔起安定民心的工作。

我們去拜訪時，也碰到很多廟宇將廟門關起來，我們一直拜託廟宇領袖出來說一句話，四月做「大保佑」，五月端午節，六月關公聖誕，將媒體與宗教結合，打開手機就有神給我們保佑。

有關主管單位從Facebook畫面影印出來的資料，發公文給我們說群聚違法，要檢討。但我們跟主管說是恩主要我們作。到目前為止現在我們扶鸞活動在Facebook上有五萬的點閱率，希望在活動結束後有十萬人來關注。

謝國銀堂主：這一次玄門真宗親自前來邀請，我請母娘那決定，母娘評比後，展演比較重要，說我一定要參加。所以我這禮拜才報名，我也沒準備什麼東西很漏氣，我有帶一些客家麻糬，跟大家結緣。

黃建發主委：來到這邊看扶鸞都是用視訊，並且馬上把影響傳播出去，我們的扶鸞也要依靠年輕人，將鸞傳播出去。

洪榮豊主委：我們每一天都有在網路PO一則鸞文，有一天小姐請假沒有PO鸞文，就被信徒打電話來罵，這代表有人在關注我們。第二就是要宣講，我們每週五扶鸞完後就馬上宣講，那兩天的點閱率就跟高。

林賴松董事長：藉由YouTube很好，有時候加一些生活日常的議題，例如疫情議題，讓鸞文生動活潑，接受的層面會比較大。

蔡秋棠理事長：現在年輕人都沒地方說話，都只會看，所以要引導進入鸞堂，讓他們跟神明直接溝通，有心靈有寄託。

葉雲清法師：鸞會變成心鸞，心鸞以後會發展出來。你只要做得好，四維八德被西方文化衝擊，希望在座各位好好學習儒、釋、道三教的精神，並實際執行。

主席：今天非常感謝代天宮全力支持場地安排配置，也非常感恩各善信大德的參與。最後，感謝主辦單位玄門真宗的擘畫、現場直播，讓扶鸞展演更進一步發展。

活動照片集錦

玉線玄門真宗教脈辦理第七屆全國扶鸞展演
神來一筆－扶鸞儀式‧網路展演與社會關懷

中區展演地點：彰化花壇玄門山
中區展演日期：109 年 12 月 27 日

活動流程表

一、12:45 典禮開始

二、12:45~13:00《開場鼓》山中の太鼓 - 鼓震喧天：以天為蓋、以地為蓆，
悠揚的鼓聲迴盪在山谷之中，親身體驗在大自然感受鼓聲與大地共鳴（邀
請石岡國中太鼓隊表演）

三、13:00~13:15 進場（擊鼓）

1. 請歷屆承辦單位進場（依序唱名）
2. 請真理大學張家麟教授率領教授群進場（依序唱名）
3. 請各宮院堂主事者進場 1.展演單位進場 2.觀摩單位進場（依序唱名）
4. 特別感謝本屆協辦單位 高雄意誠堂關帝廟洪榮豐、基隆代天宮林本源主
委 進場
5. 茶道師就位（歡迎由聆注茶道班林灑紅老師率領）
6. 請玄門真宗護道會總會 總會長率領各分會會長進場（依序唱名）
7. 恭請玄門真宗 玄興教尊帶領法師進場

四、13:15~13:40 開香祈福典禮開始（奏樂：古箏演奏）

1. 全體肅立　恭向玉皇大天尊玄靈高上帝暨各宗脈主神、列聖恩師行三鞠躬最敬禮

2. 上香（請禮生傳香）

3. **一上香**　祈求風調雨順、國泰民安、宗教慈悲、護國佑民化解新冠肺炎疫情早日消弭平息，人民生活能恢復祥和安康

   再上香　祈請各宗教派門主神　神威顯赫、神光普照、香火鼎盛、濟世萬民

   三上香　祈求庇佑玄門真宗。真理大學。各宗教 宮廟。鸞堂。信徒。效勞生。志工。眾善信德人等，闔家平安、福祿滿堂、事業順利、財源廣進

   收香

4. 宣讀 宗教慈悲 · 護國佑民 為化解世界疫災祈願文（宣讀：玄信師）

5. 呈繳神來一筆著作　宣讀疏文（宣讀：張家麟教授）

6. 呈疏（呈疏官：玄信師）

7. 全體肅立　恭向玉皇大天尊玄靈高上帝暨各宗脈主神、列聖恩師行三鞠躬最敬禮

8. 點燃 浩然正氣燈　祈願眾神護佑 化解世界疫災　眾生平安（音樂）

五、13:40~14:00 禮成圓滿 退場（擊鼓）

六、14:00~16:00 扶鸞展演儀式開始（奏樂：古箏演奏）

　　（司儀先說明：請各參與展演單位依自己儀軌行進內堂禮儀）進內堂

七、16:00~18:00 學術論壇座談會 典禮開始

　　茶道說明

1. 開幕式（開場影片）

2. 請主辦單位、教授、各宮院堂代表就位

3. 貴賓介紹

4. 主辦單位致歡迎詞

5. 主持人致詞

6. 主題論壇與討論

八、18:00~18:20 拍攝團體照、主辦單位頒發紀念品、頒發參加證。簽書會。

九、18:20~ 圓滿禮成（領平安餐盒）

十、18:20~18:40 燈光煙火欣賞

十一、賦歸

中區展演單位

1 中華玉線玄門真宗教會

【連絡資料】

中華玉線玄門真宗教會

總教區：彰化花壇玄門山

地址：彰化縣花壇鄉灣東村灣福路 60 巷 83 號

電話：04-7880567　傳真：04-7880569

【六部生介紹】

教尊：玄興　　　　　　　筆生：妙筆

唱生：玄勝師、玄真師　　內監壇：玄信師

外監壇：玄慈師　　　　　覆文生：明竺師

筆抄生：明詥、明皓　　　金指妙法：玄德師、明君、明玲、明昀、

明華、明岱、明毅、明靜、明容、

明定、明和

【第七屆全國扶鸞展演鸞文】

扶鸞儀式展演

本山關聖帝君　登台

曰：

扶鸞展演聖會開　　齊聚良賢學術研
南北會贊今圓滿　　慰勉辛勞傳承綿
今降示表歡迎蒞　　力振儒風永流傳

示：

　　本教門承辦第七屆全國扶鸞展演大會，歷經南北揚振展演聖會，今總結圓滿回蒞山門，廣邀諸良賢會聚蒞參，榮光輝耀。今降示表歡迎神人之蒞，若有失禮之餘，也企盼海涵矣！

　　今天運庚子，歲年不佳，世道盡衰，力挽世風匡扶正道之傳，並能延續教化之拯，仍需諸良賢有志之徒，為救贖誓願揚展儒風能傳，更以現世代社會需求而行關懷，力護佑庇眾蒼黎安平，此已是不容再待忽！

　　尤時代變遷，教育之傳承，更是應重視為主要之契，辦理扶鸞展演，除將儀式展範演式向外佈知外，應知深研如何能教育培育與傳承，使儒風流傳承續無礙。今歲法展頌勅已將近圓滿之期，是勉諸徒能為力揚扶鸞展演盡心會聚、盡力行揚，各是辛苦了！但也企盼能將科儀演式，藉聖會之參交流學習，參研中行振導正傳承之事，是勉哉！

　　簡言示勉，門下修徒能行從盡誼，莫失也！

【金指妙法】

關聖帝君　　登台　　明君　接文

曰：

扶鸞展演妙機衍　　因緣聚會契性靈
渡拔救贖眾生迷　　陰陽得渡雙修全
證真了業識妙機　　南火北水會中台
今聚緣會各承表　　各有因緣使命承
真命是行今生程　　無有分別圓融徑
五常德義精神述　　如如得機解化成
生命真義涵褒廣　　自然朗行天地證
今生功課精進行　　無上聖恩蓮台修
因緣匯聚聖凡程　　三世因業一世清
真宗玄妙圓融行

九天玄女　　降勉　　明昀　接文

謂：

九品蓮台證法乘　　天時應運無假評
玄理參養識妙趣　　女藏乾坤應心明
降能惜時真虔作　　勉知眾徒莫懈行

又

生死謎藏無定論　　修生了死皈徑明
動靜之間證法訣　　聖凡同功更上乘

本山關聖帝君　降　　　明玲　接文

偈曰：

南北會照中台成　　　圓融天命再啟程

誓證道疆教行局　　　五方俱全開天景

教宣陰陽無分別　　　眾緣統整玄門首

不易別心宮廟堂　　　鸞風再揚此時刻

關聖帝君　降　　　　明定　接文

關集五方會結義　　　聖恩浩大理氣揚

帝傳鸞示代天宣　　　君心得發同功程

玉皇大天尊玄靈高帝　曰　　明毅　接文

玉旨妙法傳千古　　　旨勒道令貫宇宙

妙法玄訣通法界　　　法旨玉領互三界

傳達聖旨守命義　　　千神萬佛降吉祥

古聖前賢誦道宣

玄德　接文

　　關懷眾生辛苦沿　　　聖命職司化厄行

　　帝志無私只為公　　　君心一志化厄能

　　降示勉志眾一同　　　集心合力化厄成

明和　接文

　　玄妙真教會中台　　　門徑護國消災除

　　真義實行身心靈　　　宗皈圓融淨域修

　　關懷宗教各有責　　　聖凡雙兼五常德

　　帝諭慈憫眾生苦　　　君法教化世人明

明靜　接文

　　鸞門聖事眾賢參　　　山門整潔迎貴客

　　歡喜入參身心應　　　滌淨法喜靈有感

　　會契恩師各有緣　　　莫入寶山空手回

　　用心相應自有情

明華　接文

　玄義禮智証道統　　　門宣教化拯蒼黎

　真文禮足化業能　　　宗跡會古有淨化

　承古擔誓門楣宣　　　鸞文喚醒修直心

　筆錄攝影古薪傳

明容　接文

　關照世恩修性靈　　　聖恩浩蕩會玄門

　帝慈廣披眾生安　　　君誠感謝諸仙佛

　廣招聖賢集善意　　　善緣共聚祈平安

　神佛大慈浩然氣　　　護國佑民共誠願

　大慈大悲諸聖恩　　　互勉成就証圓融

　覆命皈旨眾誠成

明岱　接文

　扶正世塵倫理道　　　鸞門承司慎思程

　展現忠孝節義行　　　演化仁義禮智信

　關懷社會祥和呈

2 竹山克明宮

【寺廟沿革或簡介】

　　乾隆年間，先天派教友於後埔仔建齋堂，往來不便，於咸豐五年（西元1855）遷址竹山街仔尾私人宅第。至光緒13年（西元1887）6月，由林圯埔紳商魏良樹、陳昌一、游其茂等人倡議，釀資千元，於原址另建新堂，迨明治35年(1902)九月下旬，地方文秀魏林科，重修齋堂，取名「養善堂」，竹山仕紳林月汀復於養善堂安奉關聖帝君神尊，因關恩主威靈顯赫，靈感異常，林氏典地方仕紳：魏林科、謝為正、陳玉衡、魏維錡、陳天烈、張靜深等，組織「帝君會」。

　　大正十二年（1923）九月，本鎮陳玉衡、魏維錡及陳紹唐等人，自蘭陽碧霞宮奉迎呂、岳兩恩主，因神佛信仰理念方式有異，在養善堂內另闢室供奉關、呂、岳三恩主，以宏揚聖教，取名「克明堂」。翌年魏維錡、陳玉衡等，以堂址格局太小，乃倡議另築關聖帝君新廟奉祀，此議既出，陳玉衡慷慨獻地一分八厘為廟址，乃以林月汀與陳紹唐為代表，稟請日本政府核准，經竹山庄長林

月汀的努力，台中州政府於昭和三年 (1928) 六月許可，張靜深、吳飛龍及遠近善信人等，亦感其善願，共促其事，信眾致力成全，踴躍捐輸，再經多方奔走，俾得鳩工庀材，魏維錡、林長金、吳雲從、黃清降等奔勞，共推舉碩儒陳玉衡掌辦新建事務，總工程費八千圓左右，於大正十八年（1929）十月興工，翌年（西元 1930）十月，工事告竣，同年十二月初五落成，增奉豁落靈官與司命真君，五恩主齊備，為宏揚聖教，共濡聖恩，宣化大德正道，故經眾善信商議，更其名為「克明宮」。民國三十七年，中醫師陳清水、商賈林瑞麟等人，竭力捐輸與募資，修宮殿左廊、亭閣，而後逐年有所增修。

因克明宮，神威顯赫，進香信眾日增，乃陸續增購周邊土地。民國七十九年（西元 1990），地方善信咸感堂構狹隘，乃醞資擴建前殿，遂使殿闕完善，廟貌煥然一新，廟構融合傳統與現代，採二層樓式建築，典雅壯麗，廟貌閎偉壯觀。步入三川門，即為前殿，寬敞雅潔，仰視神龕，主祀關聖帝君，器宇軒昂。

克明宮，為上接天香宏揚聖道，扶鸞濟世、宣化渡眾。明治三十五年（1902）九月下旬，竹山仕紳魏林科、陳上達、林月汀、等首倡，由新竹宣化堂懇請堂號，開堂訓鸞，年餘未濟。幸逢呂啟迪先生臨堂，代聘蘭陽碧霞宮正鸞簡貴南、陳祖籌、盧廷翰諸鸞生到堂指導。約數星期，魏來儀君竟得真傳之妙。迨鸞法精純，其所造詩、詞、歌、曲，半為訓筆之稿，顏其書名《茫海指歸》。但未完成善，後經陳鳳祥、陳福賡等，聘請楊明機道長重興鸞訓，於民國三十六年完成《茫海指歸》善書一部，勸化世人，並撰修「儒門科範」一書，以規範儒宗神教科儀。

關聖帝君神靈赫赫、法威萬千，自蒞境以還，護扶社稷，繁榮境域，致眾信咸仰、萬民咸欽。再傳林獻川、劉玉益、陳宗晥、葉力行、劉金浛、陳宗火、陳宗興、林德雄、陳啟富、謝松琳揮鸞闡教，克明宮遂成為「儒、釋、道」三教合一元聖域。

民國八十八年發生九二一大地震，使克明宮與文昌桂宮，廟牆龜裂，樑柱脫落。除迎神閣外，須全部拆除重建。得國軍支援，建物全部拆除完畢。隨即

另成立重建委員會，公推楊非武為重建委員會主委，主持重建工程事宜。重建經費概算約一億餘萬元，除廟產積蓄外，得外界善心人士的熱烈捐款。於九十一年農曆十一月動工興建，歷經四年，於民國 95 年農曆 12 月完成。規模較前更為宏麗。

克明宮歷任堂主：第一任陳玉衡；第二任陳鳳祥；第三任吳木春，另推陳福賡為副堂主。民國八十一年十一月，成立管理委員會，以管理廟務。從此制度完備，井然有序，神在人安神安，地方時和年豐，民康物阜，可以期待。是為記。

【神蹟故事】

竹山克明，主祀關聖帝君。克明宮建於乾隆年間，光緒 13 年（1887）另建新堂，日據昭和五年（1930）取名「克明宮」，現今廟宇的樣貌則是民國 95 年（2006）擴建。對竹山人而言，克明宮同時相當於鎮上的文廟，每逢大考時節，不乏前來向廟內供奉的文昌帝君祈禱的考生。

南投竹山克明宮的兩位「嬌客」。（圖／南投縣克明宮官網）

克明宮於重建時經擲筊向聖帝請示確認後，在正廳天花板上彩繪了一對有吉祥寓意的貓頭鷹，沒想到落成不久後竟真的飛來了一對貓頭鷹！

這對貓頭鷹經獸醫確認後為領角鴞，每天早上飛進正廳天花板「打卡上班」，站在天花板上瞪著大眼直勾勾盯著底下來來往往的香客，時而閉眼小憩、時而梳理羽毛，直到晚上最後一次誦經結束，兩隻領角鴞就會順著廟門飛出，

隔天早上再飛回打卡上班。

　　可惜的是，自去年某日離廟後，這兩隻領角鴞就再也沒回到克明宮了，不管是廟方或是已習慣被牠們「監視」的香客都十分想念兩隻靈鳥，不管牠們現在在哪裡，都希望牠們只是換了個棲息地快快樂樂地生活著。

竹山克明宮的兩隻靈鳥領角鴞。（圖／南投縣克明宮官網）

　　克明宮廟方表示祭典期間免不了會有的法師誦經聲、鞭炮聲震耳欲聾，但這兩隻領角鴞卻都不動如山，高高在上靜靜地觀察祭典法會。曾有特有生物研究保育中心的研究員到克明宮探訪，研究員表示領角鴞確實比較會接近人類活動範圍，但還是第一次見到有領角鴞自行進駐廟宇，相當罕見。

　　廟方早已將這兩隻「靈鳥」領角鴞視為宮中寶貝，平常以不打擾牠們為原則，也會對聽到奇聞前來參觀、攝影的遊客耳提面命，千萬不要打擾到牠們，畢竟領角鴞為夜行性動物，白天是相當重要的休息時間。可能「靈鳥」們也感受到廟方的用心呵護，一待就超過了八年，這八年來天天打卡上班、下班，已從「嬌客」成為「最佳公關」了！

【連絡資料】

竹山克明宮

地址： 557 南投縣竹山鎮枋坪巷 1 號

電話： 04-92642472

【六部生介紹】

主任委員：楊非武	常務監事：陳應宗
總幹事：張俊惠	正鸞：葉力行
副鸞：林進福	唱生：洪當賀、陳駿宥
抄錄：林 約、林世鵬	誦經生：陳駿道、曾文長
茶果生：張正典	委員：陳啓富、曾等松
執事：林志昌	

【第七屆全國扶鸞展演鸞文】

109年12月27日　歲次庚子年十一月十三日申時
於彰化中華玉線玄門真宗教會
竹山克明宮

克明宮　主席安恩師　降

批示：

中正無私集大成　　華山西嶽白雲迎
玉容慈貌有才德　　線織布衣求益精
玄妙威靈佑護眾　　門楣顯耀邁前程
真誠朝禮南天闕　　宗廟三才儒教風

又

鸞會同參聖道揚　　聖神仙佛筆留香
沙盤變化題詩句　　編冊聖篇盡錦章

又

瑞氣禎祥照大千　　千秋盛會迎神仙
仙人合一把鸞筆　　筆降傳真第一先

吾退

克明宮 玄天上帝 降

批示

沉淪世道日驕奢　　作惡多端難醜遮
聖佛慈悲來護眾　　神仙惻隱除魔邪
榮華富貴風中燭　　權勢聲名雪後花
積德立功登淨土　　逍遙樂道似仙家

又

玄門真理修其心　　天道無私照護臨
上闕垂恩安社稷　　帝心簡在繞餘音

又

不畏艱難不畏磨　　東西南北日奔波
一心只為諸生苦　　下降凡塵奈若何

吾退

克明宮　文昌帝君　降

批示

　　肺炎傳染遍全球　　各國險危心自憂

　　細菌難除自管理　　疫苗研發用心籌

又

　　秋末疫情擴大中　　歐洲各國再度攻

　　台灣遵守依規範　　避免其災造立功

又

　　科技時代事多秋　　盲目追求幻影遊

　　心念偏差自墮落　　頹風挽轉難來謀

話

　　今逢第七屆扶鸞大會

　　因防疫期間受限制

　　玄門真宗創新網路舉辦

　　不受時間空間疫情所限制

　　扶鸞文化數位化

　　更能將扶鸞透過網路

　　更加認識可喜可賀

　　時間有限

　　祝鸞會圓滿功成

　　吾退回克明宮

③ 石龜溪贊天宮感化堂

【寺廟沿革或簡介】

本堂創建於民國二十一年四月二日，頒旨開堂，賜號「感化堂」。

本堂由彰化縣田尾鄉小紅毛社慎化堂所分堂，民國二十年十一月十五日組織「神道研究會」，推元老陳大頭為會長，葉清河為副會長。

開堂後，諭命詔准，揮鸞濟世，應人指事問難，信徒日增。

迨民國二十八年，日人推行皇民化運動，廢寺廟、燒神像、禁祀中國神，斯時，恩主神像避難員林舊館興善堂。

民國三十二年十二月重建本堂，延至民國三十四年八月十五日，由舊堂興善館迎回三尊聖像，重新請旨南天開期濟世。

本堂為改建永久建築，於民國四十年二月，安基安礎，至民國四十一年一月告竣，入火安座。

延于民國四十八年十一月一日舉行落成典禮，正是華麗堂皇，現在堂貌。

民國五十六年九月四日卯時開工興建宣講堂龍門書軒，至同年十一月下旬告竣。

感化堂，自民國二十一年，由小紅毛社分堂于今，整整有四十餘載歷史，於內整頓堂務，鞏固組織，並向外發展，分堂各地，統已成立「感善」，「感

修」,「感德」等三堂。

「感善堂」自民國三十七年三月十五日,建堂於元長鄉子茂村三崁店。

「感修堂」自民國四十七年四月十一日,建堂於斗南鎮明昌里五間厝。

「感德堂」自民國五十四年三月十五日,建堂於莿桐鄉饒平村。

諸堂都是感化堂派下系統。

本堂附設文教,救濟,著書等,公益慈善機構,陸續組織成立,各機之組成列記如下:

(1) 文教方面:民國五十一年四月一日,成立「社會教育文學班」。民國五十六年八月興建宣講堂龍門書軒。圖書室。民國五十九年四月二日,成立「明道雜誌社」。同年八月四日成立「聖樂團」。

(2) 救濟方面:民國五十四年十二月成立「冬令救濟會」。民國五十九年十月二十一日冬令救濟會,奉旨改為「慈善救濟會」。

(3) 著書方面:民國二十三年七月十五日,請旨開著「覺路金繩」至民國二十五年七月十五日,完成發行。「感化明道」。明道季刊按季出刊。

本堂自創立以來歷任正堂主茲誌如下:第一任堂主葉清河(自民國二十一年四月十三日至四十四年一月)。第三任堂主薛杞(自民國四十四年一月至四十六年三月八日)。第三任堂主孫明(自民國四十六年四月至四十九年一月八日)。第四任、五任堂主黃茂松(自民國四十九年一月八日至五十四年十二月)。第六任 堂主(堂主改為主持)張允(民國五十四年十二月至五十七年十一月二十六日)。第七任黃謙禧(自民國五十七年十二月二十六日至今)。

本堂現任正副堂主茲誌如下:正堂主黃謙禧,副堂主葉登順,柯富貴,黃謙德,黃炎。本堂男女鸞生擁有三百六十二人。擇定二、五、八為期,揮鸞施方濟世,服務項目(問家運、事業、合婚、擇日、命名、求醫、問藥等)至每月十五日統一辦理。

【神蹟故事】

扶鸞出籤詩,會用問事者名字寫七言或五言的藏頭詩。

【問事內容紀要】

我自己的籤詩：

○心一意意志堅

○覺前行種福田

前途無危實難再

徐風遠景看真玄

廟公看一眼籤詩：

「前面兩句參考一下就可以了，關鍵在第三句，『實難再』就沒有了啦！」

廟公又隨口問了一下我的工作。

「你跟這邊的緣份就到這邊而已啦！跟你的能力沒有什麼關係，這是人事的問題。後面的發展還是不錯的。」

【連絡資料】

贊天宮感化堂

地址：雲林縣斗南鎮石龜里四維路 46 巷 52 號

電話：05-5973220

【六部生介紹】

主委：張永芳	正鸞：陳柏州	正鸞：陳正章
副主委：林俊智	正鸞：蔡永松	副鸞：陳振科
副鸞：張榮濱	鐘鼓生：黃素真	鐘鼓生：王翠花
監鸞：許啟惟	筆生：張志榮	筆生：李秀蝶
宣生：沈雲瑛	宣生：張永奇	筆生：林秀玲

【第七屆全國扶鸞展演鸞文】

贊天宮感化堂主席　登台

話：

感謝玄門真宗教會邀請參與第七屆全
國扶鸞觀摩展演大會

詩一

玄道文風意義長　　門中妙理芬芳香
真如下降傳佳話　　宗耀雅儒應化良

詩二

玄門真理傳良宗　　正氣參天智慧能
運轉乾坤造福地　　精神一貫千秋隆

詩三

光明大道心中前　　察照因緣慧眼先
毅力加持增大量　　時空運轉芬芳綿

詩四

真誠發露應心懷　　養性修身培善才
聖理參真明大覺　　如山不動莫徘徊

詩五

　　青山綠水循環來　　變化無常守定台
　　固本調元養正氣　　津梁入室喜歡孩

詩六

　　心中一點春花生　　理理相通美滿成
　　造福人群聖域地　　甘甜妙果觀音亭

話

　　儒門扶鸞乃發揚佛聖仙神慈悲救世之精神，從克己修身明燈養性為下手工夫，人之本性真如自然，像朗朗晴空，無任何穢氣，又如明鏡般潔淨清明，只因日常生活中不斷追求名聞利養，而遮蓋失去本真卻不知，天堂地獄歡喜悲愁乃一念之間。

　　子曰：三人行必有我師，從團體中學習包容互助共好共榮之觀念與態度，每天充滿喜悅就是天堂，若自私自利比較、計較，煩惱不斷，日日充滿怨恨即是地獄，所以迷與覺乃在一念之間，觀摩大會乃聖儒孔孟之精華，盼諸賢多加學習參照重行精進矣，共勉之。

　　諸生辛苦

　　可，自此停筆

4 斗六福興宮道元堂

【寺廟沿革或簡介】

斗六福興宮現址位於斗六市雲林路二段一八○號，創建於清嘉慶十二年（公元一八○七年），重修於清道光十四年（公元一八三四年），道光十四年毀於洪水，不久重建始立名為福興宮，後又毀於人禍－日人為興建斗六鎮西國小禮堂致被迫拆除，公元一九四五年成立籌建委員會，迨至一九六二年再重新修建，歷時七載完工，一九六七年並於宮後右側另建普善祠，安奉地藏王菩薩及十二姓公媽地基主，一九八四年增建六合池，一九九四年八月一日動工增建後殿一樓陳府將軍殿，二樓凌霄寶殿，三樓無極殿。本宮佔地面積約三千坪，

座東面朝西而立，整個建構採華北宮殿式，簡法莊嚴，主要建築有山門、金亭、前殿、後殿、鐘鼓樓、左右廂房等。

主祀神－開漳聖王，乃唐代武將隨父 陳懷德將軍南下福建平蠻有功，並於漳州設府後奉朝廷派任為第一任刺史。

【神蹟故事】

雲林縣斗六市福興宮廚房有一座外形類似橄欖球形的爐灶，上有六個爐嘴，也就是俗稱的「六方灶」，不僅可以同時進行炊、煮、煎、炸、燜、蒸之用，而且佔用的體積遠比常見的四方爐灶小得多，兼具建築美學及空間利用。（高慶鴻報導）

斗六福興宮主祀「開漳聖王」，來台已近兩百年歷史，是斗六地區著名的廟宇之一；福興宮管理委員會表示，這座「六方灶」是民國七十幾年修建廟宇後殿時所興建，六方象徵東、西、南、北、天（乾）、地（坤），稱為「六合爐灶、神聖守護」，最大特色在於可以同時容納六具鍋鼎，準備膳食。

管理委員會指出，雖然時代演進，這座爐灶已由燒柴火，轉變成燒瓦斯做為熱源，但功能非常健全，使用六方灶，一個人就可以掌握三到四個爐灶煮食情況，不用將食材與料理方式分爐進行，提供信徒們快速美味又安全的膳食。

管委會人員也說，這座爐灶的形狀與方位座向，都是奉神明旨意所建，除了講究風水外，還有朱衣星君守護掌理；奇特的是，過去曾有委員多次建議拆除，但都沒有獲得神明允許而被保留下來，成為廟方特色。

【連絡資料】
斗六福興宮道元堂
地址：雲林縣斗六市雲林路 2 段 180 號
電話：05-5322763

【六部生介紹】

宮主：余秋淵　　　總監：陳武村　　　監鸞：張秀雄

副監鸞：李慶龍　　占生：何萬裕　　　筆生：沈清興

唱生：黃信文　　　司禮生：游根松　　委員：許順沙

委員：陳保興　　　效勞生：林銘瑋　　效勞生：高紹榮

效勞生：陳冠忠　　堂務：廖麗娟

【第七屆全國扶鸞展演鸞文】

斗六福興宮道元堂
花壇中華玉線玄門真宗文衡聖帝　登台
士生平安

文示：

　　恭迎斗六福興宮道元堂神人共蒞本宗參加庚子年全國扶鸞大會，至謝萬分。

　　吾神請斗六福興宮道元堂恩主開漳聖王登台訓示，可請法登台，士生午安。

文示：

　　古法至今永不變，人修古聖永聖德，行世伴道同心智向學不淺入天界世心無形只悟覺，文通合理教庶民，渡生回岸一線界，知守人倫伴古通。

再示：

心內有教永開明，正道教化歸真宗，人能待己永無悔，何時入鄉看開行，心開大道我無碍，得今理德齊今年，清界有我會聖道，靜悟聖德再重修，以學向道心通氣，不重世勿歸道輕，人生來世亦回岸，汝知今業是孽障，如何脫離今世苦，該知靜思有聖門，共迎新客修仁惠，保持古聖佑世安。

再示：

島中鸞門甚多，守古傳承永不變，人心以恩重啟難，至今多思多不實，只陷一界化無煙，難知古傳鸞揮文，以字教醒人心夢，不該斷脈自尋生，應再重啟鸞門堂，今有重會以配視，集會共討古文鸞，應知古法該不斷，免各鸞堂共勉之。

再示：

學修正道配今朝，半生之途難啟知，玄妙真理永深藏，非自了解內中意，真心悟覺再三巡，可知皮意莫嬌心，古理至今只教人，人無心向道宜修，至憑己思作主張，使今鸞門生有斷，能啟重生有來伴，迎生共聚門文教，自然一氣入聖門。

再示：

玄妙聖德開先鋒，門榮善理群英會，真仁有感德理行，宗教配今發島揚，再示人心知悔思，無感只看重物失人性，非求一生來富貴，莫知業障隨身纏，能放則放不再求，是人在生會宗聖，改脫一生苦業障，人知世勿何為重，生死一念勿何用，知足人生世光明，以貧扶道是人生。

共參扶鸞勝會是共究鸞門何重，如有再參加者永不息，希門生能自討之，完退。

【寺廟沿革或簡介】

　　員林承天宮之創立，源於本里源潭里弟子黃根爐、王萬喜、王水富、張然成、黃乾山、吳柱鑑，集結里內虔誠子弟，於鄰村埔心武聖宮，揮鸞勸化引導向善，施方濟世造福鄉里，西元1946年民國35年歲次丙戌年農曆正月十五日，「南天」遂降旨興堂，賜名為「警義堂」，主祀三恩主。

　　三恩主聖神靈感，神威顯赫，香火鼎盛，有感堂中狹窄簡陋，於西元1953年民國42年歲次癸巳年農曆三月初二日遷入「廣福宮」繼襄盛業，但因信徒日增，頓覺廟小，不足納眾，在西元1964年「南天」又恩賜綸音，命堂主王松先生籌議建宮，特命陳加岑先生為興建主任委員，並由興建委員會所有委員和里民，及十方善信慷慨解囊，熱心捐獻，於同年十一月舉行動土，逾年完峻落成，並於西元1966年民國55年歲次丙午年農曆正月初三日入火安座，上蒼特賜名為「承天宮警義堂」。

　　承天宮為一棟三層樓閣式的宮殿廟宇建築，一樓正殿中門懸掛「警義堂」門額匾；二樓正殿中門懸掛「廣福宮」門額匾，在二樓左右廂房設置鐘鼓樓；三樓正殿中門懸掛「承天宮」門額匾

　　承天宮前埕寬廣，廟埕左外側設一座「將軍祠」，空間格局氣勢雄偉。

　　註：道教所謂「南天」，乃天界之咽喉，亦即全天界之行政區域，由關聖帝君所主宰，其行政中心「南天五關」，設於南天第七層天，奉玉皇大帝玉詔辦理三界十方一切行政，掌天、地、人之權，執萬教之柄。

【神蹟故事】

圖一

二〇一六年七月三日（歲次丙申年五月廿九日）

玄天上帝前往伸港福安宮恭接天香

　　接香時辰將近，信眾看到天空顯現圓圓小光環漸漸的、漸漸的在變大，瞬間似有道光俯衝而下，有如玄天上帝騰雲駕霧而來，這時天空現出七彩光環，就在一片祥雲中，完成接香聖務。

圖二

二〇一七年五月七日（歲次丁酉年四月十二日）

觀音佛祖 前往王功福海宮恭接天香

　　今年的接天香很神奇，在時辰快到時，天空雲朵湧現，清楚顯現佛祖乘巨龍而來影像相當明顯，沒一會天空開個靈洞，有如是觀音佛祖降臨。沒多久接香完成後天空立現晴空萬里，沒有一片雲彩，就在祥和下完成聖務。

圖三

二〇一八年六月十七日（歲次戊戌年五月四日）

　　三山國王前往王功福海宮恭接天香

　　接天香當天晴空萬里、風和日麗好天氣，接香時辰一到，法務陳老師帶領大家誦念接鑾疏文時，突然烏雲密佈，狂風大作，這時神蹟顯現，只見天空撥雲見日像是開個靈洞！似在迎接國王老爺降臨，待香爐安置穩妥後沒一會滂泊大雨傾盆而下……信眾不畏大雨欣喜、虔誠的接回神聖，完成聖務。

文／圖：陳素玲

【連絡資料】

員林承天宮

地址： 510 彰化縣員林市三潭巷 27 號

電話： 04-8326700

【六部生介紹】

主任委員：蕭明仁	宮主：吳佶融	副宮主：陳再福
副宮主：王錫圭	副宮主：江吉田	總監鸞：黃仁和
祭禮生：張良鐃	正鸞：胡國儀	筆生：陳武雄
副筆生：黃鏈豐	沙生：陳榮熙	沙生：劉鐶泯
副乩：黃介錄	副乩：黃濸鐶	奏樂生：王煙源
奏樂生：郭鐵樹	經團老師：張廖秀娥	
琴務：陳秉鴻	沙生：黃志平	沙生：張光揚

經生：劉翊竹、郭雪珠、謝鬧、張秀花、黃錦鳳、劉黃米粉、陳惠菁、黃換

興建主委：王世任

【第七屆全國扶鸞展演鸞文】

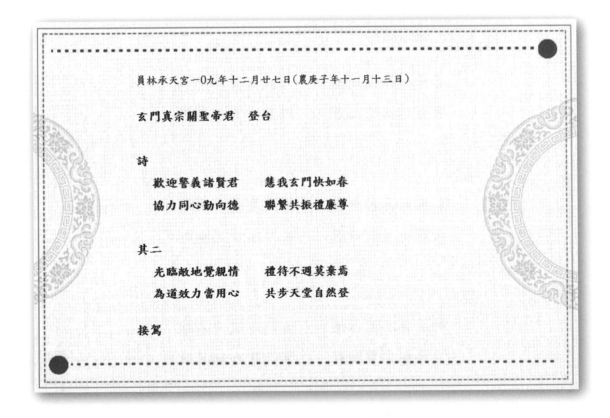

員林承天宮一〇九年十二月廿七日（農庚子年十一月十三日）

玄門真宗關聖帝君　登台

詩

　　歡迎警義諸賢君　　慧我玄門快如春
　　協力同心勤向德　　聯繁共振禮廉尊

其二

　　光臨敝地覺親情　　禮待不週莫棄焉
　　為道效力當用心　　共步天堂自然登

接駕

承天宮 文衡聖帝 降

詩

　　轉駕承門降玄臨　　　筆敲揮詩締良陳
　　同隨承鸞眾董首　　　聚集群英期宗珍

其二

　　承天使命建孔宮　　　參訪玄門喜樂揚
　　彼此交流道自顯　　　佳音相報最輝煌

其三

　　承筆揮持闡道揚　　　天威正氣浩然長
　　宮芬遠播傳萬載　　　照澈心靈福慧昌

其四

　　鳥飛兔走秒中移　　　早悟塵園非久居
　　六道四生何日脫　　　於今不覺恐無期

其五

　　禮義廉恥德由修　　　玄門淳風定不繆
　　首導有方鸞勉勉　　　樂昇紫府切莫休

就此一別回駕停乩

6 彰化武德福山宮

【寺廟沿革或簡介】

玉旨賜名福山宮

緣自乙丑年臘月間，本宮委員蔡石令、陳安邦、陳吉川、曾登陸、劉方民、章元，詹瑞鵬，賴富源等信士，自北港武德宮迎回奉旨出巡之武禹德武財神尊，並暫鎮詹瑞鵬信士住宅供信眾參拜。嗣遵神意為拓展中南部香火佈傳與宏揚神威，遂由陳吉川，陳安那信士先後邀駕出巡，旋即移請神駕至曾登陸信士家宅供俸，斯時曾宅住在福山山上，交通甚為不便，惟前往參拜信眾仍日益增多。時屆是年四月廿二日時分，曾信士因外出洽商業務，宅中一時無人照管之際，神爐頓時大發爐火，招致神駕金身全部焚燼成炭。事後引為嘖嘖稱奇，此次火

事並無波及他物，宅內事物毫無所損。嗣即神駕扶鸞降示，此乃天意且時限所至 即令成宮普濟渡眾 遂賜名為彰化福山五路財神廟。此後，重整規劃策謀革新，謹遵神意依照立宮廟規供人瞻拜，日後普受神恩感應，信眾與日俱增，香火鼎盛一時。

獻地興建臨時宮

翌年初，蔡石令信士有感據此現狀甚難發揮，遂會眾議洽商獻地（彰化市福山里山中街一四七號）興建 臨時宮，並於同年四月廿日舉行入火安座，一時神威顯赫聖德丕彰，盛名遠播 及引不少各方善信，是以廟譽蒸蒸日上，漸成中部地區宗教廟宇的中心所在。

爾後，則蒙武財神聖諭降示於乙丑年在彰化八卦山太極寺邊小屋內，尋訪請回佐輔武財神尊，至此神尊乃趨統歸 再增神力，展基遠播。

鑒於香煙日盛信眾益增，且為將來建宮計，即予成立本宮管理委員會，加強行政體制與策運團契功能，而能完全在默化中推展武煙與宏揚神威。其宗旨為：本宮純為一開放性之宗教信仰中心 不參於政治，不牽涉派系，一切無私無利，獻之精神信奉，天官五路武財神之濟世解惑救苦助難，修身養性，倡導四維八德為宗旨，進而匡正社會風氣，人人安和樂業，家富國強終能世界大同。

金碧輝煌宮初成

自臨時宮成立之後，鑒於信眾接踵而來絡繹不絕，現有廟宇過於簡陋狹隘，已不敷使用 隨即著手購地建宮計劃之推行，隨即著手購地建宮計畫之推行，積極四處尋覓適當之用地，聚精會神耗用用二、 三年的時間，終究在庚午年二月間購得花壇林清秀信士地（彰化市福篩山里南莊一四八號）充為建宮用地。該地段距離臨時宮祇有數分鐘路程 可以說宜冥冥中都有很適當又很好的安排。

遂擇於庚午年三月十二日良辰吉日舉行建宮動土典禮，並於四月初九日鳩工施建。斯時建宮之初 百般待舉 尤以建宮經費諸多欠足，施工人員極待覓集，嗣經全體委員共同推動工程進行，全力籌募建宮經費，始得逐步突破困難而利

工程進行。尤在施工期間 端賴詹瑞鵬副主委全力參與和奉獻，又陳財委員奉獻全部工程鋼筋結構工資費用。在日夜全力趕工與專心督導之下，得能在同年十二月初。 歷時八個月很短的時間內 將全部工程竣工。這樣艱難巨大的工程能如此史無前例快速的完成，可以說在在證明了「眾志成城」的凝集力量。更是信仰力量發輝極致的俱體表現並於十二月初九日舉行福山宮落成入火安座典禮，同時邀請政要賢達士紳參與剪彩，共襄盛舉。是日盛況熱鬧異常，車水馬龍、門庭若市、水洩不通、堪稱在中部區域舉行之重大盛事節慶。

本廟宮貌擇合古典與現代風格，不但格局完整，更具有堂皇璀璨的宮貌，其外側另築池景，他山假石水流景中，自有一番遐思。其造形巧奪天工栩栩如生， 且主身長一百零八尺盤延宮基， 穩如盤石意義非凡。

廟內正殿中龕供奉天官五路武財神，龕前是中壇元帥和黑虎將軍，左右兩龕奉祀的神明是；利市仙官，招財使者 服芳境主，福德正神 正面壁牆立書有武德真經十章。兩側大理石壁牆是聘請名匠雕飾，有三十六天官和七十二地將其匠藝功力頗肯引人審視再三，肅然起敬。

【神蹟故事】

乙丑年臘月，本宮委員蔡石令、陳安邦、陳吉川、曾登陸、劉方民、章元，詹瑞鵬，賴富源等信士，自北港武德宮迎回奉旨出巡之武禹德武財神尊，並暫鎮詹瑞鵬信士住宅供信眾參拜。嗣遵神意為拓展中南部香火佈傳與宏揚神威，遂由陳吉川，陳安那信士先後邀駕出巡，旋即移請神駕至曾登陸信士家宅供俸，當時曾宅住在福山山上，交通甚為不便，惟前往參拜信眾仍日益增多。時屆是年四月廿二日時分，曾登陸信士外出洽商業務，宅中一時無人照管之際，神爐頓時大發爐火，招致神駕金身全部焚燬成炭。事後引為嘖嘖稱奇，此次火事並無波及他物，宅內事物毫無所損。嗣即神駕扶鸞降示，此乃天意且時限所至 即令成宮普濟渡眾 遂賜名為彰化福山五路財神廟。

【連絡資料】

彰化武德福山宮

地址：彰化縣彰化市福山里西南莊 148 號，

電話：04-7321547

【六部生介紹】

主任委員：詹瑞鵬　　　總幹事：楊建成　　　副公關組長：余致和

文書組長：楊博涵　　　委員：林夆郁　　　　委員：陳清雲

委員：蔡永隆　　　　　委員：梁榮松　　　　神務組長：李昇達

委員：李永正

【第七屆全國扶鸞展演鸞文】

福山宮 天官武財神 中路武財神 降

一、

天福山理降人才　　　官山展化求穩強
武宮和氣得化祥　　　財中樂喜玄門行
神路降世渡眾行　　　福里求安神化眾
山行宇宙化濟解　　　宮行日月化千祥
中降接示民重改　　　路興展界有成流
武極世界化無常　　　財因苦修盡化除
神良心結合歡樂　　　示行玄門山下願

二、

結緣信眾協歡里　　　神緣教導日月行
共有化除戾氣消　　　天知日泰共有情
官和引導孝親鄰　　　武風造化新環境
財能通達四海邦　　　神路引化日月明
中降財流共時景　　　路因思量網密站
武興傳達共團里　　　財眼隨流共修証
神毒藥強心甘化　　　盡適團流克化改

三、

喜良有因合果隨　　共時實修道正行
神勉誘因教育正　　天福齊山人氣納
官喜重緣心靈照　　武修人流共有道
財脈交流神賜聖　　神明福道教化勉
有因有導日月慈　　思良艱辛化甘足
有形無形共世界　　美好人生自作起
共有化善因果行　　關關世界有形體

四、

聖道教勉日月行　　帝令優秀化干戈
君眾體會修心願　　示理眾生願世除
化惡為良新世改　　勉勉兩意求善緣
良和結彩新世達

可

7 太和金闕玄清宮

玄清宮

指中合正公私明
開明聖道普世心
雲台日月皎潔清
路遙志堅不二道
啟示教化闡真理
轉引迷途行善徑
心性定靜成慧命

【寺廟沿革或簡介】

　　玄清宮是要帶給有緣人如何了解生命的意義，即在這世上的價值，並敬神奉祖孝思追遠，知因明果後了卻因果，而過得自然、快樂、健康、順遂，亦就是「代天宣化。

　　普行修身、修心、修口、修德之理念弘揚並實踐救世、渡世、醒世、濟世四大任務，現於社會大眾，能解決有緣人人生痛苦、乖舛、坎坷命運。而離苦得樂。並教之玄中尋理、清靜無為，自然心法，以期返回「先天之鄉」

　　玄清子老師本名葉真辰遵循上天指示創立玄清宮、行使於救世、渡世、醒世、濟世四大任務，弘揚並實踐「救渡陰、教化陽」及普行修身、修心、修口、修德之理念，以儒、道、釋三教真理與師尊暨眾仙佛教誨為依據，現於社會大眾，能解決有緣人人生痛苦、乖舛、坎坷命運。且本宮依法設立非營利宗教組織，財務透明化；師尊 玄天上帝於太上道祖壽誕，指示並執行救濟貧困扶危任

務。

【連絡資料】

桃園金闕太和玄清宮

地址：328 桃園市觀音區興二街 12 号號

電話：03-4160317

【六部生介紹】

宮主 (道長)：葉真辰玄清子

神職人員：玄 美、玄 音、玄 如、玄 蓮、玄 渡

宮 生：玄 華、清 善、玄 召

【第七屆全國扶鸞展演鸞文】

太和金闕玄清宮　　聖神仙踪啟真詮

鸞筆降真世塵緣　　玄宗道脈心法明

天德弗遠五常在　　孝思追遠道德風

明聖證果忠義存　　因緣果成圓宿緣

聖筆透玄通天地　　揮毫演政公開世

道德倫理振綱常

叩謝　文衡聖帝聖示

太和金闕玄清宮　玄門弟子玄澧子代傳

金鳳展翅翩然舞　　鳳翎慈母教靈兒

朝陽高照萬靈動　　關帝應化靈映心

蓮轉慈航普陀心　　心靜明鏡觀如來

叩謝地母元君聖示　玄如代傳

玄門妙法心為重　　道德為首德為本

清流一股澱太清　　太極別體日月耀

一陰一陽天地照　　扭轉乾坤映大地

叩謝道德天尊聖示　玄如代傳

玄道妙法玄又玄　　靈身心來聖凡修

高奉香茶孝為要　　上心了悟生死緣

帝君五常證果圓　　展傳道法弘揚法

演祈國泰之民安

叩謝玄靈高上帝聖示　玄蓮代傳

一視塵海何其擾　　沙河沈積玄法啟

世情為修德為本　　弗光普化慰人心

證心明性道法求　　果因姻緣乾坤化

圓道圓心果滿圓

叩謝玄靈高上帝聖示　玄蓮代傳

始於自然保初心　　終至無為樂無求

如心如意如願行　　一心無二志堅定

道理明悟顯真如　　路達寬潤德宰之

行雲流水應吾心

叩謝玄靈高上帝聖示　玄音代傳

道義奧妙博精廣　　法由心生不由人
彌深精義辟古行　　深藏不露顯無遺
應化陰陽轉自如　　妙法無窮源天成
叩謝玄靈高上帝聖示 玄音代傳

玄門真宗聖道傳　　法渡有情無情靈
無為而為無為有　　界臨弗遠無止境
一心無二志堅定　　善心似水就方圓
生智成慧福德存
叩謝玄靈高上帝聖示 玄音代傳

一炁降真真妙訣　　字字珠璣醒世法
慈航普渡明路開　　眾神降世渡眾兒
塵世紛擾莫停留　　明心見性修己淨
因緣了却圓滿行
叩謝 玄靈高上帝聖示 玄美代傳

道德為本法性明　　聖心聖開方便門
修身養性明真理　　佈德慈言悟心靈
清靜法生清流引　　一心不亂端正行
弘開普渡眾生歸　　圓滿世代道果成
叩謝玄靈高上帝聖示　玄美代傳

扶鸞應身濟世情　　忠孝禮天仁義至
普世渡化眾緣靈　　仙門妙奇法無邊
宿世靈緣化解怨　　共承大業凡轉聖
玄宗妙法渡緣靈
叩謝玄靈高上帝聖示　玄渡代傳

今朝一會了世情　　宗承一脈渡緣靈
道清正法解宿怨　　了卻世緣歸本位
叩謝玄靈高上帝聖示　玄渡代傳

8 高雄意誠堂關帝廟

【連絡資料】

高雄意誠堂關帝廟

地址：802 高雄市苓雅區三多四路 66 號

電話：07-3343207

【六部生介紹】

主委：洪榮豐	正鸞生：林茂伸	正鸞生：蔡瀚睬
總幹事：侯榮事	副鸞生：黃鴻文	紀錄生：王秋月
唱生：李政翰	把門生：姚明通	紀錄生：黃耀平
唱生：顏丁任		

【第七屆全國扶鸞展演鸞文】

中華民國一〇九年十二月二十七日〔農曆十一月十三日〕星期日　蔡瀚暉扶

高雄意誠堂關帝廟　中壇元帥　降

詩曰

　　鸞風巡台巳成波
　　善願善氣昇上坡
　　大道普化黎眾得
　　修持行善莫蹉跎

話

　　鸞堂啟化護民安，聖神仙佛真經傳，持經得理玄妙化，知行合一先得願。

中華民國一〇九年十二月二十七日〔農曆十一月十三日〕星期日　林茂坤　扶

高雄意誠堂關帝廟　副主席文衡四聖帝　降

話

　　「吾」今臨玄門真宗，見滿山金光萬道，鸞氣氤氳，特來隨筆談談，鸞宗。本文就叫「鸞宗隨筆」，鸞者仙鳥也，每飛臨人間即帶來安詳、平和、富足，所以上蒼經常藉鸞鳥被五彩衣來傳達豐年，今「道、儒、釋」亦相同，必藉鸞來傳示教規教義。道，有「形而上」的自然之學，學道當知自然無為。儒，講己欲達而達人，人溺己溺的「形而下」的入世教義。釋，則慈悲為懷，愛人及物，眾生皆平等。以上教法、教義、教規，大大有異，各自成理，但必須由扶鸞才能以最有效、最親民的方式傳導宣化給普羅大眾，「道、儒、釋」是君王，「鸞宗」則是大臣，君王之要令，必有賢良之大臣來執行，方能享有其豐功偉業，所以「道、儒、釋」與「鸞」是合一方成大業的。

9 台灣關廟

【寺廟沿革或簡介】

壹灣關廟座落南投縣竹山鎮中央里獅尾巷 36-32 號，主祀關聖帝君及觀音大士，原名為【佛天禪院】堂主吳朝平先生‧於民國七十六年開始每月逢農曆初一、十五日扶鸞濟世至今三十餘年，於民國一〇七戊戌年八月初一日喬遷移至新廟並舉行安座慶典，廟宇興建仿河南洛陽關林關帝廟北式宋朝皇宮風格而建。

本廟有四個特色：

1、 祀奉全台最大關聖帝君，高度十八呎寬九呎，，總重六噸以上，江西千年老香樟木原木藝術彫刻而成。

2、 本廟創世界之舉，獲得中國三大關帝祖廟授權分別為河南洛陽關林 台灣分廟、湖北當陽關陵 台灣分廟及山西運城關帝祖廟 台灣分廟，並祀奉洛陽關林關帝（全省第一尊）、當陽關陵廟關帝（全省第一尊）及山西祖廟關帝（全省第一尊）‧成為全世界第一座【身、首、靈】合一關帝廟。

3、 庭前立北京花崗岩石石獅一對，氣勢磅薄（高度約三七〇公分‧寬一一〇公分‧長一七五公分‧總重量十五噸）: 南埕迎賓步道兩側亦用花崗岩石彫刻小石獅，約八十多柱排列而成，四周圍種植銀杏、五葉松及側柏而成古色古香的廟宇。

4、 本廟屬鸞宮鸞們扶鸞勸世，作詩作詞斷吉凶，聖蹟應驗不斷。

　　臺灣關廟創設『身、首、靈』合一關帝廟，又受列大陸關帝三大祖庭肯定設立分廟，有承先啟後之舉，又經南天文衡聖帝指示將原名佛天禪院更名為台灣關廟，且於一〇八年由堂主吳朝平先生率領眾信眾成立【臺灣關廟鸞生會】弘揚關公文化及五常德精神。本廟為全臺最大樟木 17.65 呎關聖帝君神像，身首合一的臺灣關廟。

【連絡資料】

南投竹山台灣關廟

地址： 557 南投縣竹山鎮獅尾巷 36-32 號

電話： 0988-020239

【六部生介紹】

正乩生：黃智賢、蕭靜輝、吳金泰 　　　　張延文	記錄生：陳國揚、陳泊瑞、陳培齡
	唱　生：凃錦麟、劉素雲、凃智盛
鐘鼓生：劉素真、吳旺哲	接駕生：陳柏菖、陳建瑜
鸞　生：施信貞、郭　佳、陳婑棻 　　　　陳冠妤	茶果生：莊麗香

【第七屆全國扶鸞展演鸞文】

台灣關廟觀音大全關聖帝君　登台　　黃智賢扶

詩：

玉虛靈霄殿、十方普濟開　　線引有緣人、共持儒門風

玄靈高上帝、心戀千萬眾　　門展方便門、諸眾敬仰禮

真金不怕煉、鐵石堅定心　　宗教無國界、釋道儒合一

扶筆顯文字、傳降世和樂　　鸞鳳皆成真、暗藏旨意內

展於此盤中、四方八達通　　演表弘揚中、速濛濟世開

台舉盡參與、視眼廣收納　　灣曲莫於心、正直了而胸

關看此大會、有心儘光大　　廟寺多林立、正教為眾生

關顯唯正氣、五倫常記載　　聖事無偏私、莫要人作為

帝持微妙法、指引向道途　　君生齊合化、弘揚此門風

造句成文字、祝演成大局　　詩風皆濟世、留傳能記錄

念諸眾生靈、皆可得圓滿

10 基隆代天宮

【連絡資料】

基隆市大竿林仙公廟代天宮管理委員會

地址：基隆市中和路 138 號

電話:(02)2437-7914 傳真:(02)2437-4582

【六部生介紹】

主献官：藍德俊　　外監生：王義富　　鸞手：林亞若

鸞手：黃麗燕　　　錄鸞：池淑女　　接駕、錄鸞：蘇義慶

接駕、錄鸞：何秀琴　錄鸞：蘇祐慈　　志工：劉禮群

【第七屆全國扶鸞展演鸞文】

代天宮主席孚佑帝君　降筆曰：　　　　　　　　鸞手：林清峰

　　大洞真經震寰宇　　孚光佑眾普昌隆　　主丹席澤渡緣人　　功不唐捐天地載

又云

　　迷花眼笑聚道參　　文韜武略神一筆　　胸有丘壑志堅毅　　金口木舌返性源

又云

　　楊朱泣岐失本真　　元龍高臥雷霆氣　　皂白溝分心惟危　　澄思寂慮定盤星

又云

　　爐煙繚遶遍滿方　　歲月流年雙鬢華　　傾耳聞事煩惱障　　稻熟低穗沒爭端

又云

　　清淨無為千般美　　根固土深枝葉榮　　薪火相傳三才立　　蔚然成風永飄香

代天宮文衡聖帝關降筆曰：　　　　　　　　鸞生：黃清真

　　代天北蝐二場次　　意誠高雄首場演　　玄門花壇圓滿會　　全國合齊振儒風

又云

　　騎馬赤兔臨壇前　　汗流浹背盡淋漓　　功常五倫八德守　　揚清激濁挽倒懸

又云

　　天南地北匯集來　　祈福消災除疫癘　　法會殊勝莊嚴守　　上蒼不辜真心者

又云

　　展演鸞文詩詞賦　　各展其才振古風　　代代相傳恪力持　　青出於藍勝於藍

11 高雄東照山關帝廟

【連絡資料】

高雄東照山關帝廟

地址：84050 高雄市大樹區忠義路 1 號

電話：07-3710981

【六部生介紹】

堂主：吳貴榮　　　　唱鸞生：莊登崴、盧鈺琇　　正鸞生：鄭淑芬

副鸞生：鄭芳奇　　　效勞生：蔡宗勳、謝進成

紀錄生：葉雪香、林敏宙　效勞生：李韻如、蔡瑞慈

【第七屆全國扶鸞展演鸞文】

東照山明德堂文衡聖帝　降

詩：

東華祥瑞貫雲宵　照耀九洲玄門道

明心見性本善進　德仁崇義立學勤

文理濟施世間修　衡道三千任遨遊

聖德植心引正氣　帝願賢生志莫移

聖示：諸儒生道安

　　　明山空寂，千岩競秀。

　　　暮鼓晨鐘，淨化人心。

　　　因緣聖會，法海綿延。

　　　聖德廣被。同修善德。

　　易經曰：風留益，君子以見善則遷，有過則改，此言謂之風與雷，猶如益友，風越烈，雷雷越，風則急。風與雷全因相互助益而強勢大矣。學道亦風雷之積極進取也。見人施仁佈德，修善亦如風急速跟進，以期善德躬行與而與賢同。如有過失亦如雷一般果斷戒之。其扁舟漂浮於水上，因風吹動順風而前，是故學道者從善而行必然日日增益。無窮也。故學道猶如扁舟行在水上。如無風助益，則進退不得，故眾學道者，定要多學習聖賢之道理，定能殷勤而遂志功成。望諸儒生醒悟。勉之。

東照山明德堂觀世音菩薩　降

詩：

觀心觀身觀自在　　世慈世悲世和懷
音柔音美音善相　　菩提薩埵願吉祥

聖示：諸佛子佛安

慈：愛念眾生，時常以安穩樂事有益眾生，欲念眾生於幸福。

悲：愍念眾生，不忍眾生受六道身心之苦，欲拔除眾生之苦難。

喜：欲令眾生從樂得歡喜。

捨：即捨前三種心，念眾生不憎不愛或無怨親之差別心。此謂四無
　　量心。望佛子能深深體悟行之。

勉之。回

東照山明德堂道德天尊　降

詩：

道為自然無為心　　德育群生立修身
天降明燈引善路　　尊敬聖理通古今

聖示：諸道生安好

　　老君曰：大道無形生育天地，大道無情運行日月，大道無名長
養萬物，吾不知其名，強名曰道，故道生育萬物，德養育萬物，使
萬物群生成之於形，得之完善，因此，萬物群生視道德尊崇，但道
德卻不將萬物視為己有，自恃無功，扶持不主宰順其自然，無生無
死，此乃無為，為而不執著。故諸道生若能領悟其中，定可藉假修
真回向正道，進而斷障除魔，明心見性也。在此願道生省悟之。共
勉之

12 嘉義玉關明性堂

【寺廟沿革或簡介】

嘉義明性堂。明心慈善會 本堂主祀：五聖恩主 五年千歲 尹府千歲 吳府千歲 湄洲聖母。瑤池金母 等列為眾神

每月 農曆 初二。十六日 晚上 為濟世日

【連絡資料】

嘉義玉關明性堂

地址：612 嘉義縣太保市南新里南埤路 140 號之 1

電話：05-2371996

【六部生介紹】

堂主：許振芳	正鸞：許振瑞	副鸞：溫明靜
副鸞：蘇承佑	唱鸞：王麗雅	唱鸞：林素瓊
筆生：陳心瑜	筆生：謝蕙珍	効勞生：陳明月
効勞生：沈碧雲	効勞生：呂春金	効勞生：葉宗智

【第七屆全國扶鸞展演鸞文】

扶鸞儀式展演

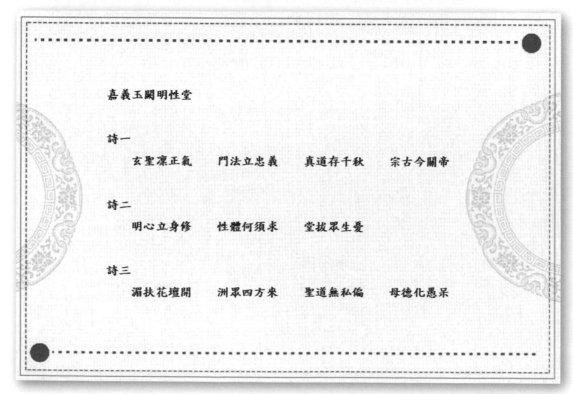

嘉義玉闕明性堂

詩一

　　　玄聖凜正氣　　門法立忠義　　真道存千秋　　宗古今關帝

詩二

　　　明心立身修　　性體何須求　　堂拔眾生憂

詩三

　　　湄扶花壇開　　洲眾四方來　　聖道無私偏　　母德化愚呆

吾乃本堂湄洲聖母

諸生大家辛苦了，今日欣喜本堂受玄門真宗關帝之邀請，參與扶鸞展演大會。

述：同舟挽狂瀾

夫！天地之運行定律轉而無息，天地人三才列位與天地同參，天地氣數，人奕有壽命，故天地之災難，人奕同承受，人是萬靈之首，有輔天地之不足，是挽狂瀾於致祥和之使命，玄門真宗及各友宮承天命為此祥和而戮力合作辦此扶鸞大會，以此教義與目的教化人心，祈求風調雨順國泰民安，使祥光瑞氣呈獻挽轉社會大地之戾氣，故宗教諸神，個個存儲內心。

慈悲於振聾啟瞶作天地之中流砥柱，實感欣慰，同存慈悲，同舟共濟挽既倒之狂瀾，是吾們之責任與義務，也是使命，故身肩重責竟大任之各位是修道君子。承天使命也是天地之榮幸，吾們須秉持堅定毅志，不屈不撓，替天地人而使力，不可退縮。各位友宮前輩致力於宗教，意義與宗旨推行促進社會知諧，不遺餘力，使本堂愧疚不已，當向各位前輩學習與請教，吾堂懈息之心，同舟共濟是吾們之榮幸，相信大家之團結，瑞氣祥光必能感動天地且挽大地戾氣災禍於祥和，是吾們之所期盼。

話：

今日本宮來此獻醜，文詞不達莫見笑，歡迎各位前輩撥空至本堂指導，不勝感激，至此。退！

13 烏日東女慈聖宮頭庄媽

【寺廟沿革或簡介】

　　東女慈聖宮主要供奉天上聖母，二樓則供奉玉皇大帝。據說清同治初年，在「半路店仔尾」，有林泉等三兄弟，常至南瑤宮奉祀天上聖母，又自宮中請回了天上聖母四媽的金尊至家中供奉。四媽因此先作了林氏家神，後又在庄中多顯聖威，始成為庄人共同信奉的守護神。民國79年（1990）本宮創建，而天上聖母四媽的金尊仍由信徒輪流奉請回家中供奉。此外，目前該宮有專人負責訓練梵音人員，並藉由開辦「聖事」以消災止厄，不僅是東園村的天上聖母信仰中心，更是一年一度東保十八庄迎天上聖母的之「頭庄媽」。據說該宮仍保存著同治10年（1871）歲次辛未花月吉置的東保十八庄迎天上聖母的大旗。

【連絡資料】

台中烏日東女慈聖宮

地址：台中市烏日區東園里慶光路 868 巷 88 號

電話 :04-23353517

【六部生介紹】

主委：黃清森　　　總幹事：林裕昌　　乩身：林珍桂

副主委：陳秋霖　　　祭典組：楊昆男

【第七屆全國扶鸞展演鸞文】

烏日東女慈聖宮－頭庄媽　　　2020.12.27

吾乃玉皇大帝

今天行程老四媽無法到，拜託玉皇大帝代替行程。

在這次天臺，玉皇大帝乃是有行規行。

天道乃是眾生行也天道也替天行道，眾生也要自修為，行者也要有行規，修行比要有定心，靜、忍、柔、少言。

力行比出眾，忍比修為，柔比融合，言比規合，心比眾生。

【中部觀摩單位】

宜蘭鑑民堂

宜蘭喚醒堂

宜蘭碧霞宮

金瓜石勸濟堂

汐止玉泉宮

二崙興國宮

莿桐文武聖廟感德堂

玉井望明三合水玉二娘娘廟

林口慈德宮

善化震天宮

（魚池）寶蘆宮英文堂

（魚池）碧玉宮天寶堂

南投市南天宮

埔里序平宮昭德堂

（南投）福龍宮

（嘉義）美源協天宮

中華天帝教總會

豐原樂天宮

霧峰法揚宮

玄德道院

臺中科技大學林翠鳳教授

中州科技大學副校長鍾起岱教授（退休）

溪州育善寺觀音廟

福興福安宮

大湖聖安宮

統一教台中支會

社頭威聖宮

彰化埔心霖鳳宮

覆靈宮

大埤文英宮

瑤皇宮明義堂合興山慈惠堂

中華國際嘎檔巴佛教總會

全球和平聯盟台灣總會

中國嗣漢道教總會

台中市贊化堂

蘭心樂團 古箏演奏

林灑紅老師率領 聆注茶道班

石岡國中太鼓隊

關聖帝君恩主護道會

第七屆全國扶鸞大會論壇 – 中區研討會議記錄

時間：2020 年 12 月 27 日

地點：彰化玄門山

主席：真理大學張家麟教授

與談學者：前嶺東科技大學呂宗麟教授、政治大學謝世維教授、逢甲大學王志宇教授

與談廟宇領袖：玄門真宗陳桂興教尊、基隆代天宮藍德俊常務監事、高雄意誠堂洪榮豐主委、竹山克明宮楊非武主委、東照山關帝廟吳貴榮堂主

會眾出席人數：約 600 人

記錄：蘇倍民

主席：現在鸞是否有關懷現代議題，清朝的鸞都告誡我們不要吸鴉片，現在鸞是否也可以關懷現代議題。現在鸞走到第四次的工業，玄門真宗有抓到現代特質，採用網路直播另外，根據玄門的的調查鸞手逐漸凋零，這是最後要討論的議題。有關鸞的經典，我們請王志宇教授發言：

王志宇教授：《地獄遊記》內容在反應戰後 60 年代經濟起飛，帶動了工業化，鄉村人口往都市流，而資本家剋扣村民的工資的問題。過去鸞文如《文昌帝君陰騭文》也是談當時的弊病，當時的道德往下降，鸞就告訴你要如何做。現在我們需要經營青少年，讓他們進入鸞門。現代已經跟以前不同，今天來參加的鸞手都是老一輩，要如何讓青少年進來是很重要的議題。鸞書代表著意義都不變，都是在教導三綱五常，只是傳播方式不同，要跟大家好好討論。

主席：鸞的儀式非常重要，我們請謝教授、呂教授來分享。

謝世維教授：扶鸞是從 4、5 世紀開始到現在也被保存下來。剛剛教尊說台灣還有 100 多個鸞堂在扶鸞，在中國大陸、香港已經很少了。我剛剛看到有很多老鸞手年紀很大也都還在扶鸞，它是中國文化很重要的一個部分－人跟神怎麼溝通、建立的關係。

社會的問題都能夠反映在鸞文上，給我們一個指點，最重要的是鸞文給予了很多修行的方式。很多修身、修心修練的方法都在清代扶鸞出來，後來變成道教、佛教的修行指標，這些內容隱含了中國文化的精隨，能夠在台灣地方保存下來是非常珍貴，大家要好好的守護。另外我看到很多年輕人參與，有老人家、年輕人在傳承守護，大家要一起共同守護共同延續的。

呂宗麟教授：台灣鸞堂是從日據時代開始，至今已經有兩百多年，出版了很多鸞書，藉由鸞書的教化，讓台灣人都很善良。但現在鸞的問題是在鸞生的培養。

主席：如何培訓鸞手？

陳桂興教尊：鸞這件事情分為二個部分，科儀與培訓，在這幾十年來如何培養鸞有基礎班、進階班、金指妙法等，都有一定的功課。現在教內有超過 50 位會寫金紙妙法，自己先培訓。今年我們有出去拜訪 700 多間廟，其中有扶鸞的有 600 間，現在有在扶鸞的宮廟只有百餘間，可以出來參與扶鸞只有 30 來間，大部分因為年齡層老化、思想僵化。這三場下來有百來間的廟宇來參加，肯來參觀，就有學習的機會。

主席：如何推廣鸞堂文化？

洪榮豐主委：鸞堂一定要走出來，鸞文就只有自己的人看，沒有流傳出來，是自私。為什麼鸞文要直接宣講，你直接跟神明對話，神是沒有自私，希望鸞堂心胸要放寬。

楊非武主委：我建了兩間廟，都是鸞文引導的。竹山克明宮在國中旁邊，廟宇會將鸞文貼出來給小孩看，後來那些小孩都成功。當時九二一大地震，沒有人敢蓋廟，前任主委找我，我擲筊請示神明，結果三個聖杯，就來協助蓋克明宮。一蓋下去，那些國中生知道要動工，就糾集資金，費用因此而湊齊了。另外，在瘟疫發生六個月前，扶鸞就降旨說要做個符令送人，當時大家都很懷疑，但我就自己花錢，後來大家就爭相花費。

藍德俊常監：目前代天宮有開了 30 多班的社教班；這次透過網路直播宣傳，讓少年人來參加扶鸞儀式。此外，疫情發情間，也替全民來祈福。

吳貴榮堂主：我在東照山關帝廟擔任正鸞已有 20 多年，一邊濟世、著書，與神佛合一的體會也很多，我寫了很多鸞書，都是內心當下的體悟與神佛慈悲度事的感受。以前的時代鸞堂是我們生活的一部分，信眾的大小事、施藥都透過扶鸞請神問事，其最主要是人心修善、行善，安定人心。東照山也一直著善書，最主要是濟世，在下一期才宣講。我們將來把鸞堂與學術結合，更能發揚光大，讓我們的心靈不會空虛、實在。

主席：鸞在當代社會何去何從？如何發揮其功能？

呂宗麟教授：鸞的功能是使用電腦將鸞文記錄，是未來要走的路。

謝世維教授：今年的鸞文都有提到疫情的問題，鸞其實與人有很大互動，人與神之間如何紓解人的內在壓力。鸞手的靈性、宗教性都特別強，鸞是中華文明的核心，鸞手經過長時間的修練，內在與外在存化到一定的層度，才能神人合一。要閉關、不用手機是已經很難，如何建立制度，培養新的一代的金紙妙法，能夠跟神接通的人才是很重要。

主席：請教尊談談如何訓練鸞生的方法。

陳桂興教尊：可以擔任主筆生、三才有個大原則是天人合一、神人合一，一定要修行，恩師教我們要從聖鸞雙修開始，從家庭掃地等周邊事物開始，等到一定的程度才能超凡入聖，學習如何神人合一，再進一步讓自己如何帶天宣化，要無我，成為天地的法器。

王志宇教授：賣貨要有懂貨人，鸞門要再興，就要想辦法吸引年輕人進來。我今天看到教尊請一團年輕人來打太鼓，這是廣義的教化活動，讓青少年進來鸞堂，他就有機會接受到鸞，甚至承擔起鸞務。鸞門可以辦作詩比賽，讓小朋友有機會認識鸞門。

主席：參與扶鸞的內心感受與未來的期待。

楊非武主委：去年辦理扶鸞大會的鸞文，請 26 位書法家來寫，大家有需要可以索取。

藍德俊常監：鸞很靈驗，基隆許多生病的人吃了鸞給的藥方後好起來。

洪榮豐主委：我經營的方式 3C、IG、FACEBOOK、LINE，讓親少年接近，再來是我要技術學院建教合作，利用寒暑假讓學生義務來參與廟務，這樣就會接近鸞堂，不會缺人。

陳桂興教尊：如何將鸞讓更多人接受，今年我們很用心在媒體上，如何把效果外溢，讓外面的人來參加，如果透過媒體，外面就會有更多人知道。

主席：今天在中部彰化作總結論壇，有幾點意義：

1. 5 間宮廟堂輪流擔任功德主，承辦扶鸞大會。

2. 玄門山繼往開來，再展演扶鸞之餘，出版專書、數位直播皆屬創舉。

3. 主辦單位盡地主之誼，貼心安排，現場溫馨感人。

4. 一切榮耀歸給恩主公。

活動照片集錦

扶鸞展演活動紀實

拾、宗教社會關懷報導

　　扶鸞儀式如何與現在社會緊密結合，經由扶鸞儀式的展演來理解扶鸞儀式的功能，並透過學術論壇的論述，深化傳達扶鸞的功能是否能滿足現代社會的需求，更能經由鸞文的內容分析，檢證其是否符合當代台灣社會信仰者的需求。

　　本次活動因應全球性新冠肺炎疫情肆虐成災，造成國際、政治、經濟、民心等動蕩不安，也邀請各宗教、各宮院堂以「鸞訓」主題、儀軌、法節，為全球性新冠肺炎疫情肆虐成災共同祈福，並透過全國宗教、各宮院堂一起點燃【浩然正氣燈】祈願加被弭平疫災。

【邀請拜訪活動照片】

拾壹、全國鸞堂採訪報導

北部鸞堂

1 財團法人獅山勸化堂

2 宜蘭市靈惠廟

3 宜蘭碧霞宮

4 苗栗南庄崇聖宮

5 新北金瓜石勸濟堂

6 宜蘭市鑑民堂

7 宜蘭頭城喚醒堂

8 宜蘭羅東勉民堂

9 桃園統天宮

10 汐止拱北殿

中部鸞堂

11 台中武廟明正堂

12 雲林二崙興國宮

13 彰化埔心霖鳳宮

14 彰化員林瑤皇宮明義堂

15 南投水里永豐宮

16 雲林斗六南聖宮

17 南投埔里醒靈寺

18 彰化溪州育善寺觀音廟

19 彰化溪州鄉覆靈宮

20 雲林縣莿桐鄉文武聖廟感德堂

21 台中相德聖宮

22 南投埔里序平宮昭德堂

23 彰化田尾聖德宮鎮化堂

24 彰化埔心明聖宮誘義堂

25 南投藍田書院濟化堂

26 彰化埔心奉天宮三化堂

27 崙背南天直轄德修道院

28 埔里昭平宮育化堂

29 彰化永靖甘霖宮關帝廳

30 南投埔里真元宮參贊堂

31 南投埔里宣平宮醒覺堂

32 埔里橫恆山宮衍化堂

33 台中玄靈道院

34 雲林崙背天衡宮

35 台中北區明德宮天聖堂

36 雲林斗六善修宮

37 台中市慈德慈惠堂

38 台中北區聖賢堂

39 台中開元聖殿

南部鸞堂

40 屏東萬巒廣善堂

41 高雄三教靈玄聖堂

42 高雄阿蓮薦善堂

43 高雄梓官善化堂

44 高雄明德社喜善堂

45 高雄鳳邑修心社靈善堂

46 高雄鳳邑文衡殿誠心社明善堂

47 高雄龍鳳宮

48 高雄旗山紫雲堂

49 高雄大發開封宮包公廟

50 台南南府聖賢社聖懿堂

51 高雄前鎮鎮南宮廣宣社正善堂

52 高雄杉林上平辰峰寺

53 高雄月眉樂善堂

54 高雄岡山真亘古廟

55 屏東無極乾元昌賢堂

56 高雄橋頭帝仙宮明恭堂

57 高雄杉林朝雲宮

58 台南昭清宮育善堂

59 台南玉井望明三合水玉二娘娘廟

60 高雄美濃善化堂

61 高雄美濃廣善堂

62 高雄六龜勸善堂

63 高雄美濃善誘堂

64 屏東恆春天道堂

65 屏東竹田覺善堂

66 高雄小港鳳儀宮志光堂

67 高雄林園無極紫修殿警善堂

北部鸞堂

1 財團法人獅山勸化堂

【寺廟沿革或簡介】

　　1901 年，南庄地方仕紳黃開郎、陳秀蘭、林李雲等諸人發心醵資在獅頭山興建勸化堂，公推黃開郎為堂主。獅頭山前山寺廟中，以勸化堂的神像最多，共有四十五尊，其中木雕十一尊，泥塑三十四尊，這些神像大多是勸化堂於民

國初年改建時聘請福州匠師林起鳳、林福清、林發超等人雕塑的，以逾百年歷史。

建築伊始，「太白仙翁」屢次降乩指示：應在今後三十年內完成

「天堂」- 勸化堂：儒道釋兼容並蓄。

「地府」- 輔天宮：主祀大願地藏王菩薩。

「西方」- 開善寺：主祀西方三聖。

三大聖剎之建設，並舉辦「仁濟」、「育英」兩社會事業。

【連絡資料】

財團法人獅山勸化堂

地址：353 苗栗縣南庄鄉 13 村 17 鄰 242 號

電話：03-7822020

【六部生介紹】

董事長：黃錦源　　　正鸞：吳喜霖　　　督理：劉慶彬

請誥生：袁永枝　　　秉事生：黃國富　　宣講生：溫國仁

紀錄：溫國仁、李本志、

　　　林源沐、林祖壬

效勞生：廖天喜、劉明順、林乾光、林源沐、李本志、胡金忠、袁永枝、

曾袁山、黃國富、劉明順、廖天喜、林乾光、胡金忠、曾袁山、林祖壬

【鸞文或鸞詩】

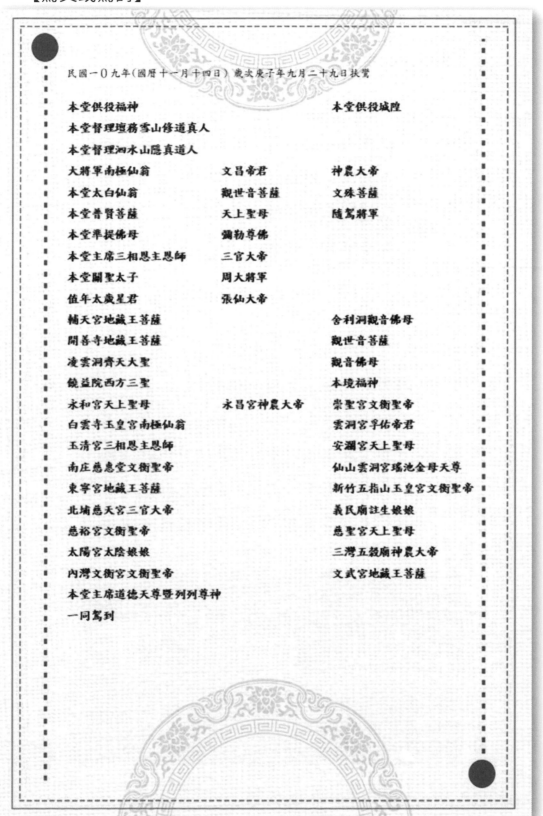

民國一〇九年（國曆十一月十四日）歲次庚子年九月二十九日扶鸞

本堂供役福神　　　　　　　　　　本堂供役城隍

本堂督理壇務雪山修道真人

本堂督理泗水山隱真道人

大將軍南極仙翁　　　文昌帝君　　　神農大帝

本堂太白仙翁　　　　觀世音菩薩　　文殊菩薩

本堂普賢菩薩　　　　天上聖母　　　隨駕將軍

本堂準提佛母　　　　彌勒尊佛

本堂主席三相恩主恩師　三官大帝

本堂關聖太子　　　　周大將軍

值年太歲星君　　　　張仙大帝

輔天宮地藏王菩薩　　　　　　　　舍利洞觀音佛母

開善寺地藏王菩薩　　　　　　　　觀世音菩薩

凌雲洞齊天大聖　　　　　　　　　觀音佛母

饒益院西方三聖　　　　　　　　　本境福神

永和宮天上聖母　　　永昌宮神農大帝　崇聖宮文衡聖帝

白雲寺玉皇宮南極仙翁　　　　　　雲洞宮孚佑帝君

玉清宮三相恩主恩師　　　　　　　安瀾宮天上聖母

南庄慈惠堂文衡聖帝　　　　　　　仙山雲洞宮瑤池金母天尊

東寧宮地藏王菩薩　　　　　　　　新竹五指山玉皇宮文衡聖帝

北埔慈天宮三官大帝　　　　　　　義民廟註生娘娘

慈裕宮文衡聖帝　　　　　　　　　慈聖宮天上聖母

太陽宮太陰娘娘　　　　　　　　　三灣五穀廟神農大帝

內灣文衡宮文衡聖帝　　　　　　　文武宮地藏王菩薩

本堂主席道德天尊暨列列尊神

一同駕到

【與神對話】

民國一〇九年歲次庚子年九月二十九日扶

本堂主席道德天尊　降詩
　注重禮節端儀容　　造業精一規心田
　互助助人慈悲愛　　講究和諧關懷量
　倫情道則章禮隨　　應化德行教儒榮
　處事修齊謹慎做　　切莫沉淪誤自身

輔天宮地藏王菩薩　降詩
　地獄森嚴看功過　　藏經勸化育凡人
　菩提結果論功取　　薩勸教化行善路
　行事平常真心做　　莫要貪取亂身過
　從人行善社稷利　　遵從教儒平安過

2 宜蘭市靈惠廟

【寺廟沿革或簡介】

本廟供奉主神「開漳聖王」陳將軍元光、崇敬為開疆拓土、歷盡關津、平蠻聖將、為國捐軀，鞠躬盡瘁，其威武精神以及開漳偉蹟、德業萬年、一朝存節義、百付肅蒸

本廟創建伊始於道光 10 年歲次庚寅、民前 82 年，西元 1830 年。原先墘基於蘭市聖後街，後再遷至於現址宜蘭市城隍街建廟墘基，此地面積遼闊、數家攤販、三棵大榕樹、茂盛參天，小孩爬數大人乘涼，俗稱「松仔腳」顧名思義、名符其實。當時求神扛紅轎人潮、絡繹不絕，一時香火鼎盛。迨至民國55年間，因現址市公所要改建為攤販大樓，致使本廟本遷上二樓頂樓先前本廟管理制度未臻完善，據悉當時管理人員，由陳英國及呂水生等數位人員在管理廟務，後來才組織管理委員會，在未辦理孝廟登記前，第一屆主任委員由黃金波擔任，第二屆由張穎仁擔任，迨至民國 82 年申請辦理登記後，第一、二屆主任委員由簡文庸擔任，第三屆莊阿養，第四屆簡文庸，第五屆游高邵擔佚迄今，每屆伏期為四年。

目前廟務管理及人員組織尚稱完善、信徒穩定、香火綿延。

建築特色：

1. 屋頂紅色琉璃瓦片舖蓋。

2. 鋼筋混泥樑柱。

3. 磚砌混泥壁牆。

4. 圓環型壁窗。

5. 廟內外險樑畫棟、詩聯並題。

6. 廟內地板砂石研磨。

7. 廟庭場地舖設紅色瓷磚

【連絡資料】

宜蘭市靈惠廟管理委員會

地址：26045 宜蘭縣宜蘭市中山里城隍街 39 號

電話：03-9353655

【六部生介紹】

正鸞生：賴峰明　　　筆生：游正一　　　副鸞手：顏政良

效勞生：林長發、黃進洋、張宏遠

【鸞文或鸞詩】

3 宜蘭碧霞宮

【寺廟沿革或簡介】

宜蘭碧霞宮又名岳武穆王廟，清朝光緒二十一年日人據臺之初，蘭邑鄉親因不滿外族統治由開蘭進士楊士芳及士紳陳祖疇等發起，籌建三年於公元一八九九年落成，奉祀岳武穆王，為遮蔽日人耳目，取「碧血丹心望曉霞」之意，定名為碧霞宮，盼望早日復建光明。

本宮院旁豎立一八九五年楊士芳建廟啟文石碑及本宮列入古蹟紀念碑，並有岳母刺背石雕像值得一覽，拜亭左邊老君壇，右邊功德堂及左右屯與旗杆座

等都已有百餘年歷史，廟內正殿岳武穆王神像有帥、王、帝、三大神格的塑像，分別代表岳武穆王的三種身分：生前為宋大軍統帥，去世後宋孝宗追封武穆王及道教敬封為忠孝帝君。左邊岳公子及右邊張憲將軍神像，前案三尊是岳王先鋒楊將軍、牛將軍、何將軍神像。為弘揚岳母刺背盡忠報國之母儀天下的偉大精神，正殿後方於民國九十年興建岳聖母殿一座，奉祀岳聖母周國夫人。

本宮現有門生約兩百多人，每一位門生入堂之前都需經嚴謹的品德審核，本宮設有管理委員會分別組織管理委員會及監奮委員會，管理委員將廟務分為鸞務、宣講、禮誦、賑救、典婦工、、總務、財務、設備等九組，委員綜理本宮一切宮務監查委員負查財務及會務。

本宮固定每年四月召開信徒大會一次，大家虔誠信奉岳王為恩主，信徒都是恩主的門生效勞宮務。

每年春節舉辦新春團拜酒會，邀請嘉賓全體門生及眷屬與沐恩，生聯誼同歡。

本宮每逢朔望之日，謹在堂設壇，虔備香花燭果之儀，門生須參與祈安消災法會禮誦與扶鸞察點儀式，祈禱闔家平安。

每年農曆正月十三至十五日，三天舉行上元修齋禮懺，懇求恩主精忠武穆王及三官大帝，庇佑參加法會信眾都能消災解厄保平安。

本宮是宜蘭縣唯一維持百多年傳統於每年新春及歲末舉辦開印、封印典禮的廟宇，分別於農曆正月二十日上午十時舉行開印典禮：報告宮務清冊，開印並懇敕平安符以供大眾求取，及十二月二十日封印典禮報告宮務清冊暨封印，在全國寺廟中也罕見。

本宮每年農曆三月初三及八月初三上午六點舉行春祭與秋祭，均依三獻禮

儀式進行，正獻生由本宮主任委員擔任，各案分獻生及糾儀生由副主委及委員等擔任，每逢春、秋祭典時，在功德堂另辦先賢合祀有功德於碧霞宮身謝門生。

民國三十九年宜蘭設縣以來，每年農曆二月十五日舉行岳武穆王誕辰釋奠大典，均依傳統的三獻禮和武俏舞致祭全台唯一特色，每年都由縣長主祭與鄉鎮市長擔任分獻官

各機關首長及民意代表任陪祭官，中央特派祝壽官致祭，由宜商國樂團演奏，中山國小學生扮演武俏舞祭典肅穆隆重。同時舉辦海峽兩岸文化交流活動、插花藝術展覽及地方戲劇演出。

本宮每年於農曆九月初一子時起為期九天舉辦朝真禮斗法會，敬奉南斗及北斗星君聖牌，恭迎南北斗星君臨壇監察全體門生沐浴齋戒，虔獻香花、燭果、進饌等日夜宣經禮懺，懇禱風調雨順、國泰民安。九月九日晚上，恭迎斗姥天尊聖駕、上疏祈求賜福延壽降祥。

本宮強調行善繼續擴大辦理災害、傷害、疾病醫藥補助及每年冬令救濟及清寒高中職國中與生之助學金，急難救濟、施棺等都是經常性工作。病醫藥補助及每年冬令救濟及清寒國中學生之助學金，急難救濟、施棺等是經常性工作。

民國八十六年宜蘭縣政府以本宮蘊含深厚歷史文化，明定列為縣定古蹟，為提升本廟史隔年即興建一棟武穆文史館，展示穆王史蹟及本宮歷代先賢保存下來的神鸞，宣講神輿經版與古代祭典神器等文物，都有百餘年的歷史，岳王墨寶中有一幅很有名的滿江紅詞及一幅寫著飲酒讀書四十年、烏紗頭上是青天、男兒欲到凌煙閣、第一功名不愛錢，正是當時的岳帥，描述自己剛正心淨最具代表性的作品，另有精忠旗一面是仿高宗皇帝御筆精忠岳飛四大字，由皇后刺繡製旗賜岳元帥，壁上掛有歷年來岳王誕辰祭典及聖像繞境照片，展示櫥內擺設岳王相片、圖文史、以及宋高宗賦岳飛手札等古代文物不勝枚舉！

【連絡資料】

宜蘭碧霞宮

地址：260 宜蘭縣宜蘭市城隍街 52 號

電話：03-9326249

【六部生介紹】

正鸞手 (左鸞)：陳維新　　　　副鸞手 (右鸞)：賴鴻祥

筆生：黃彩堂　　　　　　　　主儀：黃傳宗

主儀：黃傳宗　　　　　　　　禮生：郭俊良、張聰進

【鸞文或鸞詩】

督辦高將軍 諭
今宵太白仙翁南極仙翁辛天君鐵拐仙翁仝奉玉旨臨
堂彙造天堂功過恩主
並駕齊臨諸生虔誠供職此諭

酉刻 主席武穆王 詩

驅車直下九重天	彩鶴神㲎列駕前
玉振金聲成大備	錦龍霞鳳舞翩遷
三才一氣分為等	五卷全書訂不偏
征羽宮商角共美	流傳萬古播奇編
功曹太白仙翁李	紫燕南飛塞外回
黃鸝北翅任徘徊	秋期天降黃花雨
寒夜詩成玉酒杯	萬戶千家飛白雪
青山綠樹印蒼苔	鐘聲並奏鶯聲譜
逸興騷人木筆開	

南極仙翁 詩

冒雨同來降彩鸞	週功一格訓重刊
義經垂戒善為福	禮記良箴惡自殘

4 苗栗南庄崇聖宮

【寺廟沿革或簡介】

　　崇聖宮座落在南庄鄉員林村小南埔，建於明治 35 年 (1902)，翌年 (1903) 三恩主降鸞指示，建廟福地於小南埔境內，日昭和十年遭逢關刀山大地震全廟震毀，民國六十七年完成重建。舊名「化育堂」扶鸞勸導民眾戒治鴉片，至今仍保有扶鸞降筆儀式。

　　南庄鄉員林村小南埔社區，窄巷縱橫交錯，外地客彷彿走「迷宮」，世居當地的文史工作者張榮福說，先民拓荒，為抵禦原住民侵犯而發展形成的街廓，非常特殊。崇聖宮位處的小南埔，或許是附近居民較多，兩層的廟宇，加上寬闊的廟埕，頗有大廟的氣派，連新購的金爐都極為耀眼。

　　據溫送珍先生稱，崇聖宮與三聖宮關係密切，他在台北經商期間，奉崇聖宮神明的指示，擔任三聖宮重建委員會主任委員。該宮供奉主神是二樓正殿的關聖帝君、孚佑帝君和司命真君，但一樓主神是地藏王菩薩，義民爺位於一樓，木牌寫著粵東褒忠義民爺爺暨列列神位，與三聖宮的　粵東褒忠義士不同，但兩者都有新埔義民廟的義民爺令旗。

【神蹟故事】

神明降鸞詩覓建廟地

明治三十六年（1903 年）正月，

三恩主將鸞示下：

「爾諸鸞下，有志開堂， 代天宣化者，必須覓得一福地建宮，方有久遠之計。」當時堂主張澄水、張心麟、 邱仁烈、黃新盛、黃永龍等五人，經四處勘查適當地址而未果。

因而

三恩主再 度降鸞示下：

「吾神既有預定之建宮地址，乃張生澄水之產業，斯處有福地，可以建廟，未知張生肯否獻出，供為建宮之用。」

又云：「斯福地座落小南埔境內， 其形狀酷似飛燕落洋。」

鸞生張澄水慨然獻地，明治三十七年（1904 年）竣工， 由南福庄原址遷入，稱為崇聖宮，堂名仍舊為育化堂，每逢期日信徒雲集繼續扶 鸞，後因日人取締扶鸞而停止活動。

摘至：

周怡然。（2008.07）。終戰前苗栗客家地區鸞堂之研究。客家社會文化研究所碩士論文。P79

【連絡資料】

苗栗南庄崇聖宮

地址：苗栗縣南庄鄉員林村 5 鄰 33 號

電話：037-832420

【六部生介紹】

正鸞生：秋平生　　　　　副鸞生：賴宗男

筆生：林祖仁　　　　　　撥砂：邱龍森、袁永枝

接駕生：張源寬、邱智森　擊鼓：張黃菊妹

敲鐘：邱懋秋

【鸞文或鸞詩】

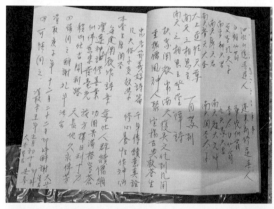

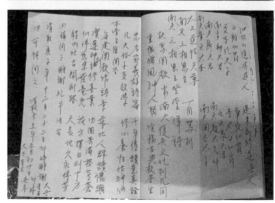

5 新北金瓜石勸濟堂

【寺廟沿革或簡介】

明治二十九年（1896 年），金瓜石的黃仕春、黃仁祥兄弟在石尾地區設一座草庵奉祀關聖帝君，祈求平安。

明治三十二年（1899 年），遷至「赤牛頭寮」，關帝君之外，增奉呂祖師、張真君、王天君，尊為四大恩主，開始扶乩濟世，人稱「乩堂」，又作「祈堂」。

明治三十三年（1900 年），改稱「勸濟堂」，刊印善書《如心錄》。

明治三十五年（1902 年）於現址興建殿宇，至昭和六年 (1931 年)，因後宮礦業會社在廟的前右下方擴建製凍廠，地層滑動，造成勸濟堂龜裂嚴重而拆除。黃仁祥、簡深淵等仕紳發動重建，增加前後殿、兩邊辦公室、禪房、廚房及花園而成今貌。

重建於昭和六年（1931 年）雖有對場作，但尚未列為古蹟，該對場作並十分不明顯。正殿花鳥柱為對場作，左柱為蔣萬益所作，右柱為張華水所作。

1983 年，改建殿宇為現代鋼筋水泥建築。

1991 年，造關聖帝君巨型銅像，重 25 噸，高 10.5 公尺，為手捧春秋文相坐姿於廟頂，為東亞最大銅鑄神像，成為金瓜石著名地標。

金瓜石的關聖帝君，為手捧春秋文相坐姿於廟頂

　　2018 年歲次戊戌年 5 月 17 日，勸濟堂以香火日盛，堂務日繁，傳統的信徒管理人制度，已不敷日新月異堂務發展需求。經原有信徒會議決議成立「金瓜石勸濟堂管理委員會」，經該堂研擬組織章程，報經政府主管機關核定，復依章程由信徒大會選出管理委員及主任委員，勸濟堂至此進入制度化管理與發展。

【連絡資料】

金瓜石勸濟堂

地址： 224 新北市瑞芳區祈堂路 53 號

電話： 02-24961273

【六部生介紹】

正鸞生：鄭金木　　　副鸞生：童光明　　　鸞生：鄭春山、魏大翔

6 宜蘭市鑑民堂【鑑湖堂】

【寺廟沿革或簡介】

擺厘始祖陳宣梓闢建鑑湖堂聚落，同時為教育子孫又於南側興建塾院一所。同治2年(1863)更鳩工庀材，易為磚牆紅瓦房舍，名「登瀛書院」，因係當時稀罕之紅瓦屋頂建築而有「瓦學」之美稱。

書院分文、武兩科，聘請名儒及陳氏文武秀才彥士施教。一時人文鵲起，文武科第相望，擺厘陳氏家族計中式武舉人一人、貢生四人、廩生一人、武秀才七人，可見陳家重視教育，文風、武藝鼎盛的情形。

為發揚鸞堂信仰，以立規濟世，砥礪品德，代天宣化，武秀才陳掄元於清光緒16年(1890)9月14日稟請母堂宜蘭醒世堂，准在登瀛書院內設堂，名曰「鑑民堂」，形成宜蘭鸞堂群中之一員。堂內恭奉南天文衡聖帝、南宮浮佑帝君、九天司命真君牌位及關聖帝君、豁落靈官王天君、魁斗星君等神尊。民國40年(1951)建築物年久失修、不敵風雨侵襲而傾頹，幾經修建於民國51年(1962)

改建為鋼筋混凝土廟堂至今。

【鑑湖堂的故事】

「鑑湖」，位於福建省漳州市漳浦縣佛曇鎮軋內、后許村之中，湖邊周圍約 3 里，水清如鏡而得名。清季乾隆 32 年 (1767)10 月 26 日，十五世祖陳計勃、計淑兩堂兄弟攜眷帶子，敬暖、敬潘、敬得渡海來台，而斯時計淑公夫人楊氏太君已身懷六甲，於船上誕生一子取名為敬行 (又名出行用以紀念)，來台初居於苗栗縣竹南鎮中港的港墘，以划渡為生，後再內遷淡文湖 (今苗栗縣造橋鄉朝陽村) 改農牧為業，時太君又誕一子，名敬良。今渡台始祖計勃、計淑公與太君墓塋均葬於此，並有族親多房聚居在此守租。道光 3 年 (1823) 敬暖、敬潘、敬得、敬行，為避亂民械鬥及土匪搶奪乃率子宣浮、宣梓、宣弓、宣石舉家遠徙噶瑪蘭廳 (今宜蘭)，初居員山鄉金包里古、鴨母寮，翌年並置田於珍珠滿力社一帶，惟當時該處尚屬荒僻，時有水患，約 18 年後宣浮公時年 40 齡再搬回苗栗竹南發展，宣梓、宣石公則在蘭地繼續拓墾，期間宣梓公開發土地赴及淡蘭孔道 (今新北市雙溪區) 並於街坊開設「陳協春商行」經營米糧雜貨生意而奠定事業基礎。

咸豐 3 年 (1853)8 月 14 日，宜蘭梅洲圍吳磋無人發動抗官事件，官軍及鄉勇追討吳等黨羽竄逃至雙深柑子腳，宣梓公率子平定有功，授封五品衣冠，誥贈承德郎，咸豐 5 年 (1855) 又膺命為三貂保保正。頓時整蠹遠播，所謀順利，發展更為迅速。咸豐、同治年間，宣梓公以雄厚的貲財與宣公合力招募壯丁拓墾土地北至頭圍三抱竹 (今頭城鎮竹案業南至打那岸、茅仔寮、頂橄社 (今冬山、五結鄉境)、園土地近五百甲，舉族並於咸豐 6 年 (1856) 遷厝興建宅院，以公廳前方稱：「頭前厝」為宣石公，「後頭厝」為宣梓公府地。宣梓公又於家宅南側塾院一所，名「登瀛堂書院」，分文武兩科，禮聘掌教，一時人文鵲起，文武科第相望，這都是在說院的貢獻。

鑑湖堂歷經後代的維護，至今，其景觀分布有鑑謝堂家廟、銃孔遺蹟、三合院古厝、半月池、登瀛書院及周邊的機堡遺址、落羽松園等，是營造一個蘊涵人文歷史與自然生態的世外桃源。

【連絡資料】

宜蘭市鑑民堂

地址：宜蘭縣宜蘭市進士路 40 號

電話：03-9364778

【六部生介紹】

堂主：陳掄元	總理：陳朝儀
抄正：陳朝楨	正鸞：李德馨、陳燦元
副鸞：陳慶邦、陳達東	幫副鸞：陳朝焜
傳喧：陳啟邦	抄錄：陳朝光、陳籌、朱貴中
辦理堂務：陳朝鏘	理事兼侯駕：陳佐邦
理事兼禮誦：張天恩	理事：陳烱邦、陳開元

【鸞文或鸞詩】

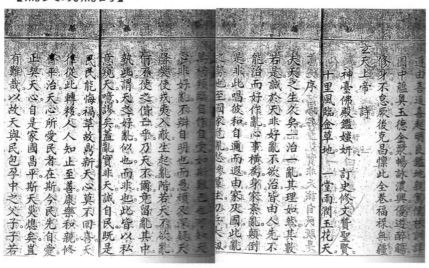

7 宜蘭頭城喚醒堂

[寺廟沿革或簡介]

頭城喚醒堂，為位於臺灣宜蘭縣頭城鎮之臺灣民間信仰廟宇，地址在纘祥路 39 號，主祀隆恩真君等五聖恩主（隆恩真君、關聖帝君、孚佑帝君、岳武穆王、司命真君等），（傳習）自宜蘭醒世堂！（渡世慈帆有記載）。

喚醒堂在扶鸞界的地位甚高，曾經傳播鸞法予木柵指南宮、金瓜石勸濟堂、基隆正心堂、淡水行忠堂、深坑集文堂、新竹宣化堂、新竹贊化堂等。

除了信仰之外，主要開辦私塾、詩社，鼓勵民眾戒除鴉片等。前宜蘭縣長盧纘祥、林才添等，都曾是喚醒堂門下弟子。

堂主莊國香、正鸞吳炳珠、是台灣首位去大陸陸豐五雲洞、學習（扶鸞戒煙）、回台灣宜蘭後找吳祥輝建鸞堂！時常在宜蘭新民堂扶鸞，為民解惑。

1895 年臺灣割讓，當時人心惶惶，又加上各地兵火，瘟疫頻傳，舊曆五月廿四日，吳祥輝將自己在太陽莊（今烏石港附近）的書齋就正軒改為鸞堂，祀閏五月初八日，定名喚醒堂，奉祀隆恩真君等五恩主，不久因乙未之役、隔年

日軍反攻時焚毀。

1896 年，當地檀越陳志德捐資，在武營莊（今頭城國中附近）附近重建，繼續扶鸞。

頭圍名人、盧廷翰等人 1899 年 8 月捐資、興建廟宇於現址、1901 年落成、斥資銀元 6000 圓、廟宇落成後成為當地最著名的儒宗神教宣講場所，遷廟於現址，斥資白銀 6000 多圓起造。

1900 年又重修，成為當地最著名的儒教神靈宣講場所。

【連絡資料】

宜蘭頭城喚醒堂

地址： 261 宜蘭縣頭城鎮纘祥路 39 號

電話： 03-9774719

【鸞文或鸞詩】

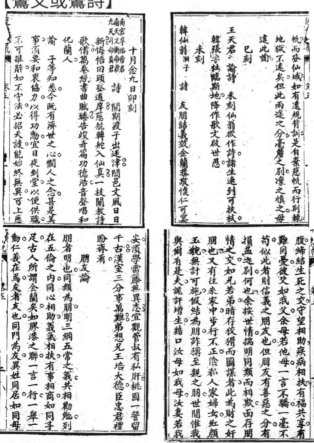

8 宜蘭羅東勉民堂

【寺廟沿革或簡介】

羅東鎮勉民堂為臺灣一間主祀關聖帝君、配祀保生大帝的廟宇，亦稱「武廟」，並為一間鸞堂。2006年8月17日公告為縣定古蹟。

羅東武廟勉民堂，通稱勉民堂，位在羅東鎮中山路三段，是羅東五大廟之一，也是溪南三大鸞堂之首。

勉民堂創建於清道光7年（西元1827年），為清朝噶瑪蘭廳羅東堡巡檢處辦公室，正後方為藍家（藍振泰家族）之書房（私塾），到清咸豐6年（西元1856年）噶瑪蘭廳羅東堡巡檢處辦公室因不敷使用他遷，藍家人向官方商

借本建築物為書房而搖身一變為私塾，當時私塾大多供奉恩主以督處學生用功，藍家人也不例外於私塾中供奉三恩主聖號牌位，三恩主為關聖帝君、呂仙祖、司命灶君，此三塊聖號牌位至今仍為本堂供奉中，日後才漸漸增加供奉神像，當時首尊神像為保生大帝神像。

藍家人（藍新、藍欽）於清光緒 15 年（西元 1889 年）至宜蘭新民堂學習扶鸞，至清光緒 18 年（西元 1892 年）向新民堂李恩主提出回羅東開堂設號之請求，因人數不足而遭新民堂李恩主拒絕，故再招募鄉民至新民堂訓鸞，於清光緒 21 年（西元 1895 年）獲賜設堂為勉民堂。

本堂早先多為私人管理直至民國 70 年才有第一屆管理委員會產生，過程曲折現今為第三屆管理委員會。

本堂於民國 95 年 8 月 17 日由宜蘭縣政府公告為縣定古蹟，將於 99 年 4 月進行修復工程發包。

【連絡資料】

宜蘭羅東勉民堂

地址： 265 宜蘭縣羅東鎮中山路三段 190 號

電話： 03-955 1829

9 桃園統天宮

【寺廟沿革或簡介】

歲次癸酉（民國廿二年）在桃園三君堂（呂茗家宅#）開設鸞堂、闡教救世，崇奉關聖恩主、呂恩主、張恩主，尊稱「三聖恩主」，以弘揚中華民族固有道德與文化為宗旨。鸞堂習乩月餘，於歲次甲戌（民國廿三年）正月初一日荷蒙玉旨欽賜堂號「三君堂」。

再於歲次甲戌年八月初三日荷蒙頒旨，昇格道院、取號明倫，即為「明倫道院」。臺灣光復後，神恩遠播、信眾日多，因場地受限，遵奉

聖示，另擇新院於朝陽里現址註二。由陳恩敬、陳名芳、邱天生、呂明德、黃火旺等開基元老，奔走募款籌建新院。歲次己亥（民國四十八年）七月廿三日，本宮恩主遷來朝陽里新院。

歲次癸卯（民國五十二年）八月十七日，明倫道院荷蒙玉皇大天尊特賜昇格為「統天宮」，並增奉岳恩主、王天君，恭稱「五聖恩主」。並於歲次甲辰（民

國五十三年) 完成寺廟登記，公推陳恩敬先生為第一任管理人。自明倫道院至統天宮，恩主前後指派范希武 (妙善)、簡長春 (妙玄)、黃全興、陸天穎、呂春派：楊文榮 (妙智)、劉甲一 (妙尊)、黃新用 (妙鵬)、楊文聰 (道覺)、邱啓時 (道聖)、郭泰成 (道成) 等人為正鸞生，代代傳承本宮鸞脈迄今。

六十餘年來，感謝諸多前人的努力、十方善信大德的護持，方有統天宮此一道場。本宮謹遵恩主聖訓，將繼續以己溺己飢之心，推獨兼善之志，代天宣化、行濟世利民之事。

【連絡資料】

桃園統天宮

地址： 330 桃園市桃園區鎮撫街 24 號

電話： 03-3344875

【六部生介紹】

正鸞生：郭道成

副鸞生：邱妙潤

唱字生：邱陳道淨、吳楊道微、胡妙雙、簡妙懿

記錄生：黃妙盛、黃妙恭、黃妙慧、楊珮瑩

【鸞文或鸞詩】

109〔庚子〕年 國曆三月十日 (農曆二月十七日) 星期二戌時

回春真人恩主恩師魯登臺

詩曰

　苦勸諸生早思修

　災殃降下心才憂

　三業清淨方為道

109〔庚子〕年 國曆三月十日（農曆二月十七日）星期二戌時

回春真人恩主恩師魯登臺

詩曰

苦勸諸生早思修　　災殃降下心才憂
三業清淨方為道　　修身養性免怨尤

再曰

庚子考驗如雪球　　瘟疫四起幾時休
蝗災地震接連到　　唯有德光心不憂

話

　　諸生晚安。

　　哈、哈，數年未登臺，但 吾始終為諸生健康守護著。新來鸞生不認識 吾，乃因爾未讀《統凡行天之道》第二部 |《明倫教化真編》，內有 吾之自我介紹，可一閱之。

　　近日可謂天災人禍不斷。一百二十年前庚子，義和團導致中國衰敗。六十年前之庚子，中國大飢荒。又逢庚子，雖不可穿鑿附會，但年逢庚，乃金也；子、水…再加上去，必有災厄。是以，尋求消災解厄之方，唯有德才有光，方可躲災避劫。

　　去年亞馬遜雨林大火，該地理位置號稱「地球之肺」，可想其大火對地球之傷害以及造成之溫室效應可有多大！偏偏又澳洲大火，燒掉面積約四點五個台灣，燒死大小動物約十億隻，損失金額更不可數，若非上天降下大雨，恐難善後。而武漢病毒更造成全世界之疫情四起。

　　剛才所言，以道德來挽此浩劫，並非兒戲！《弟子規》有言：「古代發生瘟疫，眾皆避難唯恐不及，但留在家鄉照顧其兄弟者，卻躲過一劫，亦未受其傳染。」另外，亦提及：「地震經過有德之屋，自動分成兩路，過了此屋再合成一路，繼續震下去。」所以，人在做、天在看呢！

　　關恩主曾言：「天地把時鐘調快了，庚子又再調快一些。」

　　諸生可細自體會便知箇中奧妙。

　　另外，再仔細想想：「人為何會遭受諸多苦果？」

　　完全自己找的！

　　所謂飽暖思淫慾，吃飽了、喝足了，就比誰的拳頭大。

　　國與國、人與人，無不如是。

　　是誰說努力耕種，必有所獲？

　　若非天覆地載，焉有所得？

　　爾等以為爾真的人定勝天嗎？

　　完全不知感恩、不知謝天。

　　如今，蝗蟲由東非到印度、巴基斯坦一路飛來，造成農作物損失不可計數。

　　究竟是辛苦耕耘卻一無所獲？

　　或是累世累劫以來因果大清算呢？

　　莫言事不關己，而漠視之。

　　若非中國有地理屏障，亦恐難遭其害。而唐代就遭蝗害，唐太宗李世民生吃蝗蟲，並大聲喝斥：「大膽！竟吃吾之糧食！」歷史皆有記錄。

　　一旦果報現前，無人能逃。唯有平時修道修德，別與人計較太多，方有德、有光，才可平安。

　　再說，現今武漢肺炎，有人以東漢名醫張仲景之《傷寒論》大談闊論，殊不知乃謬論也。早在明末萬曆年間，吳又可大夫即已發明《瘟疫論》。

　　戊戌年七月二十日，　關恩主在鸞文中就提到明末氣溫驟降，女真一族加快入關，吳又可大夫便是當初主角之一。明朝軍隊又感染瘟疫，幾乎喪失作戰能力，便是吳大夫醫治好了這些人，並發明《瘟疫論》，並且明告世人：「疫病，乃天地染疫之氣也。若存正氣，邪不可入。」

　　其正氣，亦諸生現在所行之事、所行之道也。就是共修《弟子規》並誦經行經也。知否？

　　吾奉　母命，在此疫情發展之關鍵時刻，與諸生共修之，並以此文為《統凡行天之道二》以為序。可。

　　下課五分鐘。可。

　　吾退。

10 汐止拱北殿

【寺廟沿革或簡介】

　　拱北殿前身創立於清光緒 27 年（西元 1901 年）。當時在地善信，感念木柵猴山坑仙公廟（今指南宮）奉祀的「孚佑帝君」，神靈威顯，分火回鄉恭奉取名「北港鸞堂」。

　　五年後，降鸞指點於三秀山現址建廟供奉呂仙祖。光緒 32 年，「孚佑帝君」飛鸞降筆破土建廟；在北港信徒協力下，終完成乙座木造呂仙祖殿堂，擇吉移奉命名「拱北殿」。本殿屹立於三秀山依山傍水，風景秀麗，堪稱為雙獅戲球之靈山寶地。和指南宮一南一北遙遙相望，譽為大台北盆地的兩大宗教聖地。

　　拱北殿自創立至今百餘年，期間經歷四次修建。 第四次於民國 48 年，第三屆董事長周春諒就任，有感寺廟蛀損嚴重，倡議原地重建。經其胞弟周賢柔先生奉獻巨資，乃請託陳己堂、吳水先生設計，蘇勝雄、周天浩先生監工，於

民國 55 年完成今日包括正殿、前殿、兩側廂廊、八仙洞、功德堂及會源塔的莊嚴巍峨拱北殿。

　　本殿主祀「孚佑帝君」呂仙祖，配祀釋迦摩尼佛及至聖先師孔夫子，為儒釋道三教合一之廟宇。供品齋筵皆為素食，經懺儀式以佛、道為主，殿內不燒金點燭、七爐七檔香。重建後的拱北殿，除了有雄偉的寺廟建築之外，殿內更有匠司精湛的薪傳藝術，清靜典雅、樸華無實，殿外花木扶疏、芳香四溢，為參香賞景及陶冶心性的好所在。

【連絡資料】

汐止拱北殿

地址： 221 新北市汐止區汐萬路三段 88 號

電話： 02-26461888

中部鸞堂

11 台中武廟明正堂

【寺廟沿革或簡介】

　　嗚呼！己卯年九月卅日清晨六時，一位畢生濟力貢獻於鸞門道務之大德者殞落，這位正是我們所敬崇的本社創刊人，亦即是「武廟明正堂」及「無極證道院」之創建人—王公老先生。

　　驚聞噩耗，令人愴然淚下！思憶王公老先生，幼承家教，家學淵博，精通漢賦詩詞，並又歷受高等教育，並兼遊學海外，畢業於日本關西大學法律系，學成歸國，經商致富。但是，王公老先生原身乃為　關聖恩師之侍童──衛道童子。因此，頒命下凡興鸞，為　關恩師分憂代勞。壯年時即入草屯惠德宮為關恩師門下並創辦鸞友雜誌，是為鸞門善刊普化各地黎民之第一人。並且，擘劃惠德宮之建廟事宜，使草屯惠德宮之廟貌巍峨，成為南投地區之宗教重鎮。同時台中聖賢堂原為人家私祀之家堂而已，該堂主人因慕王公為道之熱忱及經營聖堂之能力，乃專程由台中時相往返，請教辦道事宜。

　　在草屯惠德宮建廟完成後，王公老先生有感於「聖賢堂」之誠心，乃俯允將「鸞友雜誌社」遷移台中，與「聖賢堂」合併，致力辦理普化道務。不到幾年間，聖賢堂亦擇地台中邱厝而建廟完成，進而普化階層遍及全台而深入三教九流，實為世道之中流砥柱。

　　階段性的任務完成，王公老先生乃將「鸞友雜誌社」遷出聖賢堂，並創建「武廟明正堂」，時在中華民國六十六年春。從此，武廟明正堂與鸞友出版社在王公老先生之一心一意代天宣化，普度眾生之理念及使命感中，年繼一年，日復一日，絕不間斷，道務之推動，鸞務之興盛，正是王公老先生所膺承使命之寫照。因而，「武廟明正堂」因應道務之所求，乃擇在台中大坑地區興建永久道場，此即為「武廟明正堂」及「無極證道院」之由來，並成為鸞門之聖地。

　　賢哲遽逝，痛失大德，惟，緬懷德澤，思之潸然！今日台疆一地鸞風之所以興盛，鸞門道場之所以能深入人心，兼能膺承　上天一再畀命，著書普化，應完全歸功於王公老先生之熱忱辦道，並以鸞友雜誌刊登諸天聖佛仙神之聖訓而免費贈閱各地，始能蔚成道氣。致哀之餘，謹以此為為　王公悼！

【連絡資料】

台中武廟明正堂

地址： 406 台中市北屯區橫坑巷 46 之 2 號

電話： 04-22393203

【六部生介紹】

堂 主：王胡紹茶　　　　執行長：胡進豐

正鸞：王晟鑌　　　　　監鸞：鄭金發、蘇國欽、呂資鴻

唱鸞生：林文煌　　　　錄生：蘇國欽、鄭世欣、古淑卿

宣講生：鄭金發　　　　效勞生：全體鸞生一同

【鸞文或鸞詩】

懿　　旨

武廟明正堂主席關

聖示：

　　恭接無極懿旨及昊天玉詔，命福神十里外接駕，城隍五里外接駕，神人排班接駕。

欽差大臣董雙成仙姑　降

律詩：

　　奉承懿旨下瑤池　　　雲路迢迢片刻時
　　知是蓬壺文物盛　　　欣看鯤島德恩施
　　莊嚴武廟崇神闕　　　肅穆鸞壇頌母儀
　　天道從茲堪闡義　　　娘言句句有機宜

聖示：恭讀懿旨，神人俯伏

　欽奉

天母至尊無極老母懿旨曰：

　　娘曾於己未年，親自下凡臺島中州南天直轄武廟明正堂，執筆飛鸞著作「大道心德」一書，以喚醒迷兒，早修大道，認理歸真，返回極樂，同慶團圓。庶免日夜倚門閭而佇望，哀迷兒之未歸，老淚長流。痛浩劫之來臨，慈心欲碎。幸自「大道心德」著成之日，印成單行本，廣佈天下，人人爭讀而知修，啟發善覺，已收功效，娘心甚慰，此應歸功於輸誠印贈者之功德。娘今特再下凡，親自執筆飛鸞，著作無極至寶之天書「天道奧義」，以闡明天道秘奧之意義，俾使向善修道者，勤心潛研。此書有輔助治國安民，治家立業，為人處世之功能，若能依據而修，則道可成，果可立矣。「天道奧義」，雖現世間有「黃帝經」與「道德經」闡道之理，以勸導世人勤修大道，怎奈文簡意深，讀者庶難了悟玄機。

　　娘今以文白意淺之句，揮鸞闡述，俾使迷兒人人讀之而能了悟，以期速修成道之功。今特再降懿旨一道，高懸於南天直轄武廟明正堂。特命墨仙子扶金指妙法，娘自通其靈以揮毫。並訂自辛酉年端月望日起，每月初一、十五日為著書之日，為期一年完成。作為臺中黃帝神宮興建落成之紀念書，願神人合一，各盡厥職，功成之日，論功行賞，勿負娘意。

12 雲林二崙興國宮

【寺廟沿革或簡介】

　　雲林二崙興國宮懿修堂起源於清乾隆十三年（公元一七四八年），崙東村廖心塔之祖先自福建漳州昭安二都官坡渡海來台墾殖，隨行恭奉 關聖帝 君神像祭祀於卜居地崙東村自宅鎮安。民前十年至十五年間，廖心塔感帝君神靈顯赫，為便利庄人參拜，遷祀於臨街道之廖心交店前廳內（今崙東村中山路 92 號）。民國九年地方仕紳廖富淵、廖火、廖心交、廖心房等人發起建立廟宇，向二崙警察派出所轄內八保（村）信徒募款樂捐共壹萬多元，擇址興建廟宇。民國十一年九月落成，定名為「興國宮」。

　　民國五十一年廟宇前兩邊道路舖柏油，道面高過廟基，每遇大雨，廟埕浸水盈尺，信徒群議拆廟重建。委員廖心目、廖大州、鍾大爐、廖貴莊等，積極籌募資金，崙西信徒踴躍捐資，附近各地信徒響應共募九十六萬元。擇吉拆原廟宇，稍移後原址，重建並增建附屬店舖十五間，五十三年九月落成。民國七十一年，眾委員及信徒決議增建鐘鼓樓並改建兩邊二樓廟房，本村信徒再度慷慨捐款，各地信徒響應樂捐共募三百二十萬元。工程順利，鐘鼓樓於七十二

年十二月竣工，二樓廟房於七十四年元月改建完成。

雲林二崙興國宮懿修堂於民國五十一年重建廟宇，並增建附屬店舖十五間，民國七十一年增建鐘鼓樓並改建兩邊二樓廟房。該宮左右兩側鐘鼓樓上方雕工精緻，人物栩栩如生，廟堂莊嚴肅穆。民國七十三年十一月重建二棟二樓廂房，經費全部由本村信徒及各地虔誠信眾樂捐，竣工後廟堂更加宏偉。

【神蹟故事】

一、 雲林縣二崙鄉的興國宮，是地方上歷史悠久的關帝廟。廟內高懸的「與天地參」古匾，旨在歌頌主神關聖帝君的神恩「與天地相配」，此匾與興國宮的創建頗有關聯。

依據廟方人員所提供的〈二崙鄉崙西村興國宮建廟沿革〉記載：「民前五年，日據時代，二崙警察派出所，一位巡查部長（日人）田中武範，因見當時帝君巡狩地方，民眾護駕盛況，斥為無稽迷信，欲破除我文化、信仰風俗，將關聖帝君之神像提回派出所，丟棄在其床下，並聲言拆除廟宇，隨後，田中氏之妻發生怪病『包茯膿』，俗稱『膿疱疹』，久治不癒。在無計可施下，求助鄰居，幸鄰居廖有能之祖母，向田中太太建言：關聖帝君很靈驗，我可替你去求帝君靈丹服用。其欣然接受後，果然服兩次就見效。病癒後，田中知悉，馬上將帝君神像請回，同時發起建廟事宜。斯時，民國九年，即大正九年，與地方人士廖富淵等六人，協議修建磚造廟宇，且田中數人致贈一匾額『與天地參』叩謝神恩。至此以後，神威更加顯赫，護國佑民，香火鼎盛，日受地方重視。」

廟祝廖大灶先生也親口跟我說：「日本時代，我們現在叫派出所，那個時候叫衙門，衙門的部長，等於是現在派出所所長，他的老婆得怪病，到處看醫生都好不了，又有人說是生小孩生不出來……附近的歐巴桑、阿婆跟警察部長的老婆說，關聖帝君很靈驗，來求祂的爐丹吃看看，果

然，三支香拜拜插下去，小孩子就生出來，爐丹化水吃完，三日內，怪病都好。後來，警察部長感恩，就集中附近各村的保正，相當於現在的村長，決定要幫忙蓋這間廟。」廖大灶先生講解這則傳說時，還特別指向正殿的「與天地參」古匾。

在日治時代，日方願意幫忙建廟，誠屬不易。每當我有機會重返興國宮，總不忘抬頭仰望，那已被香火燻黑的「與天地參」古匾，遙想帝君當年顯聖、連日人都折服的神蹟。

二、　二崙興國宮在農曆 11 月 28 日謝平安繞境完後，照傳統開始選新爐主，就在向關聖帝君請示人選時，在連續三個聖筊以後，竟然擲出了建廟以來的頭一個立筊，為此，廟方和信眾除了感覺不可思議，也將會在農曆 11 月初二晚上，來請示關聖帝君。　〈2020.12.14 以上新聞可從 top NEWS APP 收視〉

【連絡資料】

雲林二崙興國宮

地址： 649 雲林縣二崙鄉中華路 150 號

電話： 05-5984471

【六部生介紹】

主委：廖大福　　　　　　　　副堂主：廖生燕

乩生：廖年森　　　　　　　　筆生：廖永森、廖蘭、張欽瑞

唱生：廖而長

【鸞文或鸞詩】

庚子年九月二十二日

本堂孚佑帝君「李」到 登台

詩：

　　孚勉堂生日振興　　　佑惜光陰一寸金

　　帝門禮路康莊道　　　君理名言開悟珍

話：

　　鸞門之生參鸞而得到恩主及恩師蜘蛛磯妙理，能以身力行開悟之處
世必能日益向進步之路而行。故云人不學不知義，玉不琢不成器，故
有禮門義路之方箴，乃提高品格良好箴言，悟者日日累積已之修養也
（2020.12.21 扶鸞網路展演）

13 彰化埔心霖鳳宮

【寺廟沿革或簡介】

霖鳳宮建於道光 28 年 (1848 年)，光緒 28 年 (1902 年) 改建於現址西北邊，民國 49 年 (1960) 又建回現址，由建築師江清露利用八年時間所建立。宮內祀奉「敕封三山國王神位」祖牌，分香自溪湖荷婆崙霖肇宮，也是轄下五角頭之一的祖廟角頭廟。

清乾隆 47 年歲次壬寅年（西元 1783 年）。

大陸漳泉人，大舉來臺，廣事開墾土地，又為其到處開墾土地，隨身保佑平安，便利膜拜之需，客家人奉國王神像至各該開墾之居住地分廟安奉，於是始有今之埔心鄉茡蕉村建分廟霖鳳宮奉祀「敕封三山國王神位」祖牌。埔心鄉舊館、大溝尾、油壟、永靖鄉同安宅、獨鰲村、敦厚村‧‧‧‧等村在舊館築分廟曰霖興宮奉祀「巾山國王」大王聖像。溪湖鎮東溪裡巫厝，埔心鄉茡蕉村楊厝莊，永靖鄉獨鰲村、敦厚村‧‧‧‧等在巫厝搭分廟曰肇霖宮奉祀「明山國王」二王聖像。田尾鄉海豐、陸豐、柳鳳、福興、四芳、崙美村、埔心鄉羅厝村、永靖鄉竹子村‧‧‧‧等在海豐崙造分廟曰沛霖宮奉祀「獨山國王」三王聖像。就此信奉本宮三山國王爐下弟子分佈有七十二莊之多，轄內十分遼闊，然國王神像

雖分地奉祀，但「神靈」卻仍分頭守護「荷婆崙」與各分廟之間，庇佑百姓，不分大小平安。更鑒於當時爐下弟子不睦，影響地方發展，間雖經一段漫長歲月，但終為吾國王本慈悲濟世之旨，逐予顯聖勸和永靖，和好如初（永靖由此得名）是為道光六年歲次丙戌年（西元 1826 年）夏五月之事也。

又有芎蕉腳莊人與二林下堡人氏，因神像安置問題爭鬥，當時本神供奉於芎蕉腳莊(現在的霖鳳宮)，而二林下堡人氏伺機準備火槍要奪取本神像，正巧神威顯赫突降豪雨，使爭鬥無法進行，從此息事寧人，無人傷亡。像這一類的種種神蹟，使信眾逐日增多，村莊居民昌盛，祭祀節日常達千人以上。

本村居民信仰中心是「霖鳳宮」。據說，開墾成村莊時，飲用的井水如涸竭，只要迎本廟三王「獨山國王」神像祭拜後，井水終年不枯。現在廟貌為民國 92 年 (西元 2003 年) 重建。

【神蹟故事】

事蹟一：台中一位信女慕名前來因女兒離家兩年未回家， 音訊杳然，經友人介紹來霖鳳宮，請求王爺幫忙，王爺給予幫忙後也請五營將軍幫忙，經由我(指陳錦波總監)稟告，再擲獲聖筊，事隔一週，信女女兒回家了。 因信女再度回宮答謝五營將軍，我才知悉此神蹟。

事蹟二：溪湖一位信女因親戚缺錢，而把田契借給他貸款。事隔多年，未見親戚有還款的心意，不得不請求王爺幫忙。當時是農曆六月初來請求王爺，在同年十一月中旬，那位親戚竟然主動把借款全數還清。

信女非常喜悅來電話告知此事，要來答謝王爺及五營將軍神明的幫忙。

【連絡資料】

埔心霖鳳宮

地址：513 彰化縣埔心鄉員鹿路五段 234 號

電話：04-8295497

【六部生介紹】

正鸞：張賢德、張明椰、張賢啟

宣講：黃濃、張錦坤

筆生：許進國、張錦坤

唱字生：張賢良、林承正、黃財源、黃風調、黃勳訊、黃餘成、黃錫銘、
　　　　黃勝珍、張前

經團團長：蕭素、林淑華

經生：張秀珠；林阿信、楊淑文、黃金葉、黃金鳳、陳秀鉛、徐秀蘭、楊省、
　　　黃梅、蕭秀敏、蕭韻、龔宜君、許綉梅、黃淑美、黃曼琇、黃景英、
　　　許美惠、巫彩綢、劉玉女、周麗甘、陳樹蘭、黃嬋嬪

後場班長：張賢良

後場：黃風調、黃餘成

【鸞文或鸞詩】

民國六十五年 丙申年八月初二日

呂洞賓仙翁降

詩

　洞中靜坐感無聊　　　勝覽東瀛駕雲飄
　夜景光輝愁盡解　　　傳耳鐘磬似呼招

其二

　悠揚悅耳似呼招　　　引興貧仙降聖朝
　廣結善緣霖鳳廟　　　撰詩勸化志茗堯

其三

　迢遞聞名霖鳳台　　　久存响往今宵來
　虛傳果不美侖奐　　　難得蜚聲八表開

其四

　我詡堂中項項優　　　經音悅耳韻幽幽
　筆喧砂唱實精銳　　　鼎峙鸞林第一流

其五

　今逢桂月思當年　　　晉謁瑤池缺女仙
　王母台前敬酒獻　　　存心欲渡走千程

其六

　純陽堅決駕祥雲　　　走遍天涯察世人
　有道成仙得渡去　　　無修刪棄落凡塵

其七
駕霧祥雲有白光　　虛空片刻罩茫茫
撥開雲朵眼觀看　　道骨仙風在錢塘

其八
錢塘縣裏何家中　　店內藥材地道藏
有女宅中經卷誦　　拜神敬佛志高昂

其九
貧仙化作雲遊人　　走入店內買藥因
寫出藥名有四味　　店東忙亂尋無真

其十
買藥為由探內情　　寫來順氣家和名
並購化氣消毒飲　　惹得店東不賣焉

其十一
爭吵惹來驚女身　　下樓速速問原因
彬彬有禮請我坐　　付藥由她即刻親

其十二
智慧聰明女子真　　四名藥味能知因
比方處事人身論　　答得如流隨口陳

其十三

父慈子孝家和散　　弟忍兄寬順氣湯
妯娌和睦消毒飲　　家有賢妻化氣方

其十四

修心悟道志心堅　　招婿成親口不鳴
家父沖冠怒髮罵　　榮華富貴看雲煙

其十五

從此感動我渡徒　　八仙內在何仙姑
蟠桃勝會排行列　　極樂逍遙方載乎

其十六

我嘆凡夫未曉修　　爭名奪利負春秋
損人徒使千般巧　　害己空擔百種憂

其十七

誠勸諸君趁早修　　妻恩子愛豈無休
黃金難帶無常路　　暮樂朝歡有幾秋

14 彰化員林瑤皇宮明義堂

【寺廟沿革或簡介】

　　本宮創設之始先有堂號稱謂「明義堂」。設立於本鎮育英路陳禮波先生所主持之妙慶寺內。後因五府千歲紫皇大帝、太甲真君、萬義真君、黃龍真人、林仙姑等師尊神威顯赫，得南天之許允收授門徒、普渡群黎、一時門庭若市。各師尊之門徒，四方雲集，原有之場地有不敷應用之慨。同時亦感如斯，寄人籬下，難有自主發揮之勢，故毅然於民國六十年（歲次辛亥年）擇地遷移至現址，扶鸞勸世。

　　剛遷移斯址之時，本堂僅係一棟簡陋之小木屋，後續有玉鶴真人、玉灯真人等師尊廣招收授門徒，各師尊也齊發神威、神靈顯赫，四方感應，善信蒞堂參拜者與日俱增，頓時香火鼎盛，十方善信接踵而至，絡繹不絕，無遠弗屆、堂譽遠近馳名，因此奠定了本宮嗣後發展之根基。

　　因鑑於臨時搭建之簡陋小木屋面積狹小，場地活動空間有限，旋即於同年着手破土奠基興建廟宇之工作。南天命派紫皇大帝為興建主席 大甲真君為興建

副主席，謝清輝為興建主任委員，吳榮華為堂主，吳清燧、張清柱、游明柏、賴還凱、邱辰雄等為副堂主，在神人領銜配合之下，各門徒師兄弟姐妹及善信等，共同協力熱心慷慨解囊捐獻，合作無間，得於民國六十二年（歲次癸丑年）初建完成，同時入火安座，並得瑤池金母御賜宮名為「瑤皇宮」。民國七十七年歲次戊辰年竣工。（「瑤皇宮創立碑紀」、「沿革」石碑，中華民國七十七年歲次戊辰年菊月二十四日。）

【連絡資料】

彰化員林瑤皇宮明義堂

地址： 510 彰化縣員林鎮溝皂里 55 巷 21 號

電話： 04-8322542

【六部生介紹】

主任委員：劉登　　正鸞生：趙昶盛　　唱生：薛阿南

宮主：游明柏　　堂主：薛阿南　　副堂主：陳富城

【鸞文或鸞詩】

庚子年十二月四日星期日

瑤池金母降示

示一

瑤皇明義乾坤心　　池法無邊合興山
金緣領助慈惠堂　　母愛護佑守德靈

示二

修行訓體莫怨苦　　身靈調氣解愁恨
養能共合慈悲心　　氣血流通萬事福

示三

修身莫怨他人言　　修聖考驗自己靈
修道奮發知敦親　　修感恩情及睦鄰

示四

人知考驗示磨鍊　　但在自己不珍惜
凡下一切怨恨感　　手指伸出就長短

示五

成功失敗是過程　　凡事都要考努力
一步登天苦難熬　　莫及事項經三思

15 南投水里永豐宮

【寺廟沿革或簡介】

　　永豐宮的歷史必須追溯到清道光（西元 1821－1850 年）開始，主祀神像天上聖母，配祀千里眼、順風耳。同祀玄天上帝、五谷先帝（神農大帝）、開臺聖王、註生娘娘、福德正神、中壇元帥（太子爺、李哪吒）。永豐宮廟貌建造，大略分為：中門、小港門、圓宮門、龍虎堵，全以最新之紅寶石材質建造、剪粘、手工打造花鳥、人物、走獸、典故、博古、聯字為主。

　　該宮除供奉主神媽祖，另設太歲殿，供奉六十甲子太歲星君，供奉光明燈。及大成殿供奉至聖先師、文昌帝君，廣受讀書學子、文人敬奉，係本鄉唯一之「讀書人的守護神」。永豐宮廟貌建造，大略分為：中門、小港門、圓宮門、龍虎堵，全以最新之紅寶石材質建造、剪粘、手工打造花鳥、人物、走獸、典故、

博古、聯字為主。永豐宮為本鄉最早建立之敕封廟宇，歷屆本鄉建醮均以該宮為總壇。

　　祭典：每年正月十五日有花燈大遊行。三月廿三日媽祖聖誕有舉辦永豐宮獎學金活動，並舉行盛大的慶典。永豐宮於祭禮時較特殊的是以擲筊來求祈龜，如以擲筊得二十二斗麵粉製成的麵龜，獲得者隔年須加倍償還。

【連絡資料】

南投水里永豐宮

地址：南投縣永豐村永豐路 316 號

電話：049-2770235

【六部生介紹】

主任委員：王學進	正鸞生：陳明進	筆生：王雲彬、鄭雅云
唱生：魏木水	覆文生：王雲瑞	接駕生：陳麗君、吳素蓮
效勞生：梁瑞西	經生：王江海	

【鸞文或鸞詩】

庚子年109.11.26 （農十月十二日）

本宮王爺到／陳生明進扶

詩
　　池驅鬼惡制瘟神　　府鎮人間佑萬民
　　王化千災消禍劫　　爺兵將士護鄉鄰

詩
　　敬聖尊賢並孝親　　鸞門悟道學修身
　　利民益世綱常守　　善德人家百福臻

詩
　　善果勳功累世修　　諸生力學道勤求
　　千般障礙由心起　　正念堅持品德優

16 雲林斗六南聖宮

【寺廟沿革或簡介】

這尊關老爺大聖像，係於民國六十五年經由海上漂流到本縣三條崙外海，被漁夫撈回奉置於漁村半年之久，而後由某古董商收購，北運安置於台北廣州街陋巷之中，該古董商雖幾經走訪探尋，歷經一個餘月，仍未能給本尊聖像做適當之安排。同年八月五日聯合報記者發現後乃發佈「關老爺落難無人問津」等新聞，南聖宮台北行宮鸞友見報，立刻前往交涉，並付鉅額謝金。經過清洗修飾安粉之後，於同年八月十三日（農曆七月十八日），由數百位善信隨香護駕，奉送至斗六市南聖宮，受萬人朝拜。

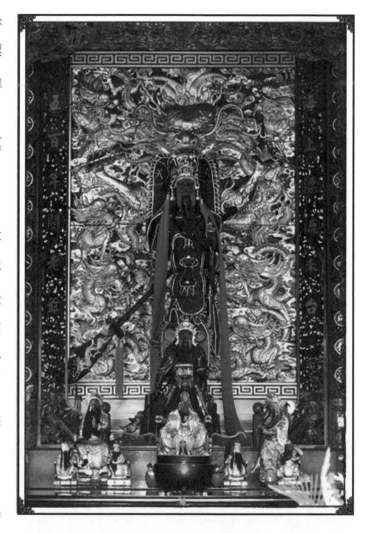

本尊立姿關公聖像，全高有一丈二尺一寸二分，重約六百多台斤，乃由整棵樟木雕刻而成，據歷史博物館館長何浩天先生及神像雕刻專家鑑定，從其雕刻手法及刻紋型態判斷，係出自明朝初年之雕刻，距今已有五百多年歷史，本省各大小寺廟中，從未見過如此巨大而且歷史悠久，是一尊極為珍貴之聖像。

【連絡資料】

斗六南聖宮

地址：640 雲林縣斗六市南聖路 301 號

電話：05-5325335

【六部生介紹】

正鸞生：賴廷穎　　　　　筆生：林琳琦、林綉錦

唱生：孫武年、林立偉　　覆文生：張育霖

監壇：賴彩羲　　　　　　接駕生：李景文、李應賜

鐘鼓生：吳桂英、洪玉華　經生：陳月女

司禮生：林建輝

【鸞文或鸞詩】

歲次己未年（民68）12月05日安座

本宮武聖關公登台

詩
其一
　　武安本殿視遐邇　　聖像于今立正基
　　關省賢門志協一　　公開鸞訓渡迷痴

其二
　　再晤賢生今晚登　　筆揮旋轉沙盤鳴
　　珠璣玄句合真理　　一絕詩文訴衷情

其三
　　修身悟道覺維艱　　鸞下門生莫志寒
　　吾像漂流西海峽　　終登寶島解民難

其四
　　海洋駭浪正囂張　　二載時光不算長
　　回憶當年灘曬日　　代天巨責當宣揚

其五
　　一失人身復至難　　隨師悟道煉金丹
　　善根結紫靈芝地　　惡果自消法界寬
　　精氣培豐勿濫氾　　神光煥發性真圓
　　河輪機轉南山嶺　　巨幅經圖望細看

話：
　　久未與賢生們晤會，今宵適吾像安座伊始，略敘數
首絕律為鼓勵鸞下，莫失修身之路，須曉人生幾何，
有如露水朝日之身，應保惜之。

17 南投埔里醒靈寺

【寺廟沿革或簡介】

醒靈寺的前身是日治明治 34 年（1901 年），由堂主林李金水所創的「解化堂」，最早僅供奉關聖帝君。建廟檀越由於其母親鴉片毒癮致病，虔誠祈求神靈，得以戒毒，因而建廟。大正 5 年（1916 年）發生大地震後，次年（1917 年）重建並更名為「醒化堂」。後來民國 36 年（1947 年），醒化堂出巡時，先鋒太子元帥鑾轎突然起駕，從愛蘭橋來到醒靈寺現址，之後眾信徒決議遷建。民國 38 年（1949 年）於現址興建正殿，並改名為「醒靈寺」至今。

醒靈寺入口處的一對石獅子是重要的古物，有 120 年以上的歷史。據說是1878 年清朝總兵吳光亮建大埔城時將石獅子安座於當時衙門口，後來因故又遷至於醒靈寺安置。此外寺旁還有能高神社殘存下來的石燈籠，據說是由醒靈寺籌建董事會董事長許清和將這些神社文物搬到醒靈寺（許清和也是當時向神社捐獻石燈籠的人之一）。

寺中庭院建有小橋流水及亭園樓台頗具古風，寺內外及圍牆上有多座臺灣廟宇少見的宮燈，因地勢較高有臨下之感；與遠遠望去的山景相伴，著實為醒靈寺增色不少，值得一遊。醒靈寺也是二二八事件的最終戰役——「烏牛欄之役」的古戰場，當時於今愛蘭橋設有一吊橋。於 1947 年（民國 36 年），二二八事件發生當時，二七部隊警備隊指揮官黃金島帶領著一群學生約（三十

餘人），在橋頭與國民黨軍 21 師 146 旅 436 團第 2 營（七百餘人）對戰，造成該營傷亡二百人以上，此為台灣歷史上的以寡擊眾的知名戰役，到此還可緬懷當時兩軍的對峙戰況。

【連絡資料】

南投埔里醒靈寺

地址： 545 南投縣埔里鎮梅村路 1 號

電話： 04-92912952

【六部生介紹】

正鸞生：潘泰祐　　　　　　　唱生：鄭耀騰

筆生：涂皓琦、許麗寬　　　　接駕生：林坤地、陳正雄

【鸞文或鸞詩】

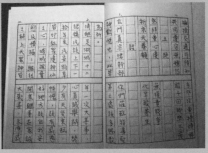

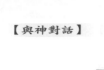

18 彰化溪州育善寺觀音廟

【寺廟沿革或簡介】

　　原為一貫道道場，當年一貫道不能公開傳教，民國五十八年李初子女士遂前往台南縣白河鎮仙草埔大仙寺，求該廟主持賜給一尊觀世音菩薩金尊回寺奉祀改為佛道教寺廟。育善寺三樓上塑造一尊普天佛祖，在遠方便可望見。

【神蹟故事】

照片一

　　「燃燈古佛聖像」於民國九十四年歲次乙酉年十月二十日、二十一日、二十二日。州育善寺。舉行「道宣法真」三天大法會。所拍攝「燃燈古佛」率眾「聖佛仙神群真」。茫臨法層掌法輪。

　　溪州育善寺觀音廟正鸞乩 善筆 劉清堂扶

2021、3、2 恭筆

照片二

在每年年底均會時行「持圓成十二圓
覺法門化圓三天大法會」，在法會三天中
的早上，廟方司職人員要上香、敬茶時，
發內外壇之間神桌上方，有一片白雲，如
分成天與地，真令人嘖嘖稱奇，平時均未
有此現象發生，唯有在三天法會中才有顯

此現象，尤其是第三天法會更是顯現，難道是神明顯靈。

【連絡資料】

彰化溪州育善寺觀音廟

地址：彰化縣溪州鄉東州村永安路 226 號

電話：04-8895108

【六部生介紹】

正鸞生：劉清堂　　　　　　　筆生：陳專永、林秀鶯

唱生：王有進　　　　　　　　覆文生：陳專永

接駕生：梁伯洲、蘇卿、　　　經生：蕭麗琴、陳秀暖、林秀鶯、陳敏娥、
　　　　陳敏娥、莊芬秋　　　　　　黃茶、曾雪霞、劉珍華、莊芬秋、

效勞生：張素媛、陳秀暖　　　　　　王串、王伯東、蘇卿、陳宗品

鐘：王伯東　　　　　　　　　鼓：蘇卿

乩生：莊素貞、王有明　　　　鳴炮生：蕭麗琴

【鸞文或鸞詩】

丁酉年閏月三日

其一

　　諸提育柳報佳音　　葛明和氣同心因

　　武決果斷服眾信　　侯推領者有盡心

其二

　　帶諭參臨育沙台　　旨慰勞群樂滿懷

　　宣明有心凡事快　　讀者和氣不離乖

其三

　　普降甘霖為群生　　正施陰陽利兩情

　　法雨滋潤天地証　　會集高真同參經

其四

　　神心一致為守專　　人群和睦共團圓

　　受施並濟勤修貫　　勳佈勞者共慶歡

19 彰化溪州鄉覆靈宮

【寺廟沿革或簡介】

覆靈宮位於彰化縣溪州鄉成功村岸角巷2號。

民國四十一年因本庄徐婦染病遍延中、西醫治療多日罔效，庄眾聽聞鄰庄頂寮庄鄭丁問[註1]府中祀奉的關聖帝君非常靈驗，經庄眾商議至鄭府迎請關聖帝君到徐宅扶乩請示調理；經關聖帝君覆查結果乃係徐宅屋旁所種的桃樹成精作祟所引起，於是關聖帝君敕一張符令貼於桃樹上，並命人即時砍除並派金紙、銀紙當場化送引渡桃樹精，徐婦至此不藥而癒。俟後庄民凡罹瘼疾皆迎請關聖帝君來扶乩醫治，皆靈驗無比。

民國四十二年關聖帝君在陳金富府中降乩自稱要在岸角庄開堂濟世，並指示雕塑關聖帝君〔關公〕、孚佑帝君〔呂洞賓〕、司命真君〔灶神〕三尊神像；設警善堂於陳金富府中，訂農曆初九、十九、二十九晚為期濟日，逢期誥請聖神仙佛蒞堂施方濟世數年。所有堂規、請誥、誦經、扶鸞、扶乩等科儀均到竹塘鄉民靖村醒靈宮學習，故稱醒靈宮為祖宮。所有請誥、誦經、扶鸞、神人交談均用四縣腔客家語，故為南彰化客家人的信仰中心。並訂定農曆一月、三月、五月、八月、十月、十二月之十六晚為禮斗禳燈消災期，逢期拜誦南斗長生真經及北斗延壽妙經，為在本宮安太歲及點光明燈之信眾祈福消災。（北斗延壽

妙經謂：每歲六度真聖下降考校眾生功過）。*【註 1 門中間是 ∣ 而非 -】

關聖帝君、孚佑帝君、司命真君三恩主靈威顯赫名聞遐邇求事者日眾，陳府中廳已不敷使用；經全體鸞下生商議後決定另建宮廟方堪容用，遂由邱禮逢、徐阿錦、陳金富、賴福生、羅炳祥（稱為五大股）五人為首各捐一萬斤稻穀，並向十方善信賢達募資建廟，於民國四十九年落成並改名為覆靈宮，並加祀關平、周倉、釋迦牟尼佛、觀音佛祖、五穀神農大帝、玄天上帝、豁落靈官王天君、南極仙翁、哪吒三太子、蘇府王爺、觀世音菩薩、天上聖母、金吒大太子、地藏王菩薩、註生娘娘、城隍爺、文判官、武判官。六十三年加建左觀音殿、右城隍殿；六十五年安龍謝土，73 年增建前拜亭。

正殿：中龕主祀關聖帝君、孚佑帝君、司命真君〈隸祀關平、周倉〉，正殿左龕祀奉文昌帝君、右龕祀奉福德正神。正殿前案配祀釋迦牟尼、觀音佛祖、五穀神農大帝、玄天上帝、豁落靈官王天君、南極仙翁、哪吒三太子、蘇府王爺。

左觀音殿：正龕祀奉觀世音菩薩、天上聖母、金吒大太子。左龕祀奉地藏王菩薩。右龕祀奉註生娘娘。

右城隍殿：正龕祀奉城隍爺〈隸祀文判官、武判官〉。左龕祀奉至聖先師孔夫子、復聖顏回、述聖子思子、宗聖曾子、亞聖孟子。右龕祀奉太歲星君。

【神蹟故事】

1. 民國四十八年國軍演習經常駐紮岸角庄內，三餐均在一號邱禮逢家中的中廊用餐，某日中午正要用餐時天氣突然變得酷熱難耐，邱禮逢先生遂建議全部移至警善堂旁的大樹下用餐，豈料大家移至廟前不久，一顆砲彈不偏不倚剛好落在邱家中廊，把邱家中廊炸得滿目瘡痍所幸無人傷亡，六號邱其水宅中亦掉落兩顆砲彈也無人傷亡，大家咸稱這是關聖帝君顯靈否則傷亡必定非常慘重。

2. 四十八年八七水災時濁水溪溪水暴漲部分溪水已溢過堤防，庄民驚恐萬分紛紛跪集向恩主公祈求顯靈保佑莊傢財產性命，關聖帝君立即採起乩

童敕畫符令一張並持七星劍寶劍直奔堤岸上，將符令放置岸上並將七星寶劍插在符令上溪水就慢慢消退致未釀災。

3. 恩主公多次顯靈嚇退宵小偷牛、偷閹雞。

4. 民國六十五年安龍謝土三天法會，第二天下午突然下傾盆大雨，廟前農田擺設普渡場地積水及膝，次日早上農田乾如旱地，民眾無不嘖嘖稱奇，覆靈宮關聖帝君聲譽如日中天。

5. 石門水庫是由本鄉建商廖飛勇承包，工程兩次建到一半即崩塌，耗資費時多年苦無對策，後經友人引介至覆靈宮求恩主公幫忙，恩主公允予幫助敕一支令旗命廖飛勇迎至工地前方能看到整個工地的山丘搭建帳棚恭奉，擺香案早晚上香奉茶供果，自此水庫建造順利於五十三年如期竣工。廖飛勇為酬謝恩主公捐建路口歡迎門牌樓一座及廟前龍柱一對。

6. 民國八十七年華航空難之年初即出詩暗示：空中飛虎災難多。〈原本是七言絕句詩，但至今僅記得此句〉

7. 民國八十八年921地震前一個月本宮地藏王菩薩出詩暗示：三角龍蛇鬥出門。〈原本是七言絕句詩，但至今僅記得此句〉

8. 諸多學人連年履試未中，請示三恩主後，金榜題名者眾。

9. 求子嗣拜斗後，如願喜獲麟兒者亦多。

10. 八十四年鄰村蕭婦每到夜晚就手舞足蹈胡言亂語，醫師診斷為精神有異，家人四處求神問卜，並請關聖帝君、玄天上帝、觀音菩薩至家中祀奉，病情卻更嚴重。經至覆靈宮求治，恩主指示事態嚴重需請關聖帝君及武乩到其家中辦理，主席恩師說其家中很多無祀孤魂糾纏所致，且所祀奉三尊神佛也都是入了陰靈；經主席恩師與諸無祀孤魂協議後，同意辦理三天超渡法會後蕭婦當晚即恢復正常。此後其夫婦皆來覆靈宮入鸞。

11. 八十六年本庄邱姓兄弟，哥哥結婚五年多，弟弟結婚三年多皆無懷孕，到醫院檢查都正常，邱父四處求神問卜亦無結果；在嘉義一間神壇的神明向邱父說：你們庄內的關聖帝君就能幫你們為何還四處求神。邱父遂來本宮求助，恩主公允予幫忙，但要求要邱家一子入鸞生為眾生服務，

邱家二男答應入鸞服務，恩主公用太極金敕一張符令化陰陽水給兩位媳婦共飲，一個月後兩位媳婦都懷孕雙雙一舉得男，且都連生三胎。

12. 更多疑難雜症、救人倒懸之例不勝枚舉。

【連絡資料】

彰化溪州鄉覆靈宮

地址： 524 彰化縣溪州鄉岸角巷 2 號

電話： 04-8803685

【六部生介紹】

正文乩生：邱華森	副文乩生：徐祥棟、彭文秀
總幹事兼筆生：羅進興	堂主兼唱生：羅德光
副堂主兼請詣生：陳炳松	監堂兼效勞生：邱其水
金剛上師：羅進興	武乩生：徐銘炖、蕭貴燕

電子琴師：邱琇婷

經生：羅德光、羅進興、黃國政、羅鐵雄、邱麗美、邱美吉、呂嬌妹、鄭阿雪、邱秀清

【鸞文或鸞詩】

109年歲次庚子年六月十九日期濟晚

本堂主席恩師 降鸞

詩一

本路開發滿家香　　　堂夜辛勞各生有
主來一刻安太平　　　席練各生夜來苦

詩二

天下災劫四處有　　　眾生協力要小心
人數多時戴嘴掩　　　肺炎不停滿處有

109年歲次庚子年七月二十九日期濟晚

保生大帝 降鸞

詩一

保得眾生來喜洋　　　生路苦勞要關心
大發眾生一心靈　　　帝看各界多災殃

109年歲次庚子年八月初九日期濟晚

本堂孚佑帝君 降鸞

詩曰：

天機轉變化不開　　　月來一刻心路行
靈光一到水鏡鮮　　　百難苦心難得辦

109年歲次庚子年九月初九日期濟晚

北極玄天大帝 降鸞

詩一

北路苦心難進展　　　極界各生多災難
大眾一心苦勞日　　　玄夜一時滿山春

詩二
天運轉變災難多　　來年年方大亂日
一點心理亂紛紛　　不分日夜陰陽日

詩三
三點一响走滿山　　月令轉變不吉時
一夜清閒看三更　　大局光彩不要留

109年歲次庚子年十月初九日期濟晚

太白星君　降鸞

詩一
太眾人生苦難多　　白上光輝一點靈
星監四處天下遊　　君夜火路看三更

詩二
凡界各山亂紛紛　　新路不降難得行
年方不利眾生苦　　孝家四處來不停

詩三
春响一雷心丑年　　天運改變多災難
凡生苦難生死關　　命中註定難解脫

20 雲林縣莿桐鄉文武聖廟感德堂

【寺廟沿革或簡介】

本堂創設時，座落於雲林縣莿桐鄉興貴村紅竹口法雲庵加以擴建而成，後改為鸞堂，以利代天宣化，廣渡眾生。

葉永定先生蒙受南天旬派首堂主，於民國六十七年二月七日召開鸞務會議，眾議現有堂景路面狹小四週環境欠佳，發展較難，應該選擇適宜場地新建廟宇，當時葉堂主永定及德配葉監鸞林丹桂，提請願將他所有樹仔腳段旱則一四一五號，捐獻為興建新堂基地。於當年五月二十七日己時正劇破土開工，至癸亥年（民國七十二年）葭月順利完成，從茲殿宇莊嚴，廟貌巍峨，堂皇壯麗，瑞氣呈祥，神人共感欣慰。

【連絡資料】

雲林縣莿桐鄉文武聖廟感德堂

地址：雲林縣莿桐鄉饒平村饒平西路 30 號

電話：05-5332138

【六部生介紹】

正鸞生：黃麗嬰、王煥然、葉麗鳳、蔡寶玉、林夜合、李玉桂

筆生：林忠良、李玲美

唱生：林江漢、鄭忠信

覆文生：林忠良

監壇：葉麗鳳

接駕生：李玉桂、王煥然

護駕：利冠宏

效勞生：利冠宏

經生：黃麗嬰、王煥然、葉麗鳳、蔡寶玉、林夜合、李玉桂、李玲美

【鸞文或鸞詩】

庚子年陽月二十一期

本堂主帝登台／林乩

詩一

　　　主筆參來明善觀　　席時儀禮道行仁
　　　登迎聖駕誠虔敬　　台座香傳祐境民

詩二

　　　禮道傳承古來張　　義禮正氣行善彰
　　　簾節守責順天道　　恥心喚醒自然良

詩三

　　　昔往今時以變遷　　鸞風信仰淡微偏
　　　行思奉獻修明善　　學道惟勤明節緣

詩四

　　　承職虔誠造就功　　薪傳聖澤盛昌隆
　　　機緣鍛就成功日　　顯赫神威鎮祐通

話

　　節氣已入冬，天氣寒冷，諸生注意保暖，扶鸞之意共同宣揚聖賢訓文。

庚子年蒲月二十七日

本堂觀音佛祖登台

詩

　觀空渡化增慧根　　因念重慈苦厄尋
　佛感蒼生莫臆測　　祖心自在守天真

詩二

　神仙降駕下天臺　　內外感嚴達正來
　心意虔誠求正覺　　違犯規箴照愆排

詩三

　鸞地祥和清淨薰　　眾源法喜心田耕
　莊嚴堂殿禮仙佛　　信賴奉行賡續勤

詩四

　生死由天命　　富貴在天延　　圓滿今生業　　輪迴六道遷

可：今夜至此

21 台中相德聖宮

【寺廟沿革或簡介】

台中相德聖宮,供奉武德分靈之武相德財尊,肩負為武財公於中台地區傳播正道廣佈香火之責。台中相德聖宮源自開基祖廟「北港武德宮」,於民國73年在北區太平路供奉武財神,由於威靈顯赫,於民國81年成立「玉旨相德聖壇」,隨後又搬遷到南區光輝街至今,並組立管理委員會。 本宮旗下亦成立社團法人台中市相德慈善會,每年積極投入社會公益,包含急難救助、營養午餐及助學金等,期能拋磚引玉,喚起更多人一起來關懷弱勢群。

台中相德聖宮,供奉【北港武德宮】分靈之武相德財尊,肩負為武財公於中台灣傳播正道廣佈香火之責。 自顯化以來即以救世濟民為宗旨,為此,本宮每週一晚間8點,天官武財神相德真人降駕扶乩為信眾指點迷津,除了求財問財運、求職或問事業運、生活或生命中之疑惑,歡迎各位善信大德前來禮香參拜。

【連絡資料】

台中相德聖宮

地址： 402 台中市南區光輝街 2 號

電話： 04-23762015

【六部生介紹】

正鸞生：吳木森　　　　　　筆生：傅茂椿、廖于莛

唱生：張秋蘭、廖麗齡　　　覆文生：張秋蘭、洪菀卿

監壇：洪炯邨、周保方　　　接駕生：陳業春、黃慶成、楊雅玲、廖芬蘭

護駕：李永成、何文元　　　效勞生：鄒沛祥、徐世昌、陳士樑、曾玉勤

經生：張秋蘭、柏翊梅、廖麗齡、楊雅玲、廖于莛、賴俐姬、陳明珠、
　　　廖芬蘭

【鸞文或鸞詩】

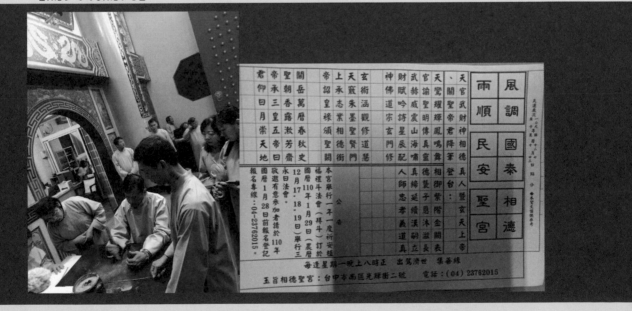

22 南投埔里序平宮昭德堂

【寺廟沿革或簡介】

　　埔里序平宮昭德堂之設立，民國四十年（1951）十二月應欃德興之聘，赴史港將葉進德私設忠聖堂改設為鸞堂，易堂號曰：「昭德堂」，並協助其鍛鍊乩筆成功。由堂主蘇樹木主其事。

　　大量來自育化堂的鸞生和成員共同幫助建立了新的鸞堂並為新鸞堂培訓鸞生，建立過程中也提供了幫助。民國九十五年（2006）再助鍛鍊新乩完成，堂務更為昌盛。而該堂董事都煥釗前往教讀經書數載，帶動堂生向學之趣。

【連絡資料】

南投埔里序平宮昭德堂

地址：南投縣埔里鎮史港里西安路二段 397 號

電話：049-2932403

322

【六部生介紹】

正鸞生：陳建次　　　　　筆生：黃三合、詹文榮、張文貴、何振春

唱生：林國賢　　　　　　覆文生：黃三合

接駕生：郭淑華、吳瑞貞　經生：李星位

【鸞文或鸞詩】

哪吒太子詩　庚子年陽月廿三日 109.12.7.

心靈靜潔價如金

莫使邪思宛氣侵

搶眼人生勤正果

修身積德播彥音

23 彰化田尾聖德宮鎮化堂

【寺廟沿革或簡介】

本堂係原 在彰化縣埔心鄉仁里村，原名大溝尾 三化堂為母堂，參鸞効勞，不惜遠涉，步行來往，殷勤不倦，受首任陳堂主大德喚起渡眾，一群四十餘名，志心入鸞、共奉聖教。當時經由六個年間受 聖德宮 聖母與 三尊之感激，提呈南天 主席 鑒核聖悅 準賜。于分堂賜號 聖德宮 鎮化堂；獲得揮鸞。當時開創時在民國十九年歲次庚午正月吉旦。即在 日據昭和二年、堂蹟設立陳堂主羅漢家堂。此時奉派首任堂主振作鸞風，渡眾鄰村善信，共遵聖訓，多究經文聖理，聚眾參鸞男、女三歹百餘名；連勤効勞不息；榮獲 三尊顯赫，任求必應，勤善以救世，佈教四方崇仰、至揚共結善緣。歷由二十三秋共効，始終奉行聖示；代天宣化，靈應普濟，可達宏揚四方。迨至由有二次完續至，日據與我國遇逢抗戰間、嚴厲燈火管制、連空襲掃射多年困難。為此無奈當時案奉 南天主席諭示：停鸞休息。延至即由光復後時在民國三十八年、歲次己酉，此時本宮 聖母與 三尊抱嘆聖蹟成微疏散；為此喚動顯赫，指示於本村長魏春盛及查接在服務臺南縣義竹鄉布袋港警官曾原任正鸞陳鴻禧（即是陳堂主之次男）從光復後首期投考警官及格奉派莅任中當時四尊特臨在義竹警察分駐所官舍，深更丑刻顯身 指示曰：陳生聽悉，神算命運、警職不適合，不是永住外鄉之地，望必

離職，返鄉自家務農立業安居，為此感覺，宜于辭職。奉 聖示與村首並鸞友、共奮籌備、請旨復鸞；開堂二、五、八期，起初全賴獨乩陳正鸞鴻禧連期揮筆，廣渡人士，善信盛多志心入鸞，有達百餘名，獲得團結熱盛，共奉 聖示：開堂在 聖德宮立蹟，宏施啟教。歷由六年餘，及遷移同村陳文課宅，其兄弟喜獻讓與興建素式 聖堂一棟，時在民國四十七年歲次戊戌十一月。在此揮鸞救世，經由多年。迨至民國六十一年歲次壬子議合（籌備增建講堂，為狹地不適合）無奈聚會，同意贊成重建 聖德宮後殿連座，其時受 聖母與 受天宮 監鸞 玄天上帝並列聖共感，合呈于 南天主席鑒察院聖悅特準；于成宮籌建擇于民國六十一年歲次壬子九月廿七日辰時興工動土平基，進辦完成。經費頗多、全賴各方善信人等，隨緣捐助，協力支持而完成，已達入火安座，即繼續揮鸞効勞不息，永蹟常在，延至到今謹誌略歷為表告悉。

為前緣存入檔 于民國七十六年 歲次丁卯 閏六月整新立存 陳鴻禧奉 聖示敬書

後述：轉述 陳正鸞本宮堂于五十週年略歷　鸞務　轉記

【連絡資料】

彰化田尾聖德宮鎮化堂

地址：彰化縣田尾鄉睦宜村聖德巷 160 號

電話：04-8832945

【六部生介紹】

正鸞生：陳智仁、陳椅　　　筆生：陳慶城、李玉惠

唱生：張美蓮、汪秋貴　　　覆文生：陳慶城

接駕生：陳玲蓉、汪秋貴

經生：陳鄭險團長、張美蓮、劉莉蓁、吳芝棋、李昭、周瑞玲、李玉惠、
　　　薛淑芳、蕭椀今、陳女英、陳纓豔、李月碧、邱素惠、陳美娥、
　　　汪秋貴、王秀琴、蔡麗花、陳玲蓉、顏絹蓉、陳雪霞

【鸞文或鸞詩】

庚子年十月二十三期

本堂主席登台/智仁 扶

文筆把定著詩箋　衡思民情醒世賢
聖諦本能靜心研　帝德一諾實不偏

其二
日月雙併乃謂明　明心見性勤修行
行為舉止循端正　正氣不呵福慧增

其三
乾坤合人三才生　陰陽調合萬物盛
同中變異共通成　異中返同差別呈

其四
玄動柳筆醒民修　門庭敞開緣眾究
真締啟示善德求　宗基不偏渡世咎

話：

　　吾今宵略吟幾首與諸生共勉，人生在世要能曉義知性，勤修本能廣結善緣，多行善德，增長福慧，入到聖門皆平等，多研多思共當提攜，期能盡入正道也，又今夜喜迎花壇玄門真宗之鸞友，蒞臨本宮堂交流，甚是欣喜也，諸生勿怠慢禮儀也，堂交流乃是共同提攜，共結善緣。奈本宮砂錄生實缺，證明恐難登大雅之堂也，故吾四尊及聖母代管理委員會恐難赴展也，望貴堂海涵也，兩堂交流就可也，又近日氣候多變，各要保身為要也，可，就此開說共聽。

民國110年歲次辛丑正月十九期

本堂 文衡聖帝 登台/智仁扶

詩：

春光明媚新年到　四處禎祥瑞氣照
士農工商勤力操　盼望新春得財招

其二

年運平平順步調　只怕旱震疫疾擾
應對措施把握到　且看夏秋暫減消

其三

太歲楊信奉蒞任　疫疾變異再紛臨
辛丑景氣漸回音　繼奮打拼得利伸

其四

人口越來越減少　減育疫患損人擾
防範知識宜守到　免得到時增煩惱

其五

五谷豐登天排定　科技發達助產情
應對政策把握成　免得產銷失平衡

其六

六畜興旺天賜排　先進科技抗病害
多元管理照顧開　政策透明便民來

話：

　　今宵為辛丑年開筆吉日，各生辛勞，吾以四尊
聖母共感也！在此向各生拜個晚年，新春愉悅，
事事順心如意也。

24 彰化埔心明聖宮誘義堂

【寺廟沿革或簡介】

主祀神明：

1. 觀音佛祖（瓦磘厝境開基守護神主神）

2. 關聖帝君（建宮後所安奉祀鸞門主神）

同祀神明：

1. 文衡聖帝 2. 孚佑帝君 3. 司命真君以上三尊尊稱為鸞門「三尊恩主」4. 玄天上帝 5. 定遠帝君（南天趙天君）以上五尊合尊稱為瓦磘厝明聖宮誘義堂特有之「五聖恩主」

同祀神明：福德正神。崇政爺公。城隍尊神。釋迦佛祖。濟公禪師。太子元帥。天上聖母（彰化南瑤宮老四媽正尊分靈）

配祀神明：關平太子、周倉大將軍

註：明聖宮主席南天趙天君＝定遠帝君又稱趙聖帝君。乃是「玉天佐相定遠帝君佐漢大天尊」。

【連絡資料】

南天直轄鸞堂－明聖宮誘義堂

地址：彰化縣埔心鄉瓦中村明聖路四段 172 號

電話：04-8293806

【六部生介紹】

正鸞生：張錫榮　　　　　筆生：石茂盛、石茂俊

唱生：石茂男　　　　　　覆文生：石茂盛、張永錄

監壇：陳克鐘　　　　　　接駕生：張志榮、張銘裕、江如程、張式勳

護駕：張永祥　　　　　　效勞生：張錫鎮、張福康、劉志聰

經生：黃愛滿、張淑琴、張吳幼、張陳玉、龍張粉、鄭麗真、張霞、張素微、
　　　陳秀如、張永錄、張維哲、曹渭澤、吳秀春、張世忠、賴明、張愛花

【鸞文或鸞詩】

25 南投藍田書院濟化堂

【寺廟沿革或簡介】

　　清初，南投地區因地處內山，開發較晚，文教事業並不發達，直至清朝中期，漢人開拓南投大致完成，而於道光 11 年 (公元 1831 年) 闢建藍田書院，為南投三大書院中最早成立者（另兩座為草屯登瀛書院與集集明新書院），日治時期，一度作為南投公學校的宿舍。藍田書院之名稱，具有「樹人如同種玉、青出於藍更勝於藍」的意涵，希望藉此培植地方文秀並青出於藍。同治 3 年 (公元 1864 年) 改建於現在的三民里藍田街。明治 44 年 (公元 1911 年) 因市區改正計畫，於大正 4 年 (公元 1915 年) 再遷移至崇文里文昌街現址，其中，歷經數次整修，最後在民國 46 年 (公元 1957 年) 修建為現今的樣貌。民國 88 年 (公元 1999 年)「921」震災造成藍田書院嚴重傾斜及塌陷，民國 92 年 (公元 2003 年)5 月 7 日修復完竣。依原貌修復現狀保存。近年來，藍田書院因學校教育普及化，書院的傳統特質已經消失，僅部分學子們會來此溫書，並保留祭祀的功能，後進為信徒極多的鸞堂，經內政部審定為國家第三級古蹟。

　　俗稱文昌祠的藍田書院，與草屯鎮登瀛書院、集集鎮明新書院並列為南投縣 3 大古蹟書院，是南投縣 3 座書院中創建時間最早的，源自於土番社學後的南投義學，對地方文風的振興有長遠的意義。書院與鸞堂都尊崇儒學，臺灣鸞堂於發展歷程中，除了自建宮堂，也有結合既有書院供奉的文昌帝君信仰來闡教，而藍田書院與濟化堂的結合，是典型的代表。被視為書院中最有價值文物的「天上文衡」、「文明氣象」、「奏凱崇文」等古匾，展現其作為當地代表性文廟的特色與價值。

【神蹟故事】

神明欽點當代言人：

　　濟化堂裡有不少白髮蒼蒼，上了年紀的鸞生，替神明服務超過 20 年，個個都有一段不可思議的故事，這些鸞生國小都沒畢業，大字不認識幾個，但當上鸞生之後卻能在幾分鐘之內寫出完整的七言絕句：

本堂 司命真君 登台 戊戌五月十八日

先天宿命寄懷中 悟角修身道果豐 好善施仁人本性 悠然自得似仙翁

　　儀式過程負責動筆的正鸞生，被神明附身幾乎不會有印象，哪位神主降下來我們都不曉得了，也不一定是本堂神主，神主要降下來，就連正鸞生都不知道，儀式中會請來哪位神明，今天會是哪位鸞生主筆，但他們相信冥冥之中自有註定。

一、鸞生 吳應讓先生

　　台灣傳統宗教信仰中，扶鸞往往給人一種強烈的神秘色彩，國家古蹟南投市藍田書院濟化堂 77 歲資深正鸞生吳應讓，原本是一名蜂農，37 歲那年好奇看人扶鸞，卻意外被神明「欽點」為代言人。

　　我 17 歲那年阿嬤生病，父親說要去員林鸞堂找神明幫忙，當時就萌生有朝一日要去鸞堂看個究竟的念頭，但一直沒機會，直到 37 歲，聽人說藍田書院有扶鸞，好奇心驅使下前往觀看，在鸞生唸誦鸞文時，隱隱約約好像聽見自

【與神對話】

己的名字，本來以為是錯覺，後來扶鸞結束我準備要離開，突然有一名鸞生叫住我，問我是不是叫吳應讓，還說恩主公降詩給我，說我跟鸞堂有緣，這是我生平第一次去鸞堂，現場根本沒人認識我，現在回想起來，還是覺得很神奇！

　　不久後我工作遇到困擾，到藍田書院祈求神明指點迷津，神明就要我加入鸞生行列，約經過 3 年，又在神明指示下經培訓成為正鸞生，家人都很支持，尤其我的母親平時就拜佛，聽到後歡喜地說：「能為神明服務，是我們的光榮」。

二、鸞生 黃榮德先生

　　有天朋友約我來南投藍田書院參觀，我走到廟門的時候裡面的恩主，已經把我的詩出好了，裡面的鸞生就在叫名字，黃榮德是哪一位，我就說是我，裡面的人我都不認識，為什麼會寫這首詩給我，在那之後神明再度降下鸞文，寫下黃榮德和妻子玄妙的前世情緣，翻開鸞文詩錄真有這麼一段紀錄。內容是黃榮德前世是一位姓彭的珠寶商，他的妻子前世則是一位日本人，因為丈夫戰死沙場，準備投河自盡，因緣際會被黃榮德前世給救下，兩人因而結下不解之緣，在這一世結為夫妻，這實在有夠妙，就如同你來這裡神明都知道。

　　摘至：

1、張協昇。（2017.08）。《你在看我嗎？》神明欽點代言人，他揭開扶鸞神秘面紗。自由時報。南投報導。網址：

https：//news。ltn。com。tw/news/life/breakingnews/2156635

2、台灣大代誌。（2018.07）。與神同行扶鸞　神明欽點代言人？東森財經新聞台

【連絡資料】

南投藍田書院濟化堂

地址：南投縣南投市崇文里文昌街 140 號

電話：049-2221184

【六部生介紹】

正鸞生：陳銘標、吳世明、黃富傑　　筆生：　曾貞輝、吳昭傳、林德芳

唱生砂生：吳育坤、吳金川　　　　　覆文生：　陳東和

鸞務組長：黃榮德　　　　　　　　　副鸞務組長：張文昌

內堂敬茶生：余建衡　　　　　　　　副鸞生：陳文耀、簡書明

【鸞文或鸞詩】

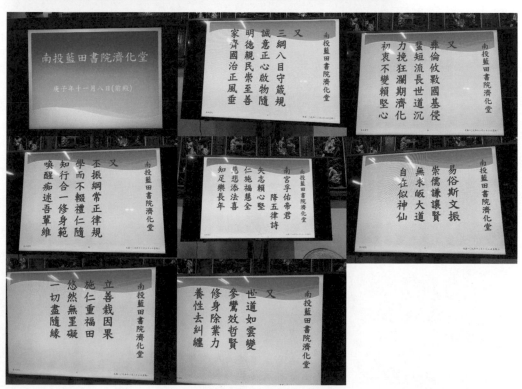

26 彰化埔心奉天宮三化堂

【寺廟沿革或簡介】

　　三化堂創於本村信士曾智結。民國十六年，歲次丁卯叚月雕奉 三恩主聖像供奉於家堂。今三化堂堂址。翌年戊辰菊月 欽奉南天賜號三化堂。自此飛鸞闡教，代天宣化，堂主曾智結，副堂主曾杉醫眾善信之虔誠耕耘聖業正鸞曾朝宗道號廣化，周有連道號妙化，顯化神香濟世有果。歲次庚午：奉諭著書顏曰「導化奇篇」頒書海內外供贈十方善信，啟化萬民，代天宣化。頒書典禮擊行大利冥光。祈安植福法會，利陰渡陽、續筆飛鸞勸世。民國卅一年，歲次壬午增奉玄天上帝，合奉四聖恩主。神香更加靈顯。成立「聖會」，會員百餘。民國四十五年，歲次丙申，曾家供奉朝天堂觀音菩薩為廣渡有緣，參於施濟，信女日眾，組成「香山會」，信徒遍飾全台，香煙鼎盛，聖業日昇，原地三化堂侷促，不敷容納日增善信。商議覓地遷建於今現扯。荷蒙 南天欽賜於民國五十八年，歲次己酉桂月玄天上帝顯靈指點分金"並由徐堅大德主持破土開工興建，同年胐月下樓大殿舉行落成安座，欽蒙昇宮賜號曰「奉天宮三化堂」。民國六十二年，歲次癸丑菊月朔日增建二樓「朝雲寺」，供奉觀音菩薩。民國六十八年，歲次己未增建兩側廂房，添建「文武殿」、「鐘鼓樓」，翌年民國六十九年，庚申端月，本村信士「詹清酒大德」捐獻廟庭「陸厘五手購入毗鄰土地「六厘

五毛」，廣關聖域，宏揚聖教。民國七十二年，歲次癸亥月。本宮大門口及奉天路尾兩座歡迎門相繼建成，聖殿前後自此告竣，巍義廟貌莊嚴輝煌。欽蒙 南天旨賜再著「奉宣導化」書篇參施勸化，廣飾渡眾，醒世化迷而歸善，並於同年設月大利冥光五天法會，祈求國泰民安風調雨順，眾生同沾法益，謹此留誌。

【連絡資料】

彰化埔心大溝尾奉天宮三化堂

地址： 513 彰化縣埔心鄉奉天路 31 號

電話： 04-8297418

【六部生介紹】

正鸞生：曾繁旭　　　　　　　筆生：陳秀玲

唱生：陳秀玲　　　　　　　　覆文生：陳明芬

監壇：曾舜奇　接駕生：詹江箱　護駕：曾煥仲

效勞生：曾繁政　　　　　　　經生：曾陳雪鳳、曾涂錢、黃寶蓮、

堂主：胡壽邦 副堂主：劉森桂、　　　　曾王春花、沈綉霞、張甘、

　　　曾上茂　　　　　　　　　　　潘秀杏、簡麗秋

副主委：李榮霖、曾謝甜　　　常務監察委員：曾舜奇

總幹事：曾繁政　　　　　　　總務：曾拱

主持：趙坤成

【鸞文或鸞詩】

三興堂文衡聖帝

詩

其章登緣會筆開　諸生志竭續興台

未天丕振動功德　同步悟修表上裁

其二

前有三三立聖門　後承興化建功勳

康家德業先基蹟　臉妙道源流古存

其三

三興聖蹟始驚堂　帝德醒迷放彩光

諛懿柬興揮筆動　宣揚開教起源劍

其四

浮沉海上體網常　橫理奪詞心不良

邪向污中禍帶規　敗名累子留傳揚

【寺廟沿革或簡介】

　　民國四十二年（歲次癸巳）善信顏吉於木柵指南宮求得一香火袋，攜回家中，據悉，似有瑤光之感召，遂雕奉 關聖帝君、孚佑帝君及觀世音菩薩等神像，虔誠奉祀，日夜膜拜，一日顏生突生疑問：「殊不知神明降臨否」？故請求神明聖示，解其疑惑；經諭示，召集顏吉，林福義、林福團、廖錦塗、康萬教、雷鬱、謝其南等七人，在顏吉家中學習鸞堂禮節，擇日練乩，是為開堂之準備。

　　而後又有許 蟳、蔡天賜、蔡莊瑐、洪許罕、周林桃、蔡大順、許望東、雷兩、許施愛、張德村等十人加入學習鸞務工作，隔年（乙未）四月又加入林秋牌、林水源、許鐵苔，前後共計二十人參與。自此便稍有鸞堂的模式形成。於是開始在該處施方濟世，當時暫蒞堂之聖真，即福德正神 余恩師，並本境 溫府千歲、受天宮 玄天上帝、受天宮駕前將軍 桂恩師，其皆為直接訓示本堂鸞生。因神威顯赫，善信與日頗增，他鄉之信眾亦不在話下，故建造新堂，實有其迫切性。 鑒於建堂之必然 ， 於是眾鸞生開會討論擇地及相關事宜，後經聖示屬意現今之堂址位置。民國四十四年（歲次乙未）初冬奉遷，首推顏吉暫任堂主，以尊崇孔孟學說、啟發儒宗之精神為宗旨；奉行三綱五常、立身誠意正心為出發；倡導忠孝廉潔、復興中華文化為目的。

　　院上主祀聖真為 文衡聖帝（關聖帝君）、孚佑帝君、司命真君、豁落靈官、精忠武穆王五聖恩主，配祀聖真有 玄天上帝、南天天君、觀世音菩薩、城隍尊神、福德正神等。庚子年桂月二十日，皇天 玉詔下頒，諸真奉派駐堂宏法，飛鸞濟世、教化群黎，幸蒙列位恩師顯赫，大開方便之法門，發人自省身修，著書闡述真理，上體蒼穹之聖衷，下開覺路於迷津。自建堂以還，實歷風雨星霜，故多有整修，以維持堂構堅實永屹，其猶如古剎又恰似書院之建築風格，乃是文化與素養之表徵。正殿東側奉祀太歲星君，其右設靜室及堂主書文室，後為議事堂。正殿西側為觀音殿，其左為養心室及立德房。北側為造景之後山，供休閒散步之用；東南為講堂，西南設休憩涼亭。

　　民國一零三年（歲次甲午）南天行政府有鑑於德修歷此十數年來，力行普化不遺餘力，勤功聖業濟渡有方，於農曆四月初六日頒降綸音，恩庥德澤，晉爵擢陞德修 為道院，賜號「南天直轄德修道院」。

　　本院自建堂迄今，逾五十寒暑，許堂主本籐先生南歸後，由林院主暨管理委員會各委員繼承遺志，暨各鸞下之響應，逢初一、十五舉行祈安植福法會，又不定期舉辦消災解厄渡亡法會、宣講，創立獎學金，嘉勉學子，設靜思園及饗宴人生佈道欄定期引述講解四書、提供保健常識、鼓勵詩文創作等等…藉文筆淨化人心 ，文儒風範，至顯者也。

【連絡資料】

崙背南天直轄德修道院

地址： 637 雲林縣崙背鄉豐榮村四鄰九號

電話： 05-6552939

【六部生介紹】

總理院主：林振鴻	主任委員：李仲富
正鸞生：蔡麗惠	謄真生：郭素真、劉慈愛、許東森、
司禮生：洪銘聰	林中和

筆錄生：林振鴻、李麗珠、　　　　文房四寶：蔡碧玲、林安正、
　　　　許登畯、盧偉銘　　　　　　　　　　洪麗香、康連進
護駕生：廖素女　　　　　　　　　司香茶菓：許麗花、蔡素霞、蔡綉鸞
迎送生：許明正、許棉

【鸞文或鸞詩】

本院正主席玄天上帝蕭恩師登台

詩一：
　俗世修行證道真　三千功果了俗塵
　造化還原登覺岸　善德雙行好修身

詩二：
　三教玄妙正理傳　聖藻闡教渡迷旋
　挽回頹劣今朝惡　宣化明燈入覺圓

示：
　　聖真闡教，旨在渡人，性命之雙修，一真在抱，凡人之立命也，屬先天所定。性之所由來，亦先天之所配，一性一命，凡胎未出，先天率定。人之入世也，乃屬後天，若不修性命，則隨數之盡而歿之。若能修而養之，則造化雖定，亦可離五行、越陰陽，不為天地造化所拘束也。
　　人之得其道者，非性命雙修不為功。晚近之世，火宅修行，真雖在，而不易見之；真雖得，而不易知之。一道之微，存乎人心，一道之妙，在乎修養。修養需時，非朝夕可得之，七情與六欲、四關和三毒，亦非朝能以離之，漸行漸修，漸覺漸悟，方竟全功。學道如行路也，路途遙遠，百里之程，非迅速可達之，虔誠篤行，矢志不移者，當能達最終之道也。
　　在修養其中，勿操之過切，舉凡內外二門，應以靜而後動，倘一動則不能永靜也。老君曰：「止於寂靜，如何能寂，先從靜字開端，靜而後動，動至無所動，再趨於清靜之境，靜至無所靜，五蘊俱空，一塵不沾，寂寂之門，當自現矣！」

今歲天運不常，塵海之中，劫厄頻頻，凡屬學道修子，更應淬勵以修真功，生滅無足悼，富貴無足惜，殷殷而求之者，一道也。學道者勿為天地造化之所拘，則道亦得矣。願學道修子共勉之！

再示：

本院承賦「法海明燈」台疆拔超之任務，此段期間，舉辦十多場超渡法會，救渡百餘位孤魂魂歸地曹，觀之每位孤魂皆是抱以喜悅感動之心，神、人雖是勞心勞力，亦感欣慰之。此任務可以觀之諸生之心志與行持，亦可借以孤魂自述漂流之苦難與生前之遭遇，給予世人有所惕勵、警世之意義。「法海明燈」之任務，非是短期可以圓成，諸生之心志與精神，乃是孤魂求以出期之希望；諸生之真誠，也是孤魂一線之光芒，望諸生之悲心仁懷與初衷之志能持之以恆，切莫有懈怠之心。

上天甚是稱讚諸生之心志與精神，但美中不足之處，乃是諸生之同理心不能善以發揮，不能深入體會孤魂漂流之苦楚，此者悲願則不能達之最高之境，此乃諸生須以加強之處，由心而發，由誠而行，自能體會孤魂之心，以將心比心發揮大悲大願之仁心，此乃上天期以諸生能以發揮之願行。諸生們！再接再勵，共同圓成此鉅任，師勉旃之！明了？（生等謹遵教誨）尚有事？（無事）退！

28 埔里昭平宮育化堂

【寺廟沿革或簡介】

我國東南海中一嶼浮翠，四季青蒼儼然仙境，屏蔽全閩，上而江浙天津，下而福廣二州，一航可達者臺灣也。其中心即大墩為臺灣五大鬧市之一，大敦之東，內山之內，形成盆地，環山聳翠，碧水縈迴，綠竹成林，蒼林蔚茂，景色天然，間有額刺王字生番，四面逼處者，玻璃社也，亦名綠湖。位於臺灣中央，東枕霧社廬山，西接日月潭，物華幽勝，名甲東南。

溯自道光三年草萊初闢，設官致治，文明以啟，而漳泉兩粵之民始徙入與番雜居，地雖險要防護殊周，民番相依樂處，雞犬相聞，守望相助，罕有生事。由是士也宜讀，農也宜耕，地雖彈丸，化作天然瀛洲，千古之上，隱處有人；千古之下，不亦有高人雅士乎？如日潭釣鯉，月潭放艇，探櫻和唱於春日，酌酒聯歡詠乎秋風，墨客文人，興懷把筆，流連忘返，寄跡林泉，地靈人瑞，實乃天然佳境也。

斯於樵採無憂，人煙漸密，行旅漸通，生番浴化，官政敷施，教育兼振，商賈並興，道路創闢成規而四通八達。然咸感無建聖廟不足以昭誠敬，民尚不便祈報。而神道設教，說本義經，爕理陰陽，贊襄明治。故凡有都有邑，皆有

神廟聖宮，崇奉古聖先賢，忠臣義士，職司守土，護國安民，咸受國封，載在禮官，恭承祀典，春秋致祭，由來不廢。而我綠湖賢哲，深感聖神無廟，典禮未備，人神不安。迺有前民林有定、王國財、李心田、許爐、巾幗耆英童阿里、徐霜等首倡建廟，崇奉武聖之議。時因住民未諳崇德報功之義，和者不多。而倡首人等，無不毅力克己，集資擇地，於王國財耕有園內，擇日簡創茅廬，由林有定往大墩市，奉來武聖關公金像及爐，遂取號為「修化堂」，擇吉舉行鎮座如儀，此民國一年辛亥孟春之事也。

由是傳經講理，幸而度化有行，香煙日盛，春秋二祭，幾於路窄難行。且嫌初建簡陋，行香士女，無所立足。迺由童阿里罄志輸誠，供藉居家正堂資以遷祀，眾議遂決，立即擇課舉行遷座，此民國五年丙辰仲秋之事也。自是堂室寬廣，地足容人。更幸地方仕紳，來者接踵，詣者蟬聯，教經勸化，衍敷日廣，官民尊奉五倫十義，推及閭閻，互鄉化為仁里，教之功用顯效，如此信於古聖諄諄不倦，隨時隨地立教世人，良可敬也。

於是文風日展，未幾修人遠近咸集，祈報愈增，香煙熾盛。仍感教經講禮房室不敷，有需覓地公建祠堂以計悠久。幸有街長林其祥，地方望族謝仕開，出為領導，邀集林有定、王國財、李心田、徐雲騰、黃佛緣、童阿里、徐雙等磋商，創建武廟之議。爾時林其祥、謝仕開、徐雲騰等提議，謂衛國維武，治國宜文，文兼武備，聖人所重，鄒魯休風，山城未沐，宣尼化雨，何時沾及？不若創見文廟兼祀武聖，豈不為宜，理正義確，眾意贊同。而擇地於現在廟址，乃請堪輿家格龍定向，為坐辰向戌庚辰庚戌分金，收午方旺水歸於戌庫，龍真穴的，大吉之地。經林其祥具文請官批准核下，乃集地方仁人君子士紳賢達，互議擘劃工程，鳩資得妥，乃擇於民國十五年丙寅之秋大興土木，同年仲冬即告完成，易號「育化堂」。奉祀大成至聖先師孔子為主座，而武聖關聖帝君為陪座，合祀呂祖師、司命真君，隆重舉行鎮座大典。有郡守街長蒞臨主持，而文武公教官員學生均各參祭，盛及一時。由斯以來，年年儀例，春秋二祭，益見熾昌。而學經崇聖，願為門徒者日眾，斯文一線幸藉以延，文化中心遂歸本廟。猶可謂宣尼尚在，明教仍存，國運興隆，先徵有兆，於此顯見曙光，足資

可證也。

　　然而正殿雖建，尚缺三穿兩廡，有欠雅觀，幸後起有人，旋由何其昌、謝其昌、施文彬、蘇樹木、陳景賢、林來福、林金海、李修德、江榮宗、林有定等圖謀建築而組理事會，公推何其昌為總理，俱表贊成，捐資集材，於民國廿六年丁丑瓜秋，土木並興，經年告竣，雕樑畫棟，眩人耳目，宮殿莊嚴，稍有可觀，差堪自慰。遂即解散理事會為堂主制，綜理一切事項，議推何其昌為首任堂主，而施文彬、蘇樹木等相繼厥職。迨民國三十六年丁亥陽月之望，著造破迷針一冊，經二閱半月告成付梓頒世。又民國三十八年己丑閏七月，復著引悟線一冊，亦經付梨棗刊行天下。因而世人閱讀二部金篇，感悟善事可為，惡事莫作，而踐行忠孝守信義者，亦屬不少。於是聖神化俗之功顯著，為之修人日盛，有感聖殿庭墀之外，只堪旋馬狹窄異常，況且禮拜行香士女，鬧如過江之鯽，殊感不便，引起碩士鄭錦水有鑑及此，乃於民國三十九年庚寅，慨獻殿前之地，增闢廟基，擴大庭墀，並造宮牆以便香客車馬往來，尚有餘地，造成花圃移栽異種奇葩，逢春芍藥競豔，招徠四海名士，探賞留題，咸稱勝蹟，因此孔廟，更以花聞名矣。

　　宮牆已修，上天有格，至於庚寅梅望，蒙賜復號曰「昭平宮」。日居月諸，光陰荏苒，須臾之間已民國四十三年歲次甲午年之春，，鑑及正殿歷年已久，乃提重建之議，時地方賢達常有建議，文武二聖須分開奉祀，而大成殿應配祀七十二賢人，方合禮儀。誠如斯言、奈因地基面積有限，無從展佈，幸有地方善士彭登亮者，聞聲慨獻後殿基地，而促早興建，實於人間不可多得之士也。亦即聖靈未泯之明徵，何樂如之！然而興建必須鉅資，積無恆產，心有餘而力不足。延擱至民國四十四年乙未孟春，乃邀請埔里名士三十六人，組織埔里孔子廟籌建委員會，公推蘇樹木為主任委員，許清和、陳石鍊為副主任委員，開會議決有關建築各項工程。劃分三部，首部為後殿工程，由設計師董淙鏞輸誠無價設計製圖。二部為大成殿工程，由建築師蕭再福亦以無酬慷慨設計製圖。三部為大成殿之三穿重修部份，因資力不充留待後議，眾議既決，始悉力從事籌資募款，一時地方仁人君子樂捐慨獻資材者為數甚多。資源既有可靠，正待

呈請政府核准建築之時，恰喜來有泉山八三老叟，前朝舉人總統府資政施景琛翁，慕遊山水而暫寓埔里，時詣於孔廟晤施賦山引會諸同仁，談及孔廟重建各節，乃荷馨志慨允襄助，共策籌謀，得萬端就緒，於民國四十四年歲次乙未菊月望越三日，邀請王分局長興詩、巫鎮長重興主持破土典禮如儀，於是全部工程，悉委工程專家許元發義務監工興建，到於民國四十五年丙申季冬，後殿工程始告完成，暫安聖位，俾便參拜。而大成殿亦同年蒲月望後四日興工繼建。經陳監察人南要呈請　總統賜匾，五院院長題聯刻石，迄於民國四十八年己亥桂秋工程完竣，涓取八月廿六日大吉良辰，舉行大成至聖先師孔子、四配、十二哲、七十二賢人鎮座典禮。是日由洪縣長樵榕主祭，莊建設局長榮榆、巫鎮長重興為陪祭，其他各機關首長、文武官員、各校學生，均臨參祭，盛典隆重，誠堪誌於千古。到民國四十九年庚子之春，竊思廟已完成，即解散籌建委員會，而重組埔里孔子廟管理委員會。首任主任委員公推江榮宗，副主任委員許元發，於民國四十九年菊月望日經各宣誓就職，並呈縣府備案，時逢秋節，爰書勒石，以為留念。

中華民國五十一年歲次壬寅仲秋　謹立

【連絡資料】

埔里昭平宮育化堂

地址： 54547 南投縣埔里鎮南興街 381 號

電話： 049-2982906

【六部生介紹】

正鸞生：詹德權、檨清吉　　　　　　副鸞生：賴芳正、洪豐修

筆生：賴琦元、劉曜銓、巫添龍、　　唱生：林永固、林松土

　　　徐傑淋、黃騰煌　　　　　　　接駕生：潘信行、何茂發

監壇：邱清松

【鸞文或鸞詩】

109庚子年十月廿七日戌時

保生大帝 降

詩

神仙每每勸人來　　育化期期文筆開

用盡真言行聖道　　何因依故不知災

本堂用大將軍 到

詩

湖城保有古文風　　作育英才筆陣雄

翰墨薰陶弘聖教　　相承道統廟昌隆

符一化丹水。

今夜共生飲，三四聖誕夜生共飲。

29 彰化永靖甘霖宮關帝廳

【寺廟沿革或簡介】

　　甘霖宮現址座落於彰化縣永靖鄉永北村永福路一段八號。位居於五條衢道衝要，狀如五龍獻爪，廟堂正置於龍喉脈地之上。四周房屋鱗次櫛比，交通錯雜繁忙，襯出甘霖宮鬧中取靜的清雅脫俗，的確是處宗教福地。

　　清順治十五年（西元一六五八年），有廣東省潮州府饒平縣人氏陳克文渡海來台，由北港溪上溯定居於諸羅縣時隨身奉護三山國王香火祈佑平安順利。康熙八年（西元一六六九年）陳君遂返回潮州恭請經上天敕封的三山國王神位來台，斯時因北港溪流泛瀾成災，乃輾轉遷移至彰化縣武西堡關帝廳（現永靖鄉）定居，因為三山國王的盛名遠播，近悅遠服，眾信徒於康熙十六年（西元一六七七年）籌資雕塑神像金尊，暫奉於關聖帝君廟供人朝拜，雍正九年（西

元一七三一)關帝廟陡遭風災吹垮,眾人覺得現址,以簡單建材搭蓋成,並求卜定名為甘霖宮。

　　該寺廟的建築採南方式,高翹的屋簷,雕飾繁複的剪黏,華麗的梁柱牆堵,裝點著甘霖宮在傳統中的執著。該宮有塊「義氣參天」的橫額,傳說是雍正九年(西元一七三一年)供奉關聖帝君神像時所留念安放,屈指算來也有二百多年的歲月了。

【連絡資料】

彰化永靖甘霖宮關帝廳

地址:彰化縣永靖鄉永福路一段 8 號

電話:04-8228241

【六部生介紹】

主　委:黃銀砂	正鸞生:蘇郁翔	筆　生:詹東宜
監　壇:王成財	唱　生:林敏順	覆文生:劉景森
接駕生:陳美臻	效勞生:劉寶綵	宣　講:朱祐亮

【鸞文或鸞詩】

庚子年 花月朔一日

都天糾察太乙雷聲應化大天尊
豁落靈官 王天君 降詩

末法時期，烽火四起，瘟疫橫行，人心惶惶，民不聊生，幸有貴宮三山國王老爺，威震一方，汝等、董首、執事、鸞下生，能團結和諧，神人合一，代天宣化，施方濟世頗有成果，吾心甚喜甚慰。

吾敕令瘟王，若關帝廳庄 眾善男信女，若聽從貴宮老爺勸戒，洗心革面，重新改過，一心向善，即既往不究，法外施仁，若是執迷不悟，一意孤行，惡心惡行，則收。

望爾等切記在心。

戊戌年臘月十一日

本宮獨山國王登台

詩一

獨進杏壇桃筆開　　山光遍照育賢才

國倡儒學興社稷　　王勉賢生善德栽

詩二

　　正道不振化頑癡　　聖理真詮挽頹危

　　瀚墨書香傳千里　　代天宣化揮柳枝

　　溫文儒雅敦禮義　　國祚永固振綱維

　　修身養性嚴律己　　金箋啟教萬世規

詩三

　　福田勤耕志心堅　　日讀黃庭學金篇

　　作育英才扶社稷　　鸞音廣播賴諸賢

　　大雅詩文傳萬千　　宣講道義性慈善

　　栽李培桃繼聖學　　甘霖宮訓渡無邊

詩四

　　蒼蠅短見不知癡　　食腐逐臭甘如飴

　　豈識鯉魚鴻鵠志　　禹門三躍到天池

所謂:鯉躍龍門獨佔鰲頭皆因有志者事竟
成也。

30 南投埔里真元宮參贊堂

【寺廟沿革或簡介】

　　真元宮參贊堂昔稱刣牛坑帝君廟，約肇建於一九〇二年，時因菸毒蔓延眾受其害，有埔里懷善堂三恩主，救世濟民消解菸毒，蒙治癒者不計其數，香火盛極一時，其有正鸞生名李春生者，得神諭示，於永興莊（今一新里）內有一吉地可建宮廟，囑李前往尋覓，李因人生地疏乃邀游翁朝安同往。林野叢生，曲徑深山，跋涉維艱，庄社人員稀落，內有一小湖名曰蜈蚣窟，二人在此訪住民徐阿石見詩曰：「坐庚向甲對尖峰，左鐘右鼓排兩傍，鸞鳳麒麟尾結穴，合石中心造聖堂。」指示續行將見古樹一株，於其樹下開鑿，自有合石可考，得此諭示，二人苦尋古樹，果得於山野之中，游翁即邀庄眾三十餘人至古樹下開鑿掘至深達八九尺仍不見恩主所諭之合石，時已過午眾起疑心，紛欲散去，二人見此，復至義民爺前叩禱，幸蒙守管該穴之曹福神降筆指示曰：「余交管此穴，經閱四十三年，今得出現誠可喜也」，復降詩曰：「眾生闢地要堅心，且看神祇顯化臨，古木對落六尺四，三尺六深合石尋。」得此諭示二人知上蒼欲考驗眾人誠心，遂勸服庄眾勉力再鑿，不多時果然發現一黃石盤，長約三尺寬二尺許中央有一裂紋，以羅庚準繩測量，果如詩中所示地理奇佳，確為吉穴，庄民始知神祇之顯化，擇定良地坐鎮佑民，及即地採伐，修茸茅舍，安奉三恩

主香火令旗，始開「刣牛坑帝君廟」駐守地方之史頁。然僅暫祀非為久計，越數年，游翁朝安邀張世昌、林清結、余成財、古長春、何阿陞、蔡塸祥等商議建廟，普獲認同，於是各盡其力，四處奔走募款，蒙各界信眾慷慨解囊自一九０二年冬鳩工庀材，因廟地位處深遠山林，物資概以肩挑步担運送而至，雖艱難庄眾仍力行不懈，終於一九０四年冬建成土埆廟堂，安座神尊名為「參贊堂」，實為刣牛坑地方之幸居民之福。

廟堂建成，參贊堂揮鸞濟世，施方救眾，香火益興，遐邇稱善，歲時荏苒時至光復，本堂歷經四十餘載之風霜，漸呈斑駁毀損風雨侵襲之象，遂由時任總監張以時董事會委員長張振春發起重建，一九五一年破土興工，磚瓦結構，燕尾剪黏具有廟宇莊嚴樸重之感。奈寒暑更迭又歷風災屋瓦破漏，樑蝕傾圯，一九七七年成立重建委員會選徐欽漢為主任委員，工程於一九七八年開工拆除舊廟，原址另建新殿，一九八二年陽月舉行三日法會鎮座大典一九八五年臘月落成，即時舉行三日慶成法會，同時得神明降諭命名為「真元宮參贊堂」。自此諸神欣有境民同瞻仰，以嶄新殿宇，昭炯威於世。

本宮座於埔里鎮郊一新里，背倚翠巒，前為良田，遠山含笑，初抵宮廟視野遼闊，佔地約二千多餘坪，左右建有兩亭分為龍飛亭，鳳舞亭，前中有八卦池，拾階而上，石獅立於兩側，左右金爐，右建惜字亭，正殿巍峨，鐘鼓樓立於兩旁，建築採華北重簷歇山式，坐西向東，正脊前為雙龍戲珠，後為雙龍護塔，翻天覆地雙龍柱擎立，龍虎堵、人物均為石壁透雕，樸石質感，呈莊嚴本色，雕花吊筒，飾以金彩，斗栱出挑，漆金點藍，富麗堂皇，廟額懸於正中。穿步口而入正殿，中龕奉祀文衡聖帝、孚佑帝君、司命真君鎮宮三恩主，龕楣飾雙金龍搶火珠，壁繪神龍回首吐珠，華麗輝煌，開基三恩主以玻璃維護，座於案前，在旁有關平、周倉忠心護衛，其前並有四大金剛列隊鎮守，龕聯曰：「真靈不滅參天地，元氣永留贊古今」，贊諸聖神，修道圓成，元靈渡化人間，柱上則有詩云：「參明明德德明明明並日月，贊翼翼功功翼翼翼比乾坤」，文字功力頗值玩味。左龕奉祀城隍尊神，右龕安奉福德正神，前有一白瓷香爐，已

有百年歷史，造型於今罕見。藻井繪為太極八卦，簡單而蘊深意，殿內懸有「參天贊育」，「參天贊赫」，「普澤萬民」，等多方來自友宮祝讚之匾額，其中一方「天地正氣」，乃一九五三年于右任先生所贈，筆意雄勁。上二樓，奉立欽奉敕頒玉旨之神位，前為大成至聖先師孔夫子之神位，神龕為舊廟出火時所留，雖歷時日久仍不減風華，另添古樸之感，舊物利用惜物敬物之情，行至鐘鼓樓有一只古鐘收藏於內，為一九０四年開基古物，雖已有損不再鳴響，香燻銅銹，猶發思古之幽情。

每逢諸聖佛神誕，必敬行典儀，恭敬祝壽，農曆六月二十四日文衡聖帝聖誕特別慎重，擴大舉行祝壽，信徒亦攜供果前來禮拜，感謝恩主護佑指引之覃恩，善信齊廟堂，香煙嬝嬝，梵音繚繞，同禱風調雨順，國泰民安。

自聖帝擇址蒞境，本堂諸位執事以神職回饋鄉里，首任堂主蔡堃祥，第二任蔡錦琦，一九五三年成立董事會，委員長張振春，總監張以利，後因改組為管理委員會，第一屆至第五屆暨第八屆主任委員由張振春擔任，第六屆主委張建光，第七屆主委張以利，第九、十屆主委劉坪，第十一屆至十四屆主委徐欽漢。歷屆堂主、委員長、主任委員、眾委員、理監事，蒙神降詩無不全心奉獻，為神道效勞，不求分文，並秉救世原則，舉辦冬令救濟急難救助，雖獻棉薄，亦彰宗教體恤貧困，振興世道之旨。

時代進步，社會繁榮，水準提高，轎車日增，經十四屆委員會決議，興建停車場、圍牆、參聖門、拓寬廟庭、將石獅移至參聖門兩側，廟庭周邊以大陸花崗石板雕刻歷代文武名人故事之雕像為欄杆十分壯麗，拆除下庭六角亭、八卦池、將庭下改建成多功能議事廳、育樂中心、右側增建洗手間一處。然而一九九九年九二一大地震，正殿震裂，兩側之辦公室、會議室、樓上鐘鼓樓全毀，以上所有興建、重建、改建工程均蒙各信眾鼎力捐助，本屆選聘人員出錢出力奉獻，俾得順利於一九九九，二００一年間完成。

本堂肇建於一九０二年，走過百年，在此期間承蒙諸多先賢前輩，十方善信大德之竭盡心力，苦心經營，屢經改建、重建、興建方有今日宏偉。

真元宮參贊堂第十四屆管理委員會　謹識

西元二〇〇一年十月

【連絡資料】

南投埔里真元宮參贊堂

地址： 545 南投縣埔里鎮永興路 29 號

電話： 04-92930073

【六部生介紹】

正乩：何昌璟　　　副乩：黃興隆　　　唱生：曾文昌

筆生：黃興煥　　　監壇：曾錦立　　　接駕生：何世昌等 6 人

掃砂生：曾永龍　　經生：曾文昌等約 10 人

【鸞文或鸞詩】

一〇九年歲次庚子年十一月初一日／何乩生扶

敕之靈符。

頭道化入中爐，二道化入天公爐，三道劃入乩田，四五道正副生化飲，六道筆錄生化飲，七道砂生化飲，八道吟唱生化飲，九道眾生化飲。

本堂馬天君 降

詩

安和社稷眾同祈　　淨化人心願莫違
聖教宣揚推善德　　綱常重振正途歸

又詩

真修悟道祖生鞭　　善德為先樂事連
節義綱常群恪守　　勤功自有福綿延

話：

鸞下生理當細研經卷善書，努力進取為自己造福。

一〇九年歲次庚子年十一月初一日　／曾乩生扶

本堂福德正神 降

詩

心寬養性把身修　　和氣謙謙免患憂
正道勤耕君子德　　丹誠入聖解千愁

話：

今晚俚句一首與眾生共勉。

31 南投埔里宣平宮醒覺堂

【寺廟沿革或簡介】

本堂位於綠湖之南，四時青蒼天然仙境，後透台灣名勝日月潭，前對霧社蘆山。物華幽勝，環山聳翠茂竹成林，名曰：「溪南」。溯自民國卅四年（乙酉）仲秋，辜添泉在北回鄉已彫乙尊 呂恩主奉祀在其家，傳經講理等，人人稱謂先生。至民國卅五年（丙戌）荔月辜添泉全家遷往台北經商，其時 呂恩主亦隨往。晨昏宗拜之信心，然辜添泉亦有鼓勵大家，若有堅持信心者，先生帶你至台北聘其彫刻師，名曰潘依 接洽。是時黃刊、黃其東、辜金鑾、曾樹、黃其山等，據先生之教說，其五位心內感嘆師生離別， 呂恩主亦別離。奮志堅強協助辜添泉搬家至台北並彫回三恩主，關平太子、周大將軍、城隍尊神、福德正神等七尊聖像，鎮座辜家奉祀。日為士農工商，夜集辜家誦經，並共同研究經書數月。即向日南醒化堂懇請三恩主指示並開堂等，至民國卅五年（丙戌）陽月初蒙上蒼賜號曰：「醒覺堂」。並准擇十月十二日開堂，是時典禮由醒化堂林阿四老、潘朝陽、林清寄、林廉恩暨鸞下生等始終協助此乃堂成立也。嗣後公推辜添泉為堂主，黃其東即繼厥職。然後辜家一同將喜獻正宅，當年建設拜亭並改修內外鸞。嗣後幸醒化堂諸賢士蒞臨指導暨育化堂江榮宗懷念故鄉熱心到堂傳經數載，信徒日增。香煙鼎盛，村里和藹，稱謂神恩普化黎民有賴。

至民國四九年庚子花月主席關聖帝君降筆於育化堂詩曰：

一、多年罕見上高堂 一見諸生喜氣揚

協力竟成宣聖殿　構雕觸目格輝煌

二、到處鷥堂樹鼎新　知為財力配於人

自慚醒覺窮於地　茅屋難編隱聖身

三、吾心非是羨榮華　事實三尊未有家

往昔添泉偏誤我　浮沈此日輒吁嗟

四、財經辰下萬方窮　不敢多求份外中

當載倘逢帆有便　深期育化助東風

五、吾今下筆返溪南　欲別諸生心未甘

有隙能來多晤會　衷情亦是輒相參

　　以上之詩由育化堂轉達，是時王進福、黃清允、辜金鑾、胡阿發、黃其山暨鷥下生等傳集眾村民集議，其時幸大家讚譽，蒙楊公仙師選定廟地，詩中有一句「未山丑向水壬流」將命游樹綿排庚即此廟址也。此吉地諺曰：「白鶴山後有翠竹茂林，前看耶馬溪，綠水長流，更添眠牛伏虎朝案外，旖旎風光不減員嶠聖域」。此廟係水田面積五百八十坪，由王進福、胡阿發、劉阿才、張志乾等四位善士捐獻，蒙上蒼准旨成立新建委員會，神選鄭錦水為主任委員，許清和、劉水成為副主任委員，江榮宗為經理，陳南要、蔡益修、施文彬、王梓聖、鄭火炎為顧問，建築師蕭再福亦無償設計及製圖暨各委員鷥下生等並各方士紳善男信女捐助。

　　擇于同年蒲月十日興工，地方男女自動奉獻。日勤工程，夜採砂石，運輸黃徐蔥妹搬材運石亦無酬慷慨協助。費時僅半載即擇葭月廿二日鎮座典禮。蒙上蒼賜宮號曰：「宣平宮」。至臘月完成即解散建築委員會，堂主劉阿才。迨至民國五十一年（壬寅）花月改委員制（神選黃清允為主委王進福為副主委），以此神威更震四方。自正殿建成歷經十一寒暑，至民國六十年辛亥桐月主席降筆詩曰：

宮未完成職未清　三穿准建爽心情

依期謝土功歸責　望各仙舟早渡行

356

　　聖示後成立五門建築委員會，神選鄭錦水為主任委員，許清和、黃清允為副主任委員，鍾火琳為經理，鎮長白金章、沈博士雅禮、賴路漢、王梓聖、蕭再福為顧問。蒙上蒼擇期于桐月吉日五門興工，幸各委員暨鸞下生各方善信人等鼎力扶持捐助，始得本堂全部工程告竣，即解散建築委員會。涓取民國六十二年（癸丑）梅月十一日五門落成典禮，總幹事陳明雲。本堂始有今日宮殿堂皇，誠感大德美舉玉成，神靈永沾，護國安民，風調雨順，勒石以為留念。

　　中華民國六十二年歲次癸丑梅月宣平宮醒覺堂管理委員會謹立

【連絡資料】

南投埔里宣平宮醒覺堂

地址：54548 南投縣埔里鎮珠生路 59 號之 1

電話：04-92983554

【六部生介紹】

正鸞生：曾盛吉、黃永仁　　　　　筆生：潘基洲、陳信元

唱生：王志遠、楊錦峰、徐建福　　監壇：陳文川

接駕生：陳文川、許榮雄

【鸞文或鸞詩】

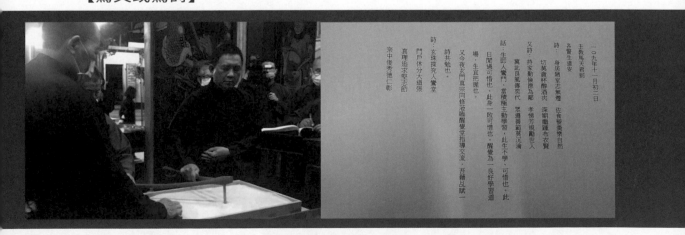

一〇九年十一月初二日

主教馬天君到

各賢生道安

佐食饜饜樂自然

詩：身居陋室志無憂　深明離鍾布衣賢

又詩：持家勤儉揆身賢　孝悌芳規勵世人

切英貪杯酣酒肉　眾邊雜穢莫沾濡

寫此良風傳奕代

話：生即人鸞門，當積極主動學習，此日聞過可惜也，此身一敗可惜也，

又今夜玄門真宗問修涇臨醒覺堂指導交流，吾輩乩凰一

詩共勉也。

詩：玄珠探究人鸞堂　門戶休分大道張

真理追求聖志節　場，生宜把握也，醒覺為一良好學習道

宗中俊秀德仁彰

32 埔里横恆山宮衍化堂

【寺廟沿革或簡介】

埔里恒山宮衍化堂創始於民國三十九年（1950），崇奉關聖帝君為儒宗道教，藉扶鸞闡揚教義。廟宇仿古式建築典雅精緻，香火鼎聖，為當地宗教信仰的重心。

民國三十九年十一月應牛眠里人士之請，昭平宮育化堂前往開設牛眠山衍化堂，係由堂主蘇樹木主其事，陳景賢、陳石鍊、施文彬、陳南要、林來福、王梓聖等參與之。因地方人士熱心參與，由是堂務輝煌，人才輩出，上蒼賜復號曰：「恆山宮」，成為牛眠社區一聖地。

【連絡資料】

埔里横恆山宮衍化堂

地址：545 南投縣埔里鎮牛眠里牛眠路 1 號

電話：049-2931140

【六部生介紹】

正鸞生：徐成楠（松筆） 　　　　副鸞：林川郎

筆生：何洧杰、張斐璐、余麗英 　　唱生：林協利

覆文生：何洧杰 　　　　　　　　　監壇：魏清國

接駕生：劉春貴、潘學聰、潘光重 　經生：黃子昭

正生：鄧錦松（竹筆）、潘志榮（梅筆）、

　　　白進修（副筆）

【鸞文或鸞詩】

33 台中玄靈道院

【寺廟沿革或簡介】

本道院回溯早期之前，（據庄中耆老所述）是於日據時代民國22年秋，由福建渡海來台，當時日據時代認為此舉有啟迪我民族精神之嫌，百般阻撓，中間經過百般挫折，直至民國34年台灣光復後，乃本境先民「阿添伯」發現有一令牌及神尊在夜晚會煥發五彩光芒，因初時廟宇未建，乃各輪祀於爐主家中每年易動，祀無定址諸多不便，後承地方紳士及諸善信熱烈捐獻力倡購地建廟，辦理申請事宜，于民國43年6月20日由玄天上帝托乩降靈後，初始設名為【靈震宮】。從此神威遠播，威靈顯赫，普被蒼生認同；後因祝融無情肆孽，廟堂破焚，然恭奉之神尊安然無恙，信徒稱奇，當時奉主席玄天上帝降駕聖示，更宮號為【玄靈宮】始建於民國73年（甲子年花月吉日。）代天普化濟世已歷三十七年有餘，香火鼎盛，神靈赫濯，遐邇咸仰。

今逢台疆因緣殊勝，鸞門應運普化眾生，玄靈道院主席 北極玄天上帝欽奉無極老母懿命及昊天玉旨，代天宣化扶鸞著書，於戊子年三月初三日，已升格為【南天直轄玄靈道院】，是以三教法義，為化育蒼黎眾生而迭佈福音法教，

契引有緣善眾，開悟慧性，以期早日了脫生死輪迴，而得證道圓滿，逍遙極樂。玄靈道院之全體鸞下生當克盡鸞門一份子之天職，爾後必將陸續行鸞出書，希能利益世人不斷，誠勉有情眾生及前賢大德蒞臨，共沐天恩法雨，盼能啟開修行大道之契機，同登聖域仙邦。

【連絡資料】

台中玄靈道院

地址：41357 台中市霧峰區豐正路 327 號

電話：04 2330 9095

【六部生介紹】

正鸞生：池壽添　　　　　　　唱生：張素琴、陳惠卿、彭瑞貞

筆生：翁子茵、施芊鏵、廖玉蘭　　司儀生：陳冠澄

　　　楊永昌、賴傑楨、蕭雅菁　　接駕生：姜永郎、蔡明俊

　　　黃晨恩、林士育、蕭世卿　　效勞生：張承傑

內監：蔡金源　　　　　　　　外監：洪俊昕、蔡正民

鐘鼓生：謝志明（鼓）、張珖溢（鐘）

　　　　楊棟凱（鼓）、楊育軒（鐘）

【鸞文或鸞詩】

濟佛禪師　登台
詩曰：
　　大道無私佈寰宇
　　啟化真理破無明
　　學道專誠心一致
　　宣揚警世建奇功

34 雲林崙背天衡宮

【寺廟沿革或簡介】

民國五十九年時，建宮發起人約十人經常至私人宮虔誠恭拜母娘，事後發願想興建廟宇讓人求向善道信仰膜拜，於是商議於庭院設香案，祈求上蒼直降神尊，人傑則地靈，意誠則神顯，三天後請杯印證，連續三聖杯得上天應允。

建廟期間善款不足，十九位委員及善心人士響應奉獻，有人前往西螺溪路溝邊撿石頭；有人用牛車載運砂土。由於神人感應、恩波廣被、靈光顯赫，全省各地善信，朝宮參拜，祈願者有求必應，民國六十一年興工建置，六十二年入火安像。本宮應上蒼聖意撰名天衡宮，取天心端正、不偏不倚之意。

現有如此堂皇之殿宇，皆是前人各庄黎民發心，胼手胝足、一磚一瓦，眾

志成城之結果。今應念前人蓽路藍縷之精神，一步一腳印再將天衡普施育德之信念，再續宏揚，唯亦應廣結有志鄉儻，盡心造福桑梓。

【神蹟故事】

一、 成立鸞堂

　　我 詹秋己信士到太上道祖神駕前，內心感應至深，於是，用聖爻請示，承道祖指示得知需成立鸞堂時機到了。將與東南方某宮殿結緣，敦請蒞臨指導訓乩，因事關重大不得不慎重其事，便點上三支香，稟奏本宮諸聖真師尊，此三香未燒完必須發爐，我才聽命行事，此時爐中僅此三香，插香之前我先用手摸探爐灰底內，冷冷冰冰，毫無熱度。三、四十分之後，香燒過半，果然奇妙，爐內香底，嬝嬝冒出煙來，不得不信服神蹟的顯現。於是便要找到我們心中的寶穴聖地：嘉義先天玉虛宮。時近晚上八點到達，廟祝一誠師〈李潮海〉已關好大門，只留一小門待我們進入，參拜後稟明來意，一誠師笑說，太上道祖已知會他，我們即將來臨，即刻穿上禮衣，鐘鼓齊鳴，吟誦請神咒，幾分鐘後，就以鼓槌當桃乩揮文，

玉清教主元始天尊登鸞降示：

玉兔東昇四海明

清心寡慾化群生

教導民眾闡聖理

主護有緣會天衡

既獲元始天尊答允會天衡，我們便帶著感恩的心，歡歡喜喜回崙背。

二、 訓乩賜堂號

　　開始後，本宮即備有禪房兼寢室，我詹秋己信士常齋戒或三日或五日，白天上班，晚上到禪房打坐就寢。三個月後，有一晚在夢境中，很清楚

看到日月潭畔的慈恩塔及全潭景象，翌晨，以聖筊請示，原來金母娘娘，現景預示鸞堂聖號。果然到了五月，昊天金闕玉皇大天尊，欽派內相太白金星帶旨宣詔，賜名慈恩堂。

三、　住台北善士前來捐款建廟，並稱無極瑤池金母夢境指示：烏雲下樹林（雲林）有一間廟需捐款建廟，於是找到本宮前來捐款。

四、　臨時拜亭供奉無極瑤池金母、玉皇大天尊、南海觀音佛祖大顯神威，二十四小時都在發爐，信者病痛無法醫治時，來求香灰服用後即痊癒，於是聲威遠播，信者聞訊而來，香灰被挖到只剩插香處。

五、　榮譽主委李中井稱建臨時拜亭後尚缺地增建香房，經建廟發起人會議後向屏東李信夫洽購，因欠車資臨時向人借錢即前往，地主李信夫表示要建廟用地無問題，並向其母親商量後即應許。購地後返家已晚上十一時許，至門口時發現庭院中有十二隻黑鵝，隔天向附近鄰居詢問是否有人遺失黑鵝，事經一個月後無人認領，於是將十二隻黑鵝以二千七百元販賣。

六、　當時廟地前道路兩旁種植麻黃樹，一年四季濃霧密佈，早上露水似雨般飄揚，原廟預定地種植甘蔗不利成長，收成不佳；現廟供奉玉皇天尊處有一池水終年未乾涸，更無法耕種，建廟時填土即沉，無法填平；廟前有一池水（約一、二坪地）至廟完工後才自然乾涸；建臨時拜亭時，挖掘二尺半即發現水（冬天溝渠乾旱，仍然有水），建廟時需要水源，打井二丈四尺，即沛水量，至今水質清澈尚可使用。

【連絡資料】

雲林崙背天衡宮

地址：637 雲林縣崙背鄉民權路 8 號

電話：05-6962249

【六部生介紹】

主委：廖國佑

堂主：鍾富柿

副堂主：李泰男、詹秋己、徐月華

宗師：黃鵬耀

總護法：沈鳳宜

監鸞：黃坤文

外務總理：林鴻志

正鸞生：李泰男、呂倉佑、張翠華、吳淇福、李侑蓁、簡錦興

唱生：梁孟涵、黃麗卿、李明熹、陳建伊、林鴻志、林珈安

筆生：徐月華、林修禎、廖學禧、歐恆君、黃深謀、毛東勝

電腦生：吳秀娟、李侑蓁、黃瀞葦

司禮生：廖蕾、林數燕、李鳳圓

鐘鼓生：廖連、李美月、方星、廖鑾英

【鸞文或鸞詩】

民國一一〇年四月十日 歲次 辛丑年 二月二十九日 降

天衡宮(天公廟)慈恩堂/正乩：呂倉佑扶　　副乩：李謀信

本堂無極瑤池金母駕前侍女許飛瓊仙姑登台

　　許應慈母駕前來　　飛用凡情登鸞台
　　瓊玉碧心澄晶亮　　仙氜加被眾玄戴
　　姑領群聖伴慈恩　　登舟共學智慧開
　　台心無明拋卻去　　恭迎慈母駕鸞台

現刻
本堂無極瑤池金母登台降鸞示，恭敬合掌迎上，鐘鼓齊鳴！

本堂無極瑤池金母登台
眾玄生道安！吉祥如意！

詩曰：

　　無量慈愛化大千　　極光淨碧瑤池光
　　瑤蔭眾靈皈本元　　池水點化昇瑤天
　　金言玉律悟行用　　母應萬千生靈同
　　登育鸞義秉忠孝　　台提慈恩揚金地
　　玄妙義理通一貫　　日常用心利無常
　　戊子停筆丁丑開　　宣用教材用心來
　　慈恩鸞堂得非易　　無極直降數渡宣
　　玄生經心好把握　　莫使金光虛渡來

再示：

　　各玄生今宵吉祥！輕心自在否？短短幾次的鸞堂宣義又遇停筆了，道炁巍峨佛妙義，天地間能有幾處人間瑤境？玄生當知珍惜，又臨鸞亭開筆，上界無極道真一一降臨慈恩，光是凡身益利無所言喻，五濁之世，凡身受塵業逼迫，身心靈常生厄疾侵擾，如玄生知所靜心導炁則無價仙炁加被，身心靈效果非常。善哉！善哉！

　　慈恩堂設立於蓬萊西域，義指皈元西天淨土，故儒釋道總修，無量法義總攝，歸元於一，心有萬法，實無萬法所執，只應一悟，即是為母所盼，前期元始天王道元老祖所闡述之大道，希望各玄生多看多體悟，應有所得。為人修道出世與入世皆如一般，見悟自性者世界大同，哪來人世間之紛紛擾擾，清淨自心才能契入無極靜密之境，西天瑤境直生於清靜之心，多往自身內心觀照吧！沒找到那顆純淨初心，修道真的艱困，了不知人生方向。

　　今日科技日新月異，但再好的科技文明救不了大眾之困惑、無明之心，唯有回皈自然本性，才是人世間解脫之道。可，吾言於此。

再詩一首：

天地無垠心廣大　　念念起覺念自身
春夏秋冬瞬難抓　　唯有當下是吾家

白瑩子入內
白宸真入內
各位玄生今宵停筆後，各自終須努力向道，可，吾退！

35 台中北區明德宮天聖堂

【寺廟沿革或簡介】

　　位於忠明七街的明德宮天聖堂，是一座三進式的廟宇和屬於儒、道、釋三教合一的民間信仰，本諸儒教的倫理、佛教的慈悲、道教的科儀，濟世度眾。大部份建築運用雕樑畫棟、交趾陶、泥塑、木雕、石堵雕法（線雕、浮雕）等作品，故事題材大都以三國演義及封神榜、二十四孝等為主。構成如此富麗堂皇，氣勢磅礡、浩然正氣感之建築。明德宮各殿內之神像或部份建築都是由將近三千年巨大牛樟木刻成，主神像 7 尺 2、旁副神像 6 尺 3. 石堵材質是以青斗石居多。其整體建築式樣大都由 恩主公聖示，其數字有很多不可思議之處，各殿內外之柱子加起來適好為 108 支、凌霄寶殿地下殿至三樓無極逍遙殿有 108 個階梯和整座建築高度共 108 尺、九龍池井深 108 尺、對聯也有 108 聯。而內外殿的大、小隻龍加起來共有二萬條，每條龍造型不一，各有不同動作，材質為木雕或石雕，栩栩生動，如想觀賞龍，可親身來體驗觀賞。

　　首先映入眼廉是一座開五門的山門建築，屋頂為斷簷升庵法配合歇山式。中央部份正脊上塑有 w 字形的「行龍」，中央為祥雲和旭日，飛簷有飛鳳、鶴、

孔雀等吉祥動物，大都用交趾陶構成，色彩瑰麗。脊帶上是運用一種貼瓷片的技巧，利用各種顏色的碗片摻和灰漿，作成麒麟、仙人、走獸、花草等裝飾。在古代，凡供奉帝后級神格之廟宇建築，其正面必開五門，也是尊卑有序的觀念。約自清朝以來，中央明間門較寬，又稱中門，左右稍間門次寬，左右次間門最窄。左山門又稱「龍門」，右山門又稱「虎門」，古人一向左進右出，亦取「出將入相」之意。另外中門的門柱前有二隻鎮門獸，左邊放雄獅、前肢掛有招財進寶之古幣，右邊放雌獅、戲小獅子。石獅旁各有一個抱鼓石、為鼓破龍出雕刻。其功能也是作為門柱基礎的一部份，可以防止門柱搖動，基座又稱為櫃台腳，雕有麒麟。此山門建築的門神是以對看堵石雕，左右相對的牆，稱為對看堵。其雕工極費功夫，栩栩如生。其中最特殊的與一般廟宇不同之處，就屬中門上方的石堵刻有〝午門〞二字，在古代，也代表皇帝居住之所在，像北京紫禁城。明德宮主神是奉祀 關聖帝君，也就是 中天第十八代玉皇大天尊 玄靈高上帝。明德宮於 1975 年乙卯菊月承蒙承賜昇格，抄迎接玉詔宣敕：明德宮天聖堂為「中都三曹對案玄靈高上帝直轄鸞堂」，故中門刻有「午門」二字。所謂三曹，即是天、地、人三曹，關聖帝君負有考察諸佛諸神，監制群仙群職，土壘幽酆，秉注人生功德，延壽丹書；執定生死罪過，奪命黑籍的重責大任。可見明德宮負有闡揚五倫八德、培植賢良、宏揚聖教、淨化人心、濟世度眾，挽回世道人心於正軌的重責大任。也可由前殿之對聯看出端倪《明燈放瑞德嵩巍峨修身地、中天聖脈瑞光顯耀透御宮、關心正道脫離輪迴方是聖、帝德兼仁無虧大節始為君、三曹皇恩育善培賢直轄堂、天理無偏聖教留存育良才》。走入之後左右兩側有迴廊又稱花廊，中間為廟埕，皆用花崗石所鋪設。

【連絡資料】

台中市北區明德宮天聖堂

地址：404 台中市北區忠明七街 10 號

電話：04-22038827

36 雲林斗六善修宮

【寺廟沿革或簡介】

善修宮創建於民國三十五年（西元 1946 年）的光復初期，之後歷經多次整建始成今貌。位於雲林縣斗六市鎮東里一鄰永樂街一號的善修宮，又稱為「文武聖廟」，而地方俗稱「孔子廟」，屬於鸞堂系統，以關聖帝君為主神，儒家經典為精神禮節，故稱「儒宗神教」，以濟世、救濟、宣講為三大事業，由於信徒眾多，香火鼎盛，是斗六地區遠近馳名的廟宇之一，更是當地居民的信仰中心。

善修宮前殿武聖殿供奉關聖帝君，後殿大成殿供奉至聖先師孔子。而善修宮前有一尊關聖帝君的坐騎「赤兔追風」，乃是日據時期斗六神社舊物，頗具歷史價值。每年農曆六月二十四日為關聖帝君壽誕，是善修宮最隆重的祭祀與酬神節日，會舉行盛大的慶典活動，熱鬧非凡可謂空前盛況。

【連絡資料】

雲林斗六善修宮

地址： 640 雲林縣斗六市永樂街 1 號

電話： 05-5322601

37 台中市慈德慈惠堂

【寺廟沿革或簡介】

　　慈惠堂創建於民國七十二年，由原本租屋的透天民宅，在短短兩年多中，購得現今土地約五百坪的台中市中心，佔有天時地利人和之便利性。在這麼短

的二年中，如何有能力購地五百坪？原來，成功的人靠的不只是上天賜與的機遇，更是當事者一份堅忍的精神、開闊的心胸與積極的處事態度及社會歷練的智慧結晶。

當初在民宅時，該堂開辦濟世服務，為困頓的信眾解惑釋疑，未曾收取任何費用，如此得到仙佛靈驗神蹟幫助者，一傳十，十傳百，來自各地的虔誠信眾源源不絕。

另外，去該堂叩求三世因果者，亦不在少數，只要當天是開辦三世因果日，早上七時一打開鐵門，便有來自遠地的信眾已在門外等候，因為金公祖師的神威顯赫，慈悲的開示渡眾，迄今仍有許多信眾保留當時的三世因果文章。在當時該堂神佛扶鸞著作的單行本善書，都由堂主陳文田騎著摩托車，發送有緣人。在創堂之初，經濟有限之下，憑著堅強的毅力，克服外在困難，造就他往後勤儉耐苦、親切待人的處世態度。

慈德惠堂朝向多元化發展，於民國八十九年創辦宗教時報，以宗教人士立場為全省宮堂寺廟服務，作資訊活動流通的中立客觀媒介、民國九十二年成立「濟公活佛慈善基金會」；充分實踐人飢己飢、人溺己溺之精神、以及未來與社區融洽共榮的宗教新視野，使該堂遠遠超出『舊式的道廟』模式，成為集宗教、文化、教育、慈善、濟世等多功能的現代化廟宇代表，如此宏觀的發展腳步，正是創辦人陳文田信念的具體實踐。

慈德慈惠堂位於台中市未來新市政中心區，佔地約五百坪，為地下一樓、地上五樓的建築物。

一樓正殿主神為關聖帝君、孚佑帝君、玄天上帝三聖恩主。

一樓另設有偏殿：

濟世廳：

濟世度人，供奉多位神佛，如玉皇大帝、濟公活佛、金公祖師、鴻鈞始祖、

文殊菩薩、地藏王菩薩、九天玄女、中壇元帥等聖神仙佛。

慈德姻緣殿：

提供未婚男女一個絕佳求取婚緣、配對的場所。奉祀月下老人、註生娘娘、張仙大帝、送子觀音、衛房聖母。

文昌帝君殿：

提供考生賜予智慧光明、考運順利，奉祀文昌帝君及魁斗星君。

五路財神殿：

讓社會工作者事業發展蓬勃、財源廣進，供奉五路財神。

太玄宗玄門總道院：

發揚母教體系的聚會之處。

二樓書香房、三樓為西王金母殿、四樓香客住宿層、五樓六十甲子太歲殿、關聖帝君家廟、空中花園。

【連絡資料】

台中市慈德慈惠堂

地址： 407 台中市西屯區大墩十九街 82 號

電話： 04 2325 1734

38 台中北區聖賢堂

【寺廟沿革或簡介】

民國五十一年由現任堂主邱垂港創設，時值二十四歲，至今已有六十一年的歷史。民國六十三年結合有志之士，再創設烏日天德宮分堂，同時成立財團法人之組織。

本堂供奉主神 關聖帝君，乃三教合一之聖堂，以儒為宗、以神為教，藉飛鸞著作經典善書雜誌，有益世道人心，勸化眾生，為之宗旨，故世人俗稱之鸞堂也。

　　民國五十四年遭受祝融之光顧，房屋及聖像，全部被焚燬，邱堂主當時，年尚未及立，突遭此種巨變，真是傷心欲絕，幸蒙草屯惠德宮　文衡聖帝　登臺

詩曰：

邱君前有敬緣臺，垂福家運浴火災；

港水遠方難雙救，慰問世果筆詩開。

聖賢堂　觀世音菩薩　到

詩曰：

一、騰來喜喜感流淚，拜旨真玄堂上為；

　　閃閃毫光姊姊在，妹心痛哭筆難隨。

二、火情無義惹愆災，世果纏來障業胎；

　　敬佛清淨日夜拜，邱徒垂港傷心排。

三、虔心敬愛諸金尊，試道前途勇進尊；

　　不倒翁精神貫徹，關聖帝君亦慰問。

四、孚君司命亦同心，福德來問太子神；

　　上界明知真替念，新方再起學修人。

五、人生苦海悉分明，大道修心正果榮；

　　惠德恩尊前賜降，邱垂港汝靜靜行。

六、業障臨降火災神，世孽明明知悟仁；

　　垂港思前呂祖道，為何得考試修人。

七、安慰示筆面淚流，不用哭啼勇氣籌；

　　大道諸真無負汝，蒼天解厄轉運留。

八、摩訶得道被人欺，正佛真神保化施；

　　斗數家運祈上界，觀音大士賜光兒。

乾元山太乙真人　降

詩曰：

一、邱心正直共稱揚，垂澤流芳奕世昌；

　　港水清清魚鯉躍，龍門待進望鯤洋。

二、秉誠終見道根源，聖業芬馨共仰尊；

　　留取古風遺俗世，宣仁播教志偏存。

三、邱汝忠忱一片丹，垂青聖教好開端；

　　港宏巨艦頻停泊，德澤從茲播世間。

　　因為受到列聖天佛慰勉，深知大道之行，魔考的多，所以也不灰心，待房屋重建為鐵筋四層樓之後，乃重行在四樓設堂，重新雕刻金身，繼續奉祀諸聖賢仙佛。

【連絡資料】

台中北區聖賢堂

地址：404 台中市北區美德街 18 巷 9 號

電話：04-2323764

39 台中開元聖殿

【連絡資料】

台中開元聖殿

地址：台中市大里區光明路 156-2 號

電話：04-24950988.

【六部生介紹】

正鸞生：曾圉翔　　　筆生：曾新裕　　　唱生：周婉榆、詹斐瑛

覆文生：劉永承　　　監壇：鄒隆滄　　　接駕生：劉秀芬、曾松星

護駕：張瑞銘　　　　效勞生：陳金鳳　　經生：廖慧君

【鸞文或鸞詩】

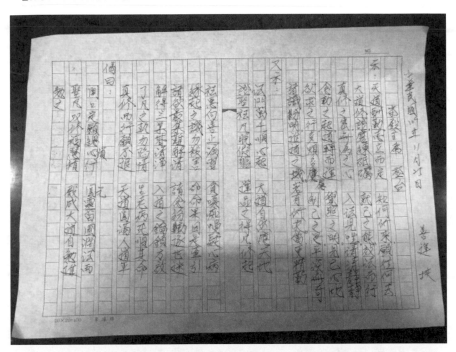

中華民國109年11月25日

本殿主席 登台/善運扶

示：

天道酬勤	志立而定	知何所來	願往何去
大道修證	磨練砥礪	就已文能	效法而行
真修之密	無為之心	入法見性	清清靜靜
念動之起	道轉而運	覺照之明	見己心地
欲求之行	多煩多慮	制己之思	平淡無奇
諸識紛明	進道之機	若有所求	當更精勤

又示：

法門萬千順心起	大道自然應天地
證聖祛凡脫假軀	蓮品之得凡修起
祛惠向善止漏習	貪嗔痴慢疑心病
緣起之機勿殺害	命命果因是牽引
請欲最集難解清	諸念紛動逐世迷
解得三業皆清淨	入道之鑰鎖方啟
了凡之執勿陷情	生老病死順其命
真修而行願不退	天道圓滿人道平

偈曰：

開口定願總須行	元靈苗圃潤法雨
聖凡双修福慧積	殿成大道自勉進

勉之

南部鸞堂

40 屏東萬巒廣善堂

【寺廟沿革或簡介】

　　屏東萬巒廣善堂奠基於民國前三十三年（西元 1879 年），由廣東省蕉嶺縣露嶺村貢生鍾子華奉來三聖（關聖帝君、文昌帝君、孚佑帝君）香火而起，初在信徒黃運長廳堂奉祀，數年後始由地方仕紳鍾成添、林發祥、林秀增、黃運長等善信發起捐資在現址興建廟宇。歷來香火鼎盛，扶鸞著作善書闡教，對

地方教化頗多貢獻。惟日據末葉因受日本皇民化政策之壓迫，信徒散漫廟宇失修落寞一時。台灣光復重歸祖國懷抱後，地方父老林富崙、林阿金、鍾德秀、黃興仁、林金順等鼎力整頓重修，加祀司命真君為四聖，特聘黃宜福訓練鸞生、經生，再振作努力闡教端正社會風氣。

屏東萬巒廣善堂在民國六十一年組織管理委員會，選出委員十五名，以鍾仁壽先生為首屆主任委員，每月開會一次襄扶堂務。六十七年初因廟宇年久失修蝕毀難堪，經第四屆第二次委員會決議改建，遂組改建委員會，聘請堪輿界權威涂壽福勘定位置，建築師林靖虎設計，由建廟名匠李清梅承建。六十八年三月二十三日興工，於七十年十一月十八日舉行落成典禮。

早期廣善堂，只是一座簡單樸素的南方式廟宇建築，沒有華麗的裝飾，六十七年初因廟宇年久失修蝕毀難堪，經第四屆第二次委員會決議改建，聘請堪輿界權威涂壽福勘定位置，建築師林靖虎設計，由建廟名匠李清梅承建。六十八年三月二十三日興工，於七十年十一月十八日舉行落成典禮，該堂後方加建一棟二樓長壽俱樂部，贊助社區發展，提供鄉內老人利用增加老者福利，才有今日的面貌。

【連絡資料】

屏東萬巒廣善堂

地址：屏東縣萬巒鄉平和路 48 號

電話：08-7812884

【六部生介紹】

堂主：謝熾和	正鸞：謝熾和
副鸞：李士芳、吳裕達	唱鸞：正鸞（兼）
監鸞：林子昇	效勞生：陳俊文、涂榮顯、賴敏忠、江寬尚、
筆生：林震鄉、謝鎮桓、	李朱雲妹
陳朝政	

【鸞文或鸞詩】

● 十一月十五日

慈濟真人 到

詩一
　　慈航普度利生民　　濟世為懷脫俗塵
　　真心悟道玄機訣　　人曉明心向善親

詩二
　　遠觀燈火耀輝煌　　振筆題文著勸章
　　教化三千開覺路　　同登彼岸出迷鄉

詩三
　　儒宗設教展詩篇　　廣度有緣免墜淵
　　聖德巍巍敷下土　　安懷樂道慶團圓

詩四
　　世道紛紜悟果因　　三更喚子善相親
　　乾坤無怠勤功志　　果就功成四季春

詩五
　　有幸今宵到善台　　金章疊出把詩開
　　願期老幼苦甘共　　聖業襄扶志不灰

主席 趙 到
詩一
　廣開紫氣橫　善道德勤耕　堂振文風顯　萬方報吉聲

詩二
　主意善勸修　席前佈德獻　恩期方便作　師望沐神庥

【與神對話】

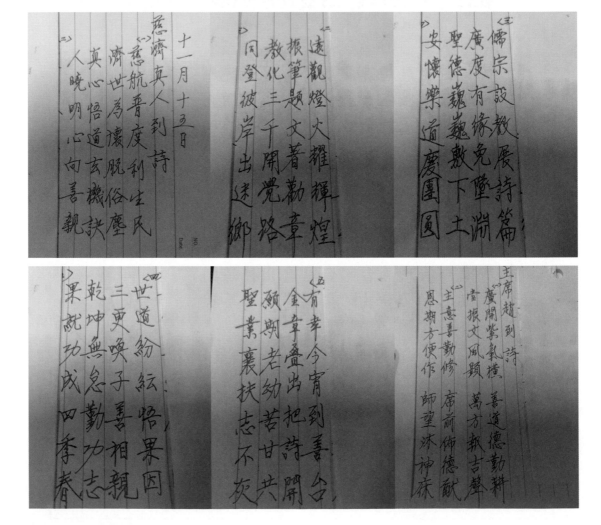

主席趙到詩

儒宗敬教展詩篇
廣度有緣免墜淵
聖德巍巍敷下土
安懷樂道慶團圓

（二）
遠觀燈火耀輝煌
振筆題文著勸章
教化三千開覺路
同登彼岸出迷鄉

慈濟真人到詩
（一）慈航晉度利生民
濟世為懷脫俗塵
真心悟道玄機訣
人曉明心向善親
十一月十三日

主席趙到詩
慶開紫氣橫
善道德勤耕
宣振文風顯
萬方報吉聲
主意善勤修 席前佈德獻
恩期方便作 師聖沐神袜

（四）
世道紛紜悟果因
三更喚子善相親
乾坤無息勤功志
果就功成四季春

（五）
有幸今宵到善台
金章疊出把詩開
願期老劲苦甘共
聖業襄扶志不灰

41 高雄三教靈玄聖堂

【寺廟沿革或簡介】

　　本堂自民國 40 年由潮州遷移至高雄市，由恩主指示擇定幽靜清雅、靈山秀水之金獅湖畔，為修身養道絕佳處所。民國 57 年因道務宏揚，原有堂宇已不敷使用，乃由堂生發起興建新廟之勸募，經各界熱情贊助，辛勤奔走，終能如願。興建前、兩殿，於民國 61 年完竣。民國 65 年順利取得高市府頒寺廟登記證，並正式成立管理委員會。民國 66 年為因應與日俱增之信徒需求，動工興建莊嚴富麗之後殿，於民國 68 年底完竣啟用。 本堂除主祀、配祀之神祇眾多外，尚有其他寺廟較少奉祀之至聖先師，每到信徒參加大小考誦均會到此虔誠參拜，達到撫慰心靈之功用。

【神蹟故事】

一、學運發爐後，又見紫氣環照，關公顯神蹟？

五甲關帝廟，拍照一片紫鳳山五甲關帝廟百年關公樟木座像，被民眾拍下紫色照片，廟方稱紫氣環照現真祥。陳姓市民週二中午用餐後，帶老婆到廟內焚香祈福，老婆用手機拍攝關公木雕像，見畫面竟一片紫，以為手機壞掉，轉身拍戶外卻正常，他拿自己的手機拍，「關聖帝君」匾額部分也是一片紫色，之後拍又恢復正常，夫妻倆嘖嘖稱奇。

陳姓市民說，他在五甲地區出生，小時候家人常到「菜堂」拜拜，「菜堂」又名協善心德堂，俗稱五甲關帝廟，去年底老婆首次進廟參拜，覺得「磁場很合」，之後常去拜拜。關帝廟上週六、日舉辦「開竅增智慧」活動，奉請至聖先師、倉頡先生及文昌帝君三聖降駕，七百多名學生額頭點上硃砂，象徵開智慧，又以考生姓名作藏頭詩，象徵神明賜詩，祝福考場順利。明天上午八點則於五甲社區舉辦千人遶境活動，邀請儒生著古服、抬著古文明訓「聖文字蹟」遊街，之後到旗津「送字紙」，象徵七十二名孔子門生遶境祈福。廟方表示，關公像為整棵樟木雕製，已有百年歷史，多名信徒去年著儒生古服遶境，順利考取國考，常回廟酬謝神明。有民眾到高雄鳳山五甲關帝廟上香祈福，拿手機拍百年關公樟木座像，照片呈一片紫色。

摘至：黃旭磊／高雄報導。2014.04.https://news。ltn。com。tw/news/local/paper/771855

二、連續六年春節「立筊」！

高雄鳳山五甲關帝廟大年初一出現立筊，使得該廟春節立筊紀錄邁入第六年，擲出立筊的洪姓男子每年都捐助白米，今年第一次參與點燈擲筊活動就擲出立筊，感覺很幸運；廟方則驚喜神蹟延續，祈福神明繼續庇佑地方。

五甲關帝廟正名為五甲協善心德堂，主神包括觀世音、孔子、文昌、關公等；其中具武財神身分的關公，因鳳山多家開出頭獎的彩券行業者曾祈願，近兩年香火特別鼎盛，財神燈人氣也逐年攀高。廟方每年農曆年均舉辦點燈擲筊

賽，至去年止、連續五年出現「立筊」神蹟。廟方指出，大年初一下午約一點，洪姓民眾與女兒一起到廟裡上香、並參與點燈擲筊賽，女兒一口氣連擲出九次聖筊（一正一反），成為擲筊活動開始後最高紀錄；接著父親上場，連續擲出五個聖筊，第六次擲出「立筊」，引起一陣驚呼。洪先生雖沒破擲筊紀錄，但生平第一次擲出立筊，比連續聖筊還開心。

摘至：王榮祥／高雄報導。2013.02.

網址：http://tw。news。yahoo。com/ 五甲關帝廟－連 6 年立筊

【連絡資料】

高雄三教靈玄聖堂

地址： 807 高雄市三民區鼎金一巷 24 號

電話： 07-3812559

【六部生介紹】

正鸞：張添吉　　　　副鸞：顏芳文

唱生：張永良　　　　記錄生：吳金評、王耀瑩

效勞生：姚勝宗

【鸞文或鸞詩】

乙亥年十二月六日 道部

正主席聖示

懷古觀今感不休　　崢嶸歲月去不留
真心學道求成就　　福慧無邊靠前修
認讓寬容無不載　　宛如湖海納川流
丹心同抱期遵守　　還望同鄉出人頭

明修固本

聖人斯德善不居　　君子有功心不恃
內定涵修仁勇智　　寬胸腹海大有為
正氣浩然天地氣　　處世慎重禮謙虛
聖門恆毅建道志　　佳趾呈祥映春暉
清廉高節傲志士　　好學不倦尚文儒
精通六藝奇才子　　屈伸應化大丈夫
聖堂溫習培仁慈　　學詩問禮智潔守
勤臉持家定安居　　孝友滿堂溫馨廬

自強勉勵

榮幸父母賜咱身　　造福社會擁他人
世上財富德人品　　慈愛萬物重修行
君子一諾達千金　　貴專禮信得榮幸
和樂相處互尊敬　　時常反省養性真
隨機應化理想強　　力求精進身心通
聰敏智能萬物創　　高人一等績盛豐
廣惠人群功無量　　勵志精粹須奮勇
達仁達德慈寬宏　　善恆駐世神表章

42 高雄阿蓮薦善堂

【寺廟沿革或簡介】

庚午年〔民國十九年，紀元一九三零年〕，七童子〔葉端圖、李大松、陳知哥、蘇茂己、楊鐵、林振成、林仙景〕於夜半，萬籟俱寂時，相 率越牆進入清和宮，焚香上疏，禱告上天，俯允籌建廟寺，以挽化眾生，造福鄉梓，讀後隨則將疏文焚化於香爐內。

不教日，葉曆甲三王公 神童葉蘊在清和宮辦事之際，清水祖師籍機指示七童子機宣：云應置天壇三天，誠心禱告祈求，方能感動天，所祈願之事或可蒙上天府 伝允 。七童子於是置天壇於清和宮誠心禱祝。

不久，梓官善化堂，恩主下凡降筆，一字不差寫出阿蓮七童子之姓名與其禱祝上天之疏文內容。

並指示上天旨意。七童子感念天恩之宏大神靈之顯赫，心志駕誠遂相偕父赴梓官聖帝堂學習扶乩。

經過一段時間，經乩筆指示，七童子及幾位信眾等，於關廟鄉松子腳村一處祠堂內，尋得有龍頭紋七星墜地花樣，可供彫製乩筆之桃樹。

於是在神零擇定之日，即龍虎排牙日祭桃神，酉時開斧，取回乩筆桃樹。乩筆製成後，暫假清和宮訊練扶乩。

　　初由葉添福為正鸞乎副鸞乎即由其他人員輪流試練，不久，即以葉端圖為正鸞手，林振成為副鸞手，進行訓練一段時間。終於正式授命葉端圖為正鸞手，石清俊為副鸞手。

　　民國四十年（辛卯年，紀元一九五一年）農曆九月十一日，九天瑤池金極天母封陳永達、瑞等三十名為挽化童子。

　　民國五十一年（壬庚年，紀元一九六二年），重建本堂大殿。

　　民國七十年（辛酉年，紀元一九八一年），農曆十一月二十日關恩主親頒堂規。

　　庚午年（民國七十九年）農曆八月初三日卯時金華寶殿（中殿）興建動工。

　　庚午年（民國七十九年）八仙老翁下凡，在農曆八月初八日扶鸞降筆慈賜金華寶殿點金、門、柱對聯。

　　申戌年（民國八十三年）農曆三月十三日卯時霄明宮（第三殿）動土，並即動工興建。將供奉玉皇大帝、三官大帝、南北斗星君、三寶尊佛等神佛金像。

　　乙亥年（民國八十四年）農曆十一月十九日起至二十五日，十九、二十日二天路醮；二十一日起五天，清和宮薦善堂聯合啟建乙亥科五朝祈安清醮，圓滿達成。

　　丙子年（民國八十五年）農曆八月初八金華寶殿恭奉九天瑤池金極天母、觀世音菩薩、九天仙女娘娘、四大天王金像，於是日子丑交時，隆重舉行開光安座大典。

　　乙丑年（民國八十六年）第三殿霄明宮外部完成。

　　己卯年（民國八十八年）農曆六月二十四日，玉旨頒賜新鸞筆，正鸞朱清長、副鸞陳德修。

　　辛巳年（民國九十年）第三殿霄明宮內部粉光、線板、木雕、彩畫、神座、牆壁黃水晶、神佛金像等逐項進行，預計甲申年（民國九十三年）竣工完成。

【神蹟故事】

　　清水祖師靈覺佳苳腳妖氛異常，即透過乩童葉塭指示，將在日後商借遊江千歲兵馬，並且要求阿蓮地區庄民以及文武陣頭配合，擇日前往茄苳腳收妖。之後，清水祖師請玉旨由玉闕統兵大元帥盧府元帥率領天兵先佈下天羅地網，大軍進行圍堵，並曉以大義，經過數小時終收服全部的孤魂野鬼。據說，當晚很多阿蓮庄民目睹許多紅色神火，帶領青色鬼火，由佳苳腳一一進入庄內公廟清和宮的奇景，當下確實令鄉人難以置信。鄉內葉瑞圖等七名年輕人，聽聞此降魔傳聞，本諸疑惑、好奇之心，進一步試探神佛存在的屬實，便相約某日午夜翻牆進入清和宮焚香祝禱，並將疏文（內容詳載七人姓名住址，說他們不相信真有神靈存在，若真有神靈，祈求應顯神蹟，並願建廟堂以挽化眾生，造福鄉梓）就地焚化於宮內香爐，此事並無他人知曉。孰料事隔多日，距離阿蓮庄內十餘公里外梓官善化堂，在飛鸞降筆之際，竟指示：阿蓮庄有七名童子，其名為葉瑞圖、李大松、陳知哥、蘇茂己、楊鐵、林振成、林以景等上疏禱告上天，祈願設置鸞壇，以資挽化渡世之舉，其誠心可嘉，唯需蒙上天准旨，方能進行，並且囑其置天壇三天，誠心禱告上疏祈求，或能獲得上天准旨。梓官善化堂關聖帝君降筆指示後並派人將此消息傳至清和宮，寫出七童子之姓名與其禱祝上天之疏文內容，七童子之姓名竟一字不差，絲毫不漏，由於此事鄉內無人知悉，卻由梓官善化堂鸞筆指出其中緣由，讓鄉民深信神佛的存在。七童子感念天恩之宏大，心志篤誠，決定設立鸞堂，並相偕至梓官善化堂學習扶鸞事宜。

【連絡資料】

高雄阿蓮薦善堂

地址：822 高雄市阿蓮區民族路 206 巷 26 號

電話：07-6312058

【鸞文或鸞詩】

民國73年農曆4月14日

九天玄女娘娘降

「吾今要以白話簡述大眾相處之理同尔等女眾研究參考，……，在此聖門和人際關係應如何與眾相處？今夜吾僅以十六個字作為尔等學修之道，十六字則尔大我小，尔有我無，樂我苦，尔對我錯，現今世人在尔我之間常發生爭處不外乎為了這十六字問題，如果在權位上把大的讓及他人，自己甘居於小位，爭執尉無從生起，在物瞱上多的有的及他人，工作上享受上把輕便快樂及他人，凡事錯的自己承認，果真如此尔我之間絕無爭執之事端，大家一定能和樂相處，自己承認所有錯誤這豈不成為最大傻瓜嗎？其實大智若愚，被認為傻瓜才是真正有智慧的…」。

43 高雄梓官善化堂

【寺廟沿革或簡介】

　　本堂於民國前十年壬寅臘月 南天文衡聖帝巡察人間、善惡，偶遊梓里，忽見瑞彩沖霄，命周將軍保生堂藥舖(梓官段八六五地號，現時梓官路158號地點)煥發，時有劉翁家修等數位先輩在坐，見奇求答，並蒙指點 關聖帝君欲下界救渡蒼生。經諸眾議有志竟成，設鸞台，於城隍廟裏，用桃柳作鸞乩，始懸樑而待發，繼人手以扶持，果爾一揮而就，奇哉進退自如。文成錦繡，筆吐珠璣，首先劉家修總理堂務曾益、歐偉雲等協讚機宜，堂名「善化」荷仙童之致號，翌逢癸卯，乃請玉旨而造書，初著「醒迷」勸化愚頑，奇文妙論風行世宇，案證歌詩，賡化寰區，斯文濟濟士氣彬彬可謂一時盛會，迨至金篇付梓剩有餘款。由堂生黃發捐献土地，「梓官段 264、264-1 地號」用以建堂於廟西，作萬世之奠基，雖僅簡陋亦屬堪居，奈因時序遷流人情變換，生離死別勞燕分飛，堂運一落千丈幾乎一厥不振。幸賴沈生看，知恩報本竭力維持，建亭利眾造墙為方，朝勤夕惕，始得苟延殘喘，至丁卯 (民國十六年以下簡稱民 16) 之歲，因李生進旺重病，再整木筆堂儀重興，時劉威靈 (昔年劉翁) 主堂善化，念切普化懇請 關恩主俾繼前賢，因乩點化大顯神通，曾慶芳、歐文輝二生緣訂善籍。協志

提倡，竟獲意外奇逢以洪裕、黃丙。主無鬼之論竟作入幕之賓，而李生知恩報本，甘奉終身之敬鸞章有再舉之兆堂規卜重振之聲　周將軍當仁不讓。協助啟奏，荷蒙　関恩主再請玉旨，下於戊辰（民17）花朝，再集「覺頑良箴」，承三相降凡不辞勞苦，荷聖真而染塵參贊珠璣志堅穿石，百天而善果完成，心融協濟梅月而梨棗。欣登自是厥志不挫，再經數載，乙亥（民24）菊朔，篇書「三才」成鼎足。「合璧」齊頒行，詎意浩劫臨頭世事多變，丁丑（民26）蒲月奉命封鸞，翌月蘆溝橋事變干戈一動，引發二次世界大戰兵燹連年賡續八載，諸徒星散死歿相連，鸞手既失後繼無傳，原無再起之望，幸有曾子文祥念先人之遺志總理斯堂。鼓勵後進研讀經書，學習鸞務，欲繼前賢，於丁亥（民36）花月疏懇　南天誓願終生奉教庶幾將來不致廢頹，堂運可卜綿延，時值五十年週，壬辰（民41）之歲，念及堂宇久年失修規模狹隘，倡議捐資重建，幸獲諸堂生四方善士贊裏捐献，雖無侖奐之華美聊可告慰于蒼天，至于壬寅（民51）荷蒙恩命，指派曾文祥為首任堂主，李進旺接掌總理，致力整修內外美化環境，備置祭具，崇肅堂儀，建造惜字塔，焚化聖蹟以啟化敬惜，免遭污濁興建宣講廳，以利代天宣化並為善籍閱覽室。甲寅（民63）端月恩命指派陳發輝接任堂主、曾文祥為顧問、廖君丑繼任總理，同年花月及梅月梁財源、蘇鐵槌，前後命任副堂主，劉添福為副總理，歲末倡議拯困卹孤籌募基金以應平時及冬賑之需，翌乙卯（民64）端月奉西天大聖指示，訂定農曆朔望及每月三、六、九為期，宣講論理綱常，善惡果報，行述案證挽化世道。辛酉（民70）花月楊國治繼任副總理，甲子（民73）臘月梁財源繼任堂主，丙寅（民75）端月初六夜西天大聖突然指示，南天有意遷堂應作善處，戊辰（民77）蒲月楊國治轉任主任監察委員，翌瓜月地方機關（鄉公所）發佈拓寬城隍巷（本堂前面道路），並限同年臘月上旬以前拆除地上物（三仙門及圍墙）自此縮小庭院活動空間，咸感不便，幸自丙寅奉預示後慎始挑選，於同年戊辰瓜月購得現址「梓官段916地號」內計四，六台分，為遷建預定地經眾議多方籌劃。於越庚午（民79）桐月十三日子刻，定庚動土興工，迄至壬申（民81）桂月十八日遷座，其間承蒙地方善德及堂友熱誠奉献並鼓勵獲得順利告竣，雖非雅觀，為奠定本堂永恒宏基，以慰 上蒼恩命，願祈自

此堂運蓬勃代天宣化挽轉頹俗，得蒙普降吉祥而獲馨香俎豆，永垂不朽矣。

【連絡資料】

高雄梓官善化堂

地址：高雄市梓官區梓義里中崙路 225 之 1 號

電話：07-6171629

【六部生介紹】

總理：劉福和　　　　堂主：蔣文珍　　　　副堂主：楊清淵 葉金栁

左鸞：陳金明　　　　右鸞：陳平和　　　　唱鸞：蔡寶明 楊榮祥 劉福和

唱鸞：蔡宜君

【鸞文或鸞詩】

44 高雄明德社喜善堂

【寺廟沿革或簡介】

一、本堂創設動機‧於民國四十六年六、七月間，鳥松居民林古木聞知鄰村鳳山鎮文山里設有一聖堂，名曰「樂善堂」，堂生晚夜按期扶鸞，其宗旨；代天宣揚正氣，提倡古有道德，挽惡行善，古木帥連絡其兄德旺，胞弟古來，友人蔡黃元往樂善堂參觀數次，互議在鳥松創設新堂，其后再集數友，在樂善堂由林德旺焚上設堂稟文，未幾蒙上蒼許允賜下 玉旨。

玉旨開讀…

玉皇大天尊玄穹高上帝

勅詔曰

朕

高居無極，褒貶善惡，所慮凡塵黎庶，橫行無忌，上天有好生之德，，不聞世民好善之心，幸哉今聞李卿進表跪奏，茲鑑汝高雄縣鳥松鄉鳥松村蟻民林德旺等、新設鸞堂、集廣諸善、開壇設教，挽回韋惡引善以歸，汝等既有好善之心，誓願候勞。

朕 龍心大喜，當應汝等之志，
准于戊戌花月開期普練，如早
期成就，再賜堂號，繼在
樂善堂學經問禮，勿有
始勤終怠，欽哉勿
違，龍飛歲次
丁酉年葭月
望日亥刻奉
行。

旨派任務如左：樂善堂候勞生：林德旺、林古木、蔡黃元、林古來、吳世元、黃居全、林明章、林章盛、謝水德、林惠賓、陳朝中、吳炳昆、黃明山、謝漢章。

【連絡資料】

高雄明德社喜善堂

地址： 805 高雄市旗津區中洲二路中洲巷 52 號

【鸞文或鸞詩】

本堂副主席降

今帘善友兩邊排　　齋戒白衣伏滿階
誠接玉音創寶筏　　始終立德集靈臺

本堂正主席降

手輝桃筆作詩篇　　春去夏來時不久
慈航拔渡結塵緣

45 高雄鳳邑修心社靈善堂

靈善堂

【寺廟沿革或簡介】

　　本邑早於日據時代已有靜心社舉善堂，假改建前之開漳聖王廟內開壇纏鸞闡教，惟於中日戰爭期中。日政府為壓抑中華文化，嚴禁聚會，扶鸞亦被迫停止。先達曾春生先生遂協請部份善友在曾宅繼續扶鸞，並恭塑代天巡狩飫豁落靈官王天君恩師神像，供奉參拜，實為本堂之嚆矢。旋以曾先生逝世，乃於民國三十五年丙戌八月，移奉鸞駕於三民路楊福賜先生住宅，復於民國三十七年戊子再移先達曾木生先生提供之現堂址隔鄰平房，迨至民國三十八年己丑，信徒已達四十餘人，上蒼喜悅，特於同年農曆二月十五日賜 [修心社靈善堂] 堂號，並派曾木生先生為首任堂主，曾堂主逝世後由丁添先生繼任，因堂生日多，原有場所不敷使用，乃由曾夫人阮換女士捐獻堂地一七０坪，供為建堂之用，當時男女先輩諸生，同心一致，出錢出力，建成磚造平房堂宇，繼由黃鐘靈先生接任堂主，先後奉旨著造 [鐘聲] 天地人三卷，[靈泉] 上下二卷，另與友堂合著 [明道] 一卷，代天宣化澤被群生，並創設慈善會，積極推展慈善事業。其後黃堂主北上經商，堂主改由楊相先生擔任，復興友堂合著 [天醫錄]，並繼續推展慈善會業務，於社會公益多所貢獻。

【連絡資料】

高雄鳳邑修心社靈善堂

地址：高雄市鳳山區安寧街 250 巷 1 號

電話：07-7469337

【六部生介紹】

正鸞：洪信雄

副鸞生：葉識原

唱鸞生：鄭高榮

錄鸞生：曾珮德

【鸞文或鸞詩】

文昌梓潼帝君　　降
詩
誰承珠俗教維新　　你奪我爭自溺淪
貪逐山鷺常照影　　好如社燕及歸春
雲開蓬島千花艷　　日麗瀛洲百福臻
勸眾塵埃勤洒濯　　追因晰耀德施人

讚
讚頌創堂四十年　　鳳鳴朝闕賀心堅
邑城鯤島法雲潤　　修證功動耀大千
心地康疆鄉里粹　　社寧民蔚福相連
靈光普照道根立　　善德盈門動大焉
堂奐仁人眉展笑　　創頌寶筏功沾光
造舟行筏拔群眾　　法雨甘霖穢化蠲
輪困磔碗明果報　　清厄扶困責荷肩
世親法範蘇人厄　　文德良珠點點圓
昌益儒風薰俗子　　閣中聖地境幽玄
梓門闡蔚民安樂　　潼潼德功施解胃
帝典法輪永顯赫　　君牙植樹望無衍
劉青日札古明鑒　　筆有融融浅浅天

46 高雄鳳邑文衡殿誠心社明善堂

【寺廟沿革或簡介】

根據《鳳山縣誌》記載，縣城內的 赤山文衡殿建於乾隆六十年（西元一七九五年），至今已有二百二十五年 歷史，與雙慈亭、龍山寺同列為鳳山歷史最久遠的三大廟宇。文衡殿最早是由 先民自家鄉福建迎奉關聖帝君香火，以求拓墾平安，經庄民合建為泥牆、竹 樑、編茅為頂，作為聚落型廟宇。

赤山文衡殿主祀文衡帝君 (即關公)，又稱關聖帝君。關公在「三國演義」中展現忠義精神，死後升天得道，道教信徒列為神明，並屢有聖跡顯現，為民眾所普遍信仰。

赤山屬北門外的城郊部落，原始山林除部分由先民開墾後向官府納租外，一大片原野一開始都主動劃為文衡殿的廟產，最早所轄腹地包含赤山居民稱為「大埤」的澄清湖及「草埤」小貝湖， 也都屬於文衡殿的廟產，放租給庄民養魚。墾殖者可向文衡殿管理人承租，所繳納的租金即為廟的香火來源。這是早期先民對於宗教信仰中心約定成俗的廟產由來。

清朝統治期間，相安無事，但甲午戰後，清廷將台灣割讓給日本，日據時期，物力維艱，赤山文衡殿幾乎淪為廢墟，廟產亦被日本政府強行徵收，易名為「鳳山郡社會教化助成會」，社民含淚屈就，但仍保有廟宇四周腹地，大埤及草埤的產權則移轉日人手中，作為大型農場水源用地。在赤山留傳下來的諺

語中，關帝君富甲一方，廟產在鳳山縣寺廟中，比現在的開漳聖王廟（位於鳳山地政事務所旁）還多，而有「金關帝、銀聖王」的比喻，廟中並保存一塊乾隆九年的「廉明德政去思碑」。

一九三七年中國抗日戰爭爆發，戰火瀰漫釀成第二次世界大戰，相傳關公神威顯赫，多次阻擋美軍炸彈入侵境內，護佑黎民社稷毫髮無損，並成為戰時避難堡壘。

二次大戰台灣光復後，日本人撤退回國，由於文衡殿的管理組織在日據時期相當鬆散，光復後對廟產的爭取也不積極，大埤及草埤的管理權最後落入水利會系統手中，耕地則以三七五減租放領，少部分沒有辦妥登記的，則歸縣府公產，其中包括現在青年路旁一公頃半的住宅用地、省環保處南區環境保護中心鳳山市農會文山辦事處現址等多筆土地。

文衡殿曾經多次整建，嘉慶七年壬戌重修，宣統年間因年久失修幾成廢墟，一九三二年壬申由李縛、林加成等諸多善士集資重建，傳說關聖帝君曾多次顯靈託示，指點精選建材施工，最後順利依傳統廟宇磚牆蓋瓦建造完成。

一九五四年，信徒拜請帝君賜旨，籌設「誠心社明善堂」於廟室，地方名流仕紳相繼加盟，信眾前來參拜不絕於途，廟堂之管理益趨完善。一九八六年召開信徒大會，成立財團法人鳳山文衡殿，依法具文向高雄縣政府申請歸還廟產，並奉准原地重建，明善堂則奉示暫移鳳邑文農宮繼續教化濟世。

一九八八年，地方耆老發現屋頂及樑架出現傾圯現象，決議拆除重建，並組成重建委員會，開始募款及鳩工興建，至一九九四年正殿竣工，斥資達一億元，廟貌殿宇巍峨，內部金碧輝煌。

重建後的文衡殿除安置主神關聖帝君金身，還包括正殿主體結構、殿前附屬的廣場戲台、金爐、涼亭，新建廟宇一九九七年重開廟門，在當年是非常隆重的宗教儀式，不但通告轄內居民齋戒沐浴三天，同時廣邀各角頭寺廟諸神及興轎隊伍，舉行遶境祈福活動，至此所有重建工程方真正告一段落。

【連絡資料】

高雄鳳邑文衡殿誠心社明善堂

地址：83044 高雄市鳳山區文殿街 2 號 2 樓

電話：07-7760615

【六部生介紹】

堂主：林正雄　　　　正鸞：邱延淵　　　副鸞：吳國成

唱鸞：林天寶、黃邦雄　錄鸞：吳瑞祥　　　宣講生：林義雄

【鸞文或鸞詩】

鳳邑赤山文衡殿明善堂降鸞文

　　人之真情假意為時間可證。古有云：「人可欺，天不可欺」。

　　所謂天者，唯己之良知(心)也，與人相處不離以誠。唯有純真方能長久，保有無瑕之情誼。

　　世人有純情不易，其因乃在人之私念過重，而慾念之源，正為佔有與支配。說重者，正為利慾薰心，有此心念與人交者，何有真誠乎，人之私，雖為世道之情，但卻為人心之病也。

　　人之私，因慾而成，故追慾之途無所滿足，如斯(此)，日復一日無從停止之時，其心何能有所平靜，因之心不平，病灶起也，吾人以修，是以平心慾，為學(修)道之源，其要以利他為阻私慾之成，若與人交者，心懷利他之心，則真誠顯矣。如斯(此)者，人之幸福途徑可實現也。

47 高雄龍鳳宮

【寺廟沿革或簡介】

　　龍鳳宮源溯於山東濟南歷城縣。有位質樸之朱氏農戶諱名清，篤信神佛，時常登謁泰山碧霞祠膜拜。碧霞元君為其虔誠所感，遂於清康熙元年端月，顯化諭示朱氏積極籌劃，渡洋蓬島宣化濟世。朱氏恪遵聖示，虔誠彫塑元君乘鸞金身寶像渡洋來台，同年梅月移駕北蓬島士林皇母寺，適時紫氣氲庭香火鼎盛。慕名朝聖者，絡繹不絕。清光緒年間，東瀛帝國入侵，烽火連天，生靈塗炭。元君慈憫，無時無地顯威救劫。

　　民國二年，善信陳氏本安，自皇母寺恭迎元君金身，移駕打狗鳳山郡朝聖

寺駐駕，翌年正值南台灣沿海地帶瘟疫肆虐，元君再度顯露，化身秀穎閨女，奔走市井，解囊行醫，救人無數，贏得「菩薩心腸大姑娘」之雅號。

民國四十九年某夜，元君再度顯化，託夢朱氏鴻山，囑咐日後聖業推展之重責大任，正當為聖業奔波期間，元君應化顯靈，不可思議，靈顯事蹟，眾諸善信，莫不稱奇。

民國五十二年玉旨欽賜「龍鳳宮」堂號。至民國六十三年間由朱氏昆仲迎請聖駕至前鎮區新草衙，行世渡化，元君神庥廣被，救厄拔苦。善信大德感念元君恩澤，均慷慨解囊籌資動土，於民國七十年完成現址「龍鳳宮」。

莊嚴堂貌民國八十一年成立「御書院鳳鸞堂」扶鸞闡教，著書行化廣渡眾生。

【連絡資料】

高雄龍鳳宮

地址：高雄市德昌路 80 巷 46 號

電話：07-8313647

【六部生介紹】

管理人：朱鴻山	堂主：卓明輝
副堂主：張春銀、曾秀英	監鸞：朱鴻山
正鸞手：朱明達	副鸞手：林志明
唱生：林義峻、張春銀、洪振哲	筆錄生：駱淑珠、柯蘭芳
鐘鼓生：段參春、楊淑真	接駕生：陳能春、洪啟

【鸞文或鸞詩】

辛丑年九月廿一日（110年10月26日）

泰山玉竹仙姑、玉扇仙姑　登台

詩：

　伴駕回宮鼓磬敲

　鸞鳴妙語斷昏飄

　醒來心路聞聖教

　樂赴康莊笑悅朝

言：善哉樂道子，親參聞筆敲，木筆點點語，

滋沐滌心朝，鼓磬鳴響敲，昏忱速當飄，

醒心明知路，必赴道苑瑤，泰山妙修子，

廣開緣眾朝，同沐慈母教，共弘聖鸞瑤，

歡欣把道語，鳳堂顯台瑤，滌淨心靈地，

伴駕妙逍遙，參之。

龍鳳宮御書院鳳鸞堂

48 高雄旗山紫雲堂

【寺廟沿革或簡介】

旗山—紫雲堂：坐北朝南。前臨楠梓先溪，依山傍水之美、至旗山段稱：旗山溪。以旗山之眾山巒為朝案。外垣局是旗山之南面之前臨美濃田園之美，遠朝荖濃溪流域、左高樹、中三地門、右鹽埔，地理內局嚴謹，山腳下有旗山公墓及基督教墓園。旗山案後外明堂寬廣遠大，以中央山脈為遠朝山。

旗山—紫雲堂沿革：宗教為信仰組織教化團體，所以各地均有興建堂皇廟宇，使信仰之力量化為團結而產生道德品性上自我約束，對於人生於生活上多一些誠敬恭奉神聖為求身心健全，來使事業達到成功之目的也。在團體生活過程中宣導倫理與禮節之素養及善惡果報之教化，促使社會安寧以對厚植國力作後援之貢獻有莫大功能。因此地方仕紳賢達自始沿襲至今，仍然藉以神力扶持地方安寧來保國佑民創設廟宇以表敬意之由來。於此序敘詳文，以為日後堪作信仰學術研考，茲植沿革遂後真仁集下補正之。

本堂起系于歲次丙子年間於旗山鎮境內福安莊《即雞油腳》宣化堂降筆扶鸞經由楊救貧仙師於砂盤點化指示，聖地祥雲聚結地，即命派當時先賢覓得此靈穴乃聖地無誤《即現址永和里大碑就是今紫雲堂》本廟面對中央山脈；山環綠水朝玉帶，背倚麟崗毓人文，左獅右象皆水口龍目含珠，得地靈紫氣東來引至祥雲西照，近睹旗

峰景色獨秀，巍峨堂宇青山綠水環境幽美，可稱天然勝地。當時先賢尋獲此靈地，眾皆歡欣，即鳩集莊民創設草堂，先恭奉當地靈穴中之原有天然石像《現今石觀音》的庇佑，從此香火日益鼎盛，又由母堂宣化堂主席恩師觀音大士，現為本堂主席恩師時常降筆扶鸞訓示，四方善信得於教化崇敬信仰。先堂主林冉有老前賢帶領首倡善行聖教，杜塞洪流挽回俗世頹風，匡正人心從善路之正道邁進，再次鳩集眾善信鼎力解囊，共襄盛舉募捐重建，四方大德熱烈響應贊助於歲次丁未《民國五十六年重建落成》。而后續建後殿玉清宮，幸蒙美濃鎮善信宋賢祥大德資助於歲次丙辰《民國六十五年竣工落成》，恭奉玉皇大天尊、三聖恩主、至聖先師、開台聖王，以宣揚先師之禮教開導聖王之愛國佑民之勛蹟以表信仰為宗旨，本堂信徒成員均以熱衷服務之精神為堂務推展，全體心連心秩序井然集結，遍佈台島善男信女聚於一堂名揚四方，神靈顯跡有求必應，石觀音稱為觀音佛母，四方善信夫妻結婚多年未能生育一男半女者，於此求子必應，因此得之神祇。

賜子觀音石像誌：緣起思恩浙江省普陀山南海觀世音菩薩臨堂指示，觀音佛母憐念芸芸眾生，如母憶子慈懷護佑賜子遍佈台島及他邦，使無子嗣之眾生得能承接宗祧其功莫大，格至上蒼，皇恩浩蕩，諭令本堂天上聖母主掌恭建賜子觀音石像，得蒙眾信徒鼎力贊助，以及先堂主林冉有老前賢之後裔恭設十八羅漢像一同於歲次甲申《民國九十三年亥月》竣工落成。古今留芳、永留瞻仰、謹此序言。

【神蹟故事】

緣起思恩浙江省普陀山南海觀世音菩薩臨堂指示，觀音佛母憐念芸芸眾生，如母憶子慈懷護佑賜子遍佈台島及他邦，使無子嗣之眾生得能承接宗祧其功莫大，格至上蒼，皇恩浩蕩，諭令本堂天上聖母主掌恭建賜子觀音石像，堂主林冉有先生任期內有一美濃中壇善信宋賢祥先生，（善信宋賢祥先生本是中醫師因夫妻久婚多年未有子承，登堂求賜麟子，許諾果真得子將助建玉清宮一

言，果是求子得子。）感念石觀音之靈驗，應諾發心捐資興建（玉清宮）當時開支有台幣 200 萬元之鉅額於六十五年完成闢建玉清宮之善事。

二、佛恩回揚植母島

薪火傳燃代代接、（歲次王午年）九十一年三月六日第四任堂主林享禎先生接任，（歲次甲申年）九十三年十月九日完成工程有三項 1. 大型送子觀音石像緣起：浙江省普陀山南海觀世音降臨本堂指示來建造，可讓信眾求子麟承如遂，堂下信眾等前往大陸南海普陀山朝拜誦經之時，普薩顯化取桃園明聖經及觀音經，取經者陳錦鎔先生、傳誦者（杉林區）張鍾玉霞女士，普薩託夢本堂記錄林坤金先生必須再度取回大救苦真經。 2. 又增建十八羅漢塑像。 3. 中殿也完成建設供奉有居中楊公先師 - 崑崙洞、居右清修道人 - 清廉洞、居左文昌帝君的神像及神位建築。

【連絡資料】

高雄旗山紫雲堂
地址：高雄市旗山鎮永和里旗文路 284 號
電話：07-6618233

【六部生介紹】

正鸞生：藍新娣

副鸞生：盧冬音

筆生：林冬梅 劉秀因

宣講：林坤金

【鸞文或鸞詩】

己亥年二月二十三日

光明光明鍊沙盤　　　身口意業皆清淨
同修同德利樂眾　　　可超祖先光明行

眾列有此慶幸千載難逢在此
紫雲堂內鍊於金剛沙
必有種種考驗
必須掃除外來種種阻礙
眾列要有堅心耐心
成就自己定能成就眾生

49 高雄大發開封宮包公廟

【寺廟沿革或簡介】

大寮村的開封宮（包公廟）始創於民國五十八年，是現今全台灣地區奉祀馬國公（包公）為主神的最大廟宇，所祭祀的主神～【馬國公】乃包公轉世之原靈，數十年來奉旨下凡奠基濟世蒼黎神人合一歷經披荊斬棘加上神威顯赫，遠近求方問事者絡繹不絕，求者必應。

雖然全省奉祀包公廟宇並不普遍，但追思包公精神之信徒組團虔誠朝拜之士也不遜於其他廟宇，因基地面積有1200坪之廣，分三殿式建造，為本省深具規模的包公廟：前殿為包公主殿、中殿為五佛殿、第三為玉皇殿～上層安奉玉皇大帝、三官大帝、四大天王；下層安奉太上老君、孔夫子、關聖帝君、孚佑帝君、太白金星。每年以農曆八月十五日包公聖誕最為熱鬧，包公廟以及建築最具特色，在廟前有一對巨形金獅，氣勢磅礴，廟內立著刻有龍形雕塑的銅柱，牆面上則有別具特色的二十四孝圖案。

【神蹟故事】

包公廟原為覺善堂林堂主兆麒家宅，於民國五十六年間，現任總監林芳清在他任職於高雄縣衛生局總務時，馬國公千歲奉旨下凡巡查堂務，並雲遊四海會同南鯤身五府千歲及本府周府千歲，駕到覺善堂監鸞，認為覺善堂堂基尚勉濟世，為了收林芳清之才華加入門生，但被林芳清所謝絕，林說：我身為公務人員不便加入道教團體，偶而我在晚上，下班之後給您焚香拜拜就可；但在鸞日經不起主神再三催促下，他說如果神要我為您代勞可以，只要主神能顯奇蹟於我，我就心甘如願。馬國公在無奈之餘，在眾多信徒親眼目睹下，乩童手執清香在供桌前香珠朝下，不沾金箔紙離金箔紙約有三吋高，只見乩童振香疾揮，然後由林總監以清水噴灑在金箔紙上，進而浮現上列這首詩。

【註一】這種令人難以置信的奇蹟使在場的眾人嘆服。亦使得林芳清心服口服並加入門生，同年再命林芳清往東港靈帝殿取余金靈，後顯金容於鳳邑建成雕刻社，雕刻今日之金身供世人朝拜，這段奇蹟簡直令人不可思議，真是玄而又玄。

【註二】

馬府千歲降詩留念：

兩木造橋渡萬民，

一片芳心得善果；

長江清水淨我身，

聖母力勸弟子善

【連絡資料】

高雄大發開封宮包公廟

地址： 831 高雄市大寮區開封街 120 號

電話： 07-7880919

【六部生介紹】

主委：郭昭廷

正鸞生：詹德權，協幫友宮（鳳山仙公廟）：許青天

副鸞生：陳旭宏，呂保結，楊大舜，協幫友宮（鳳山仙公廟）：莊文信，
　　　　李正言

筆生：施秀珠，梁鳳珠，協幫友宮（鳳山仙公廟）：莊舜榮，蔡佳良

唱生：丁榮俊，卓崇紹，黃順惠，協幫友宮（鳳山仙公廟）：呂沛城，
　　　蘇有慶

監壇：總督導憶陽子

覆鸞生（初校正：呂沛城，丁榮俊，施秀珠，卓崇紹，梁鳳珠）

（總校正：莊舜榮）

接駕生：（唱誦請神咒）黃陳秀枝，王陳金葉，林永雪，劉黃月昭，詹李
　　　　潤妹，吳鄭素卿，蕭美玉，林麗雀，林淑玲，林淑真，許玉蘭等
　　　　等

效勞生：有宣誓效勞者眾

宣講：莊舜榮，呂沛城，許青天

【鸞文或鸞詩】

本堂正主席鳳邑鎮南宮孚佑帝君 降

詩

　　序述新書感動天　　　　諸真奉命寫鸞箋
　　功名不朽垂萬世　　　　盛德無窮播大千
　　鳳邑煙霞籠日月　　　　開封雲霧罩山川
　　諸生今夜榮何憾　　　　承繼先師聖道傳

　　夫儒門道德思想，不論其為崇奉者，或為反對者，莫不承認其為中國正統思想。於是今日學校所教，莫非儒門典籍，故儒門道德思想之影響世道人心，既深且廣，稱之為中國正統思想，誠不為過。孔夫子雖自謂：『述而不作』，究其不失為儒門始祖。然而孔孟學說，得孟子之闡揚而彰著，所以孔孟學說 在認識儒門道德思想上，確有崇高之價值。本堂開堂數十年來，抱悲天憫人之懷，欲闡揚儒門道德思想之精義，以達到大同世界之理想。然則孔孟不可復生，誰將使其闡揚於今世乎？

　　蓋有賴於今日儒門鸞教之闡揚。故本堂之扶鸞著述，悉為先聖先賢之嘉言懿訓，足資尊崇者，便以著錄彙集成冊。蒙 上蒼恩准，頒布於世，而廣大流行，俾益有志學道者，進修之楷模。然則本書之成冊，或亦本堂鸞乩在傳真上，未必能達盡善盡美之境界，難免有誤傳，未必盡是儒門道德思想之完全，不過本堂諸神祇有所力求謹慎，縱不能獲致諸天聖神仙佛真傳之深奧，亦庶幾近焉！

50 台南南府聖賢社聖懿堂

【寺廟沿革或簡介】

南府聖賢社聖懿堂於民國五十八年 (1969) 創建，主祀南天文衡聖帝，陪祀天上聖母、觀音佛祖、福德正神、註生娘娘。民國六十七年增建龍虎旁廟廂，民國九十四年增建太歲殿。

神聖顯赫　　發揮天威　　羅織睿才　　為堂效勞
堂生虔誠熱忱　　同甘共苦　　復建聖懿堂

聖懿堂之興建，歷千辛萬古，從無中而生有，由頹廢而興盛，其主要促成者，歸諸神聖靈應顯赫，庇佑堂生發揮聖教精神，堅忍卓絕，熱心善舉，虔誠感天。關聖帝君、天上聖母等神聖，從中羅織賢明睿才，膺任堂務要職，秉眾生善良本質，興超人智慧各為建堂而奔勞，為建堂興堂而竭力以赴，水光，既無寸土，又無分文，在眾志成城下，集腋成將美倫美奐聖懿堂，莊嚴美觀聳立於現址。

宣揚聖道 虔誠感動蒼天 賜名聖懿 堂基始定

　　本堂源始於中華民國四十九年由虎尾鎮救世堂（虎尾鎮中正路二二五巷十二號），恭請香火分靈回台南，初暫借永福路關帝廳開堂扶鸞，代天宣化弘揚聖教，原與南善堂合併為一公推買虎先生為堂主，綜理堂務，民國五十一年遷移神興宮（今民生路二段）繼續扶鸞，於斯期中，南善堂分遷東門，本堂為充實鸞務，堂生日益增加，堂況興盛，遂推選吳虎先生續為堂主，李海長先生、黃允女士兩位為副堂主，佐理堂務；民國五十一年元月奉玉旨著造第一科書」聖修金緣『神人合璧，堂生均能勤奮，刻苦耐勞，以不屈不撓精神，勗勉共勵，終如期完成，五十二年三月出書，代天宣化，神人同欽，於是堂務蒸蒸日上。

【神蹟故事】

本堂功過司　濟公活佛　降詩

玉旨輝煌遍碧空

三山五嶽通仙翁

金科玉律完成慶

揮述明生醒大同

行　述

三光普照，大地回春，人生在世，善德必存，

莫逆天理，遵俗正論，行善佈施，吉祥臨門。

　　乃福定浦田縣人也，生於乾隆年間，姓李名得禮，父李有德，母吳氏，雙親早年去世，余年登念八，娶妻陳氏，亦守三從四德，家雖貧寒，亦過得美滿，余乃自小勤讀聖賢詩書，待人有禮，常以白己之品德，以感化村人，而在村內教數名之學童，勉強度日，而後承友人介紹，到省城楊員外家當書記，余乃考慮一番，余決應聘，次日即備行李，辭別陳氏，往省城就職，而楊員外，即將帳冊種種，對余表白一番，余就一心一意，盡守其責，而受員外之賞識也，光

蔭如梭不覺年終已到，家家户户，忙於過年，員外對余曰：汝將可回家過年也，並交余銀兩十兩，乃半年多之所得也，余乃喜出望外，今有此銀可安年余也，次日辭別員外，即刻回家，而在途中江邊，忽傳來小孩子哭聲，轉眼一看一老婆一少婦，手抱孩子欲投江，余即近前阻止，若稍退幾步，即來不及也，當時余則誠懇追問，始識隔村史姓，因子遠出經商三年，音信隔斷，而姑媳相依為命，度日如年，因姑染病，向該城富翁何某，借資銀十兩療疾，而到期難還，而何某聲言挾持婦為質，在無計可施之下，只得尋短見一死了之，余聞知此境，則將身中取出銀十兩，說請婆媳收下，回家奉還何某即可也，而其婆媳眼淚汪汪流下，則說無恩不敢受此銀錢也。後經余誠懇之勸解，而將銀收下，則叩謝於救命余，賜銀之恩德，余回答言云：「君子施恩不圖報」，乃為人之本也。史氏姑媳回家，則將銀奉還何某，而後含辛茹苦，做小生意為生，清苦度日，亦無時不念，未問救命恩公之姓名，未能報答，但祈恩公多福多壽也，余將半年多之所得銀十兩，救活三條命，亦可算是做一件好事也，身中雖已無半文，亦感歡樂而回家，陳氏則問在外半載有餘，未知所得多少銀錢回家否？余說空無一文也，陳氏再問乃為何因呢？余則說途中所遇之事，一一告知，而陳氏聞知此情，亦感喜悅，乃為助人之急，救人之命，乃為人之本也，現在家雖無分文，我尚有幾隻銀針，可賣暫度幾日也，但元宵未過，家中糧食已盡，又逢陳氏生產而風雨交加，又無一物可供陳氏充飢，而感有愧也，而心急之無可奈何，次日忽然來了一位不識之客，客則曰：我姓江名仁和，因出差歸途至此，適遇風雨所迫，而停在爾家躲雨，聞知仁兄知書識禮，捨己行善，今有困難，故回家則備薄禮麻油酒雞，以表獻佩之意，請兄收下吧！余乃不能收此禮物，而感謝好意，請將物取回，江仁和再曰做好事總有好報，人在患難之時，互相持助亦理所當然也，請兄勿再推辭，倘後若有困難，不必客氣，將一定盡力協助，余看江仁和如此之杖義甚敬佩也，就一往一來，而後結為金蘭，江仁和本在省城內經營仁和當舖，而後改為什糧商，邀余為會計，自此同行善道，所得之財淡薄養家之外，其所餘則為修廟築宇，扶危助弱，舖橋造路，行善佈施，而兩

家兒孫滿堂，繼之行善而遠皆知，稱謂善行世家，各享年八十有餘，同日同時無病西歸，而江兄受神之引，到學神院修煉三年期滿，奉 玉旨勅任陞受江西省九江府城隍之使者，余奉 玉旨勅任西湖靈隱寺，為任守爐神之職也，而後在陽世兒孫行善有功之蔭，直升七級，乙巳年奉 旨調升南府聖賢社聖懿堂蒞任濟公活佛之職，集造明心普化時，勅任本堂功遇（過）司至今也，今宵簡述余之平生列入玄竅真篇，為勸世之借鏡也，盼諸群生克苦勤修必昇天界，以免六道輪迴之苦也。

【連絡資料】

台南南府聖賢社聖懿堂

地址： 702 台南市南區金華路一段 352 巷 97 弄 16 號

電話： 06 265 1505

【六部生介紹】

堂主：杜全興　　　　　副堂主：蔣連成

主持：李有隆　　　　　誦經組組長：鄭明珠

宣講生：陳豐男　　　　唱鸞生：李塗成

把門生：鄭慶隆、杜國源、　誥誦生：蔣連成、張進興、王清龍、李有隆、
　　　　黃盟竣、邱丁約　　　　　杜全壽

乩生：周清輝 顏國仁　　　副乩生：李有隆

錄鸞生：樂紹武 鄭明珠　　內總務：李塗成

敬果生：陳豐男、杜全興

【鸞文或鸞詩】

南天文衡聖帝 降 詩

　　文教宣揚化大千　　衡權掌理不私偏
　　聖恩浩大宏揚教　　帝德慈懷著寶篇

諭示
時維歲適戊午年臘月十三日亥刻,鯤島,南府聖賢社聖鸞堂,奉玉旨令 仙、佛、聖、神,
及各邑縣,階品神祇在內,效接玉旨 再令副主席率領各神祇,於十里外候駕,接旨再者
各生禮儀切不可有失,候駕生不可交頭接耳,呼聲嘆氣,
茶菓生不可亂闖案前,司香生片刻遠備之。

高穹馬天君 降 詩

　　三科續著造金篇　　挽轉迷蒙志不遷
　　聖設杏壇開一理　　潛修證學樂綿綿

51 高雄前鎮鎮南宮廣宣社正善堂

【寺廟沿革或簡介】

前鎮鎮南宮是前鎮莊的守護公廟，創建於清康熙廿一年（公元 1682 年），係朱、張兩大姓先祖自中國福建省漳州府漳浦縣渡台，在前鎮拓荒後，就地搭建而成，主祀關聖帝君。

朱、張二姓先祖始自結茅為廟祈福求孜，以農漁為業，子孫繁衍日盛；因地勢低漥，屢遭海潮京蝕，不堪海水倒灌再三修葺之苦，俟後由鄉民集議發貢興建委員會籌備資 金，由弟子群策群力熱誠捐獻，於民國四十二（公元 1953年）年完成一樓仿古閩南式磚造新廟。

民國 71 年（公元 1982 年）3 月動土重建現今廟貌，為四樓前後殿兩廂房南式雁尾剪粘宮殿建築，於民國 75 年間竣工。

【神蹟故事】

一、向上蒼祈求甘露

有一年氣候變化乾旱無雨，整年無雨，到處缺水，百姓生活受到極大不便，也要輪區供水，小生意也將要停擺，農作物要停止供水、休耕等。

各幹部在堂主帶領下上香向恩主呈稟祈求降甘露的作法，叩杯經恩主指示：在某一時日設香案三天，並點雙頭香祈求。當日，設置香案完成後，由堂主帶領各幹部虔誠跪拜上香祈求，當時太陽高照，霎那間烏雲密，打了響雷，惜未下雨，但氣候涼爽舒服，經上香向恩主呈稟，叩三聖杯後，圓滿完成祈雨法事。

二、消災解厄法事天氣變幻傳奇

本堂每一年均舉辦消災解厄法事，時間均在正月，舉辦時辰需虔誠上香呈稟恩主下旨，來確定時辰，當日子來臨時，烏雲密布下大雨，但消災解厄的時辰均已確定無法更改，大家都憂心匆匆大雨來擾亂整個消災解厄法事的行程及是否能按時舉辦，就虔誠祈求恩主幫忙，能夠天氣轉好，於是乎在當下竟然是無風無雨的好天氣，這是恩主聽到信眾虔誠祈求所致。

三、開藥方濟世

長期在宮廟走動及服務，有天身體不舒服，就到長庚醫院檢查，檢查出來是心血管疾病且血管有阻塞情形，醫師評估需要手術安裝心臟支架，於是就安排手術安裝支架日期。回家後到堂上虔誠上香向恩主祈求手術安裝支架能順利完成，就在一次扶鸞上請示恩主，結果恩主給予一帖藥方，就是將芹菜打汁加上蜂蜜，另又給予三張符令，燒完泡水喝。手術安裝支架日子到了，一切準備後被推入手術房後，經過一段長時間，我的太太及兒子一直在手術房外焦急的等待，眼見別的病患一位接一位手術完成的從手術房出來，為何還未見我手術完成出來呢？真讓人擔心。直到醫生從手術房出來，我太太焦急的問「我先生手術是否順利」，結果醫生用驚訝懷疑的口氣告訴我太太，怎會這樣呢？妳先

生不用裝心臟支架。事後讓我想到人要心存善念，到宮廟奉祀恩主及服務信眾，不要說要如何做，而是要有歡喜心、堅定不移的心，持續不斷的幫助信眾，有多少做多少，有幫助到信眾就是我的快樂。

【連絡資料】

高雄前鎮鎮南宮廣宣社正善堂

地址：高雄市鎮旺街 1 號

電話：07-8214456

【六部生介紹】

堂主：蕭天爽　　　　　　　　副堂主：王平心、朱呂金蓮

正鸞手：朱炳憲、陳玉和　　　副鸞手：陳耀明、陳華壽

唱生：朱明仁、朱正雄、李風英、　記錄生：翁海淶、蕭如貞、

　　　蕭如貞、白錦雀　　　　　　　　白錦雀、李風英

【鸞文或鸞詩】

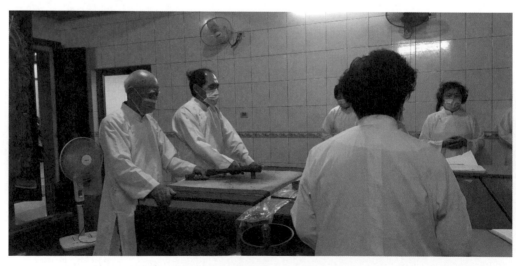

庚子年陽月初九 朱炳憲

余乃主教 下台
詩一
洞察先機更靈敏　公正不阿名利輕
克盡職責事圓成　能善同讚許人仁

言
世無完善、生無完人，苦海無邊、四方為難，
人求善境、生圖福慧，人善己善、圖福福眾，
天降萬苦、修悟解危，修在自性、不修何解，
世子自視、多有自私，天降之苦、自解有難，
喚勉同修、相互扶持，禍福同在、甘苦同心，
人本群聚、莫可私心，爭功諉過、自食惡果，
下台喜會生，同修蒞臨許讚 合何事共詩

52 高雄杉林上平辰峰寺

【寺廟沿革或簡介】

天地大哉，七政精革，重濁下凝宇宙成乾坤二儀，配山川之靈氣，所謂天然造就，淵源之根也。

地上有山龍（脈）之構結，受七政之精結，成山靈結穴，受胎地石元，始生存物體至所，觀音菩薩，藉地石精結得此石像為石觀音出土普渡眾生。

辰峰寺成立後香火鼎盛神靈顯赫，廣結善緣，庇祐眾生。

（1）在乾隆廿年歲次王戌，六月乾旱庄民謀生不易，正困苦之時，忽然黑雲密佈，天際邊出現白兔好似人形，（經寺內證實此乃石觀音顯靈）即時

降下甘雨，解決旱災，旱民為感恩，擇本年冬季宰豬殺羊叩謝神恩。

（2）乾隆卅九年歲次辛巳，八月間本島遭超級颱風侵擊，損害嚴重，本鄉唯少許損失，也是菩薩庇祐。

（3）乾隆五十年歲次壬辰，本庄五穀豐旺，冬季建福醮感謝神恩。

（4）乾隆六十年歲次壬寅，天災地變，人心恐惶，天降冰雹，作物損害慘重，有一天夜裡二、三更時刻廟宇屋頂上豪光燦爛，菩薩現靈，致使村民平安度過。

（5）嘉慶十三年歲次戊辰，冬末將入年關之際，位於東南方山腳下（現杉林東方附近）住有幾十戶人家，遭生番來偷襲，掠財，殺人此時石觀音顯身嚇走生番，居民看到此景，跪地叩謝恩，第二年逢過年之際，生番再來搜括，並用火箭射房屋，庄民只好遷離，後來此地人稱火燒庄。

（6）嘉慶卅五年歲次庚辰，夏天突然天降紅黑色之雨，致村民遭受無名瘟疫，人人叫苦連天，此時不知從何方來個郎中客携帶著白色藥粉，無條件施捨供村民塗用，使村民痊癒，此乃石觀音化身濟世，（本）冬下建醮叩謝神恩。

（7）道光卅年歲次庚戌七月，村東方（莎招埔山）出現夭孽作怪，呼風怪聲想爭本龍穴（地靈）於是大鬥石觀音，菩薩慈悲，勸善感化夭孽有二年餘，終使歸隱深山修正果，庄民方不受所恫之慮。

（8）咸豐七年歲次丁巳，七八月間每天大雨連連，致農作物腐死，損失慘重，忽然天上打雷，片刻雨停轉晴，真可說不幸之大幸也。

（9）同治八年歲次己巳仲春天久旱無雨，無法春耕，庄中人士商議之下，擇三月中旬夜，在本寺前設案桌，祈求降雨，是夜寅時降下甘露，解決水慌，

此為菩薩顯靈，令庄民感恩不盡，同年冬未建火醮，酬謝神恩。

（10）光緒元年歲次乙亥仲秋生番時常出沒楠河（楓芽林）一帶用火箭投射，將寺廟燒毀，庄中人士提議遷移廟宇，最後以憑筶結果三筶雙筶，於是遷至現址（第二基源）此處以前乃清朝時公館（木造）空屋，沒有為公事，有眾信士朱阿二、張春金、林增昌等人士，建議在此處興建，於是用土磚台灣瓦建造之。完成後擇於（本）九月初四年時安座大殿。歲次乙亥年、丙戌月、丁卯日、丙午時，為三奇三合。

（11）光緒三年歲次丁丑出春，眾善男，信女們經商議結果，須尊奉觀音神像，並訂於（本）二月十九日前雕好神像，是日子時開光點眼。
歲次丁丑年、癸卯月、乙巳日、丙子時，三奇三合。從此，辰峰寺殿內供奉石觀音、大觀音、二觀音、三觀音，福德正神牌舫。

（12）光緒年歲次癸未，八月間全島又遭颱風來擊作物及房舍損害極嚴重，所幸本境只有部份損失，真可說吾神庇祐。

（13）光緒廿一年歲次乙未，中日馬關條約，台灣人為對抗日本統治，因而發生達巴泥事件，當時江寶成君就蔭藏在觀音山後面，為此牽連許多庄民，菩薩護祐，所以無大事發生。

（14）光緒廿九年歲次庚辰，日本政府在台灣全境內收集神像燒毀，幸本寺觀音神像逃過此劫，（可能日本人也信仰觀音），現存本寺內哪吒太子神像，就是當時在燒化神像時，由林庚添先生看到此神像最小又希有少見，就順手拿入口袋裡，隱藏在家內，經一段時間，比較平靜後，送到本寺供奉。

（15）民國初年有庄中紳士，本庄若有生男（丁）者於每年二月十九日要做米糕　（每塊一台斤重）來敬奉菩薩，並於中午集餐，離去時每位會員送乙塊，然好景不長，光復後不久就解散了。

（16）民國廿年歲次辛未間因庄情不平安，石觀音藉乩童張阿隆先生為庄治病，解決難題，使庄民受益無窮。

（17）民國卅五年歲次丙戌，黃阿福先生發起學神乩登鸞救世，就在其家後堂，請旨恭奉關聖帝君牌像，並擇（本）九月十九日夜戌時奏表上蒼，憑筶由朱祿清先生以五筶為正乩生、黃順源先生三筶為副乩生、講述黃阿福先生、記錄生林新達先生、朱金清先生，擇（本）九月廿日戌時開始練乩，夜夜不間斷，以砌盤木筆勤奮學習，按半年餘時間，承蒙菩薩顯靈妙筆生輝，能施方濟世，一年後菩薩旨意遷回本寺，繼續登鸞闡教濟世，同時上天有旨命大觀音為本寺主席，二觀音為副主席，石觀音為總理，振興本寺風光，兩年後十一月十三日乩生往生，後出曾喜春先生為乩童。

（18）民國卅七年歲次戊子，此因本寺建築年久破舊屋頂漏水，經眾生提議重建，開會結果，除募款外，庄民有力出力，合力興建以紅磚牆蓋台灣瓦，此時石觀音有旨命林嶸貴先生為堂主、張連發先生、韓新德先生兩位為副堂主，並擇（本）三月初一辰時開工興建，「歲次戊子年、丙辰月、甲子戌辰雙三合」。

【神蹟故事】

一、 石觀音顯靈

清乾隆四年歲次己未，由本村後面（東方）山，現在觀音山，是年寒冬季節子刻之夜，在山頂上時常有火光閃閃、鑼鼓聲連夜，恰似千軍萬馬奔騰，

乾隆五年歲次庚申，在本山西北面（現在竹林寺之右側）山脈上，有新庄人士前往堪地做風水，並擇於（本）三月廿日辰時開工建造，（庚辰年、庚辰月、庚申日、庚辰時，天干一清，地支三合），開挖金井（埋設金罐處）至一尺餘時，忽然地裡一團火沖天，同時浮現一尊恰似人形石像，

繼續挖掘時，其左右又出現兩尊類似神像石頭大小一樣，再開挖時瞬間消失，餘現存本尊石觀音，此石真奇，全山之石均為黑褐色，唯獨此石黃金色又硬，「此石高三尺六寸，座腳二尺六寸，胸寬一尺六寸」，現安座於本寺下樓內殿。

當時挖到此石像時，觀看乃似人座著樣子，無動搖恰似老伯公，經傳揚下去，四處多人參觀，議論紛紛，是何方神聖，再商議之下，以憑筶為證，結果，三筶雙筶乃石觀音之顯世，於是大家合力扛下山，當時有新庄人士駕著新牛車前來搬運，搬上車上起行時，忽然車輪折損，無法行使，又有月眉庄人士，用新大繩綑綁扛起時大繩斷掉，無法搬運，崁頂庄（上平村）人士只用普通繩子，不甚費力氣就抬下山，往本村之東南方約半里路之田煙（本村東方約六里）就無法行動，即在此處建立第一基源。

二、 在乾隆廿年歲次壬戌，六月乾旱庄民謀生不易，正困苦之時，忽然黑雲密佈，天際邊出現白兔好似人形，（經寺內證實此乃石觀音顯靈）即時降下甘雨，解決旱災，旱民為感恩，擇本年冬季宰豬殺羊叩謝神恩。

三、 乾隆六十年歲次壬寅，天災地變，人心恐惶，天降冰雹，作物損害慘重，有一天夜裡二、三更時刻廟宇屋頂上豪光燦爛，菩薩現靈，致使村民平安度過。

四、 嘉慶廿五年歲次庚辰，夏天突然天降紅黑色之雨，致村民遭受無名瘟疫，人人叫苦連天，此時不知從何方來個郎中客携帶著白色藥粉，無條件施捨供村民塗用，使村民痊癒，此乃石觀音化身濟世，（本）冬下建醮叩謝神恩。

五、 同治八年歲次己巳仲春天久旱無雨，無法春耕，庄中人士商議之下，擇三月中旬夜，在本寺前設案桌，祈求降雨，是夜寅時降下甘露，解決水慌，

此為菩薩顯靈，今庄民感恩不盡，同年冬未建火醮，酬謝神恩。

主筆：何永增 編製：林宏明 校對：鍾瑞虎 民國 99 年 2 月 2 日 提供

【連絡資料】

高雄杉林上平辰峰寺

地址：高雄市杉林區上平里山仙路 152 巷 1 號

電話：07-6774270

【六部生介紹】

正鸞生：吳尚書　　　唱生：詹秀美

筆生：羅瑞文　　　覆文生：徐秀娟

【鸞文或鸞詩】

上平里辰峰寺庚子年十二月五日110年01月17日登堂文

本寺主席佛母話：

鳳山龍山寺觀世音菩薩、文殊菩薩、大勢至菩薩駕臨，擊鼓敲鐘，恭迎聖駕。

鳳山龍山寺觀世音菩薩登堂作詩：

　　北斗星光照古今，銀河潔白學芳芬，

　　蒼天護佑慈悲者，地眾惡除福祿門。

鳳山龍山寺文殊菩薩登堂作詩：

　　虧人肥己羞，品行德真修，

　　良習始終守，壽康安百年。

鳳山龍山寺大勢至菩薩登堂作詩：

　　起心動念偏，胡作非為愆，

　　陽法質疑嘆，陰間律處嚴。

本寺主席佛母登堂作詩：

　　禮法傳家遵古言，義來實踐效先賢，

　　廉如蓮淨身清白，恥悟尊嚴心健全。

話：

　　佛法的修行，以人為本，棄除貪瞋痴慢疑，為人在日常生活中融入慈悲喜捨，來調整自己的心態，相信人生幸福美滿，生活在無污塵之人生淨土，願與諸生分享之。

　　今夜登堂，來自鳳山龍山寺觀世音菩薩、文殊菩薩、大勢至菩薩駕臨柳筆作詩，齊來實屬難得，龍山寺歷史悠久，香火鼎盛，慈悲救助世人，今夜本席懇請為善男信女柳筆淨身，庚子年冬平安，來年辛丑四時如意，家庭順遂，事業順利，身康體泰，感恩感恩再感恩，有意者速至神桌旁。

　　擊鼓敲鐘，恭送聖駕。

53 高雄月眉樂善堂

【寺廟沿革或簡介】

根據《月眉樂善堂沿革》記述：「樂善堂之由來，始於大正2年（1913年、癸丑）之秋，而我庄中耆老紳士，有感乎世道之衰微，人心之變幻，故有紳士黃錫勳，庠生 林清輝，富翁吳彩恭、黃阿旺、劉文西、劉慶霑、劉阿五、鍾三妹、林月華、朱昌榮、 溫發順等，追憶古風倫紀，肅正庶

民純厚，聖教遵從，時至今日，歐風東漸，倫乖道舛，遂感乎，殷人尊神。率民祀神之義，藉神道以設教，而警醒乎愚頑，因議及倡設 鸞堂之事，乃一唱百和，即擬於月眉庄之莿桐坑山下，俗名鳥仔坑，劉阿五之宅地，假設草堂，恭設 三聖之座位……」，

可知西元1913年黃錫勳與林清輝等人，於劉阿五之宅第築建草堂，恭奉三聖恩主。顯然主導創設樂善堂的這些士紳文人，在鸞堂 中亦擔任較重要的職務，在其西元1914年扶著的《覺夢真機》中奉派鸞職如下：正堂主兼迎送掌理堂務劉慶霑、副堂主兼迎送掌理堂務劉文四、正鸞兼參校生黃錫勳、 副鸞兼請詰生劉慶澤、校正生林清輝、乩錄生兼抄錄林富期、傳宣生林月華、傳宣生

劉錦奎、掃砂生黃福瑩、黃福賢、派正鸞劉石恩，其中黃錫勳是紳士亦為漢學私塾 老師，且是地方著名之中醫師，曾任月眉區長，黃福瑩為其子。

　　林清輝是庠生， 堂主劉慶霑、副堂主劉文四為月眉庄望族，其中劉文四為日治時期的漢學私塾老師。 鸞堂的傳衍從沿革中亦可簡略看出，在《覺夢真機》造著前，樂善堂並無獨立堂宇，推派劉文四為代表，前往苗栗玉清宮迎請三聖香火供奉，可見樂善堂源自於苗栗 玉清宮。因三聖恩主牌位輪番祀奉不便，眾鸞生乃議捐資築廟，西元 1921 年新建堂 宇落成，隔年購置廟產，以充每年之收益，維繫永久之基業。西元 1925 年再增築左 面橫屋及廳室。於西元 1928 年，開期著造第二部鸞書《妙化新篇》。其歷程如下碑文 載：

　　前記耆老紳士，率諸後輩十餘人，日夜虔誠參拜，敬誦 聖經，耳聞蘭陽啟化，竹邑從風，至是年之冬，眾議派劉文西，前往苗栗之 玉清宮恭請 三聖之香火，到堂安位祀奉，推劉慶霑為堂主，舉庠生黃錫勳為正乩生， 劉阿五為副乩生，每夜學習神乩，未幾於砂盤木筆中，靈應非常，越明年 二月廿四日，請旨開期造書，四月書成告竣，名曰覺夢真機，共五冊為一 部，經林清輝校正後，付諸奇闕，延至端月一日，叩謝。 諸真 頒行善書，計收經費數千餘元，除所需費用外，仍有些餘款，每年 值逢聖誕時，以供費用，事畢各回家中，請回人家，輪番祀奉，繼有富翁 黃福興、黃福龍、黃添福、黃天榮、黃福星、諸人，感于人家恭祝壇所， 誠為不便，共議建築廟宇一事，亦隨聲相應。奈因地址不得其所，竟有庄 中之李阿尾兄弟，及李斯賢等，自願贈地與堂地，咸驚嘆乎。

　　神教之大化，眾舉黃福興擔任堂主，負建造之業務，遂於大正 9 年（1920， 庚申）之冬，選擇艮山兼丑地位，吉日定基築造，翌年 1921 年辛酉十二 月十六日，廟宇竣工，豎立諸聖神座，當時原築一正堂兩橫屋，及拜亭門 樓，森嚴清雅，開用費金數千餘元，收支決算，尚不敷八百餘元，堂主自 願犧牲並及供給三年福食，後眾人又感有此廟宇而無業產，將來難以維 持，爰於 1922 壬

戌年冬買收美濃庄古家之嘗業，計有三甲零九厘五系之 土地，其價金共肆千餘元，由各富翁信徒樂捐此費，尚不足其數，眾決向 外借入壹千餘元，湊成其數，越 1923 癸亥年早冬，各信徒共耕此業，以 收益至冬季而償還債額，始有土地，每年收入以為堂中福食及諸費用，回 憶創業惟艱，可見其辛苦，謀成立志為堅矣，然因當時登記法不得登陸神 聖之業產，眾議堂中之信士緣故者黃天榮、溫發順、吳連華、黃福賢、劉 文四等聯名暫時登記此業，以後登記法倘能改正時，隨即移轉登記為神聖 之產業，後幾年登記法更正，已登記為樂善堂名義，管理人黃福瑩，至乙 丑 1925 年公推劉文西擔當增築後面左片橫屋及一廳。（包括廚房及議室） 又於丁卯 1927 年冬，因前年大地震，牆垣破潰，眾議勸募經費修繕屋宇， 改築門樓，推吳其鵲為經理，越戊辰 1928 年四月竣工，至同年七月七日， 眾議追念前乩手黃錫勳，既登仙籍，只有後學乩手，黃福賢後稟神前允准 再加習練，同時神筶憑得劉文四為正鸞，黃福瑩為副鸞，參加啟學，並舉 林阿二為堂主，吳乾寶為副堂主，決議復造善文之事，至八月二十日。 南天使者奉諭教乩三天，正副鸞貫然變通，顯然神聖之妙奧，不數月善書 造就，遂於十一月一日告竣，顏曰妙化新篇，編成五冊為一部，隨即付諸 印刷，至己巳 1929 年三月二十四日，叩謝諸真，八月頒布頒行善書。

【連絡資料】

高雄月眉樂善堂

地址： 846 高雄市杉林區桐竹路 241 號

電話： 07-6773862

【六部生介紹】

正鸞生：吳尚書　　　唱生：詹秀美

筆生：羅瑞文　　　覆文生：徐秀娟

【鸞文或鸞詩】

月眉樂善堂己亥年10月21日108年11月17日 登堂紀錄

月眉朝雲宮天上聖母 登堂詩

　月色慈和聖鸞堂，眉開眼笑譜詩章，
　朝雲宮眾同歡暢，樂善喜施教化康。

本堂三聖恩師登堂詩
　回溯鸞堂舉有方，行藏隱顯皆為常，
　善施福佑萬民尚，千古傳承百世昌。

話：
　今天客家鸞堂回娘家暨冬成集福大典，甚為盛大，神人同歡也，期予林董事長及眾生戮力扶持，使鸞堂善風得以永續傳承是為幸也。

54 高雄岡山真亘古廟

【寺廟沿革或簡介】

　　真亘古廟址於岡山鎮華崗里抎自路 9 之 1 號，為亘子莊廟，相傳此廟初建於道光年間，主祀文衡帝君，配祀來自南鯤鯓的三王爺，除了一般宗教活動外，并設有長春俱樂部、媽媽教室、南管樂團及宋江陣。

　　據《鳳山縣采訪冊》，真亘古廟創建於道光 26 年（西元 1864 年），由洪泉光重建，光緒元年洪沁重建。大正 13 年整修，昭和 18 年舊抎子莊居民被迫遷移現址，1950 年重建，1981 年再度重建。莊內有私人祭拜的義民爺，祭拜日

期為每年 2 月 13 日，傳說是古早時候保護這裡而陣亡者。

　　本廟每年 6 月 24 日關聖帝君生日時作戲，布袋戲、歌仔戲及電影均曾做過，祭祀費用由信徒自由樂捐。正月 15 日有卜龜。7 月 15 日普度，是公普。6 月 24 日進行賞兵。本廟內可安光明燈，由信徒自由樂捐，於每年註生娘娘生日時換一次。

　　本廟另於每年正月初 4 卜爐主頭家，有 12 為頭家、1 個爐主，整個村莊的人都可參與卜筊。另設有管理委員會，有委員 27 人，兩年改選一次，易於正月初 4 進行改選。

【連絡資料】

高雄岡山真亘古廟

地址：820 高雄市岡山區華岡路 216 號

電話：07-6281461，07-6281122

【六部生介紹】

乩子：洪新期 洪居財 高昭明 高田 楊登文 高榮泰 李文泰 孫敏文

【鸞文或鸞詩】

55 屏東無極乾元昌賢堂

【寺廟沿革或簡介】

屏東無極乾元昌賢堂發源於高雄縣茄定鄉保定村新庄仔，時在民國二十年，陳大益為圖報文賢聖帝、文衡聖帝，遂雕塑金身聖像供奉。數年後，陳大益遷居屏東，遂請恩主安奉於自宅，繼續救渡眾生，乞求膜拜者無遠弗屆。後感民宅無法容納眾多信徒，實有仰屋興嘆之慨，眾善信集思廣益，遂議定興建堂殿，擇於民國五十五年舉行破土興工，於民國五十六年三月十九日慶祝落成。

民國七十年設鸞台。民國七十二年開著《昌世引迷》；十一月二十一至二十四日舉行法會四天，並同時慶祝圖書館大樓落成啟用。

于民國八十一年晉陞為無極乾元昌賢堂，並於民國八十三年一月初四連七天舉行重建慶成謝恩祈安護國禮斗消災清醮，新堂啟建完竣啟用。

【連絡資料】

屏東無極乾元昌賢堂

地址：900 屏東縣屏東市延平路 84 號

電話：08-7529149

【六部生介紹】

正乩生：葉漏基、蔡佳承、方順平、吳盛祝、杜勇得

副乩生：林啟泉、杜啟明、張富清、薛國彥、陳榮茂

唱鸞生：陳李麗珠；方國仲、郭淑芬、周謹修、郭淑芳、吳佩娟

錄鸞生：陳炎坤、黃吉田、施永添、張春惠、方建明、林義忠

【鸞文或鸞詩】

56 高雄橋頭帝仙宮明恭堂

【寺廟沿革或簡介】

　　址在仕和村神農巷，主祀神農大帝 (俗稱老祖)， 據聞本庄老祖與大社老祖是兄弟，最初由先民隨鄭成功奉神像來台，乾隆三年 (1738) 募款建廟於此。但據 (橋頭鄉志) 云，帝仙宮始建於雍正十年 (1732)，也有建於永曆年間之說，同治六年 (1867) 為颱風所毀。隨後歷經三次修建，即咸豐七年 (1857)、大正十三年 (1924)、昭和十年 (1935)。咸豐七年之建廟，係由馬頂、馬蛟捐獻廟地 (何培夫 1995:76 — 77)，本庄有志士紳樂捐建廟資金，歷時四十二天，當年三月廿四日 建成， 四月十八日 開工塑像， 四月廿四 日 慶成入火。光緒四年 (1878) 郭心得獻園一所，為本廟油香 (何培夫 1995:78 — 79) 。但據 (鳳山縣采

訪冊) 所載，係咸豐八年 (1856) 由歲貢生許秉緞重建，廟租六石。帝仙宮於民國四十九年成立第一屆管理委員會，六十六年舊廟遭颱風破壞，七十一年第五屆管理委員會提議重建，遂在仕隆、仕豐、仕和三村內由居民出丁錢，次年破土興工，七十四年完成，七十七年舉行五朝建醮法會。

仕隆最早包含仕隆村與仕豐村，六、七年前因人口增多而增設仕和村。帝仙宮之祭祀範圍包括現在仕隆村 30 鄰、仕豐村 28 鄰、仕和村 35 鄰，全部約三千二、三百戶，人口約一萬人。目前由外地遷入的人口較本地人多，本地人中以許姓最多，約佔四分之一左右，許姓祖籍福建漳州府長泰縣，此外陳、馬兩姓也有不少。

帝仙宮供信徒安太歲，一人一年 300 元，也可安光明燈，一燈 300 元。每逢元宵，信徒可來乞龜，有一千斤、五百斤，也有十斤、五斤的龜，柑也有，此是古例。仕隆有三個乩童，都是仙公祖的乩童，皆男性，本庄人。廟內有輦轎仔，但很少人問，都是熱鬧才出來。有藥籤，男女通用，共六十首。運籤也是自古即有，首籤第一句是「日出便見風雲散」。

帝仙宮每年卜三個爐主，一村一個爐主，由鄰長擔任頭家。設有管理委員會。共有廿一個委員，三個監察員，每四年改選一次。仕隆現有一個大鼓陣，共廿四人。獅陣則有一百人左右，與大鼓陣的歷史差不多，約成立於日據時期，現皆由廟方管理及負責經費。帝仙宮三樓陵霄寶殿，現是明恭堂 (鸞堂) 活動的地方，以前有鸞生二、三百人，許西瑞也參加，現在人數較少。明恭堂有誦經團，以前還有南管之樂生十幾人，現在沒有了。

【連絡資料】

高雄橋頭帝仙宮明恭堂

地址：高雄市橋頭區仕和里神農巷 14 號

電話：07-6113533

【六部生介紹】

正鸞生：朱鳳貞　　　筆生：蔡惠淑　　　唱生：陸美月

覆文生：陸美月　　　監壇：黃盟傑　　　接駕生：黃英蘭

護駕：蔡政良　　　　效勞生：刁英珍　　經生：許淑美

【鸞文或鸞詩】

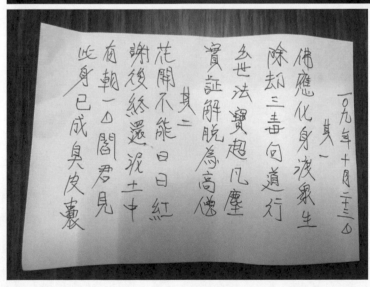

57 高雄杉林朝雲宮

【寺廟沿革或簡介】

竊思月眉庄曾於日據時代中華民國十二年（癸亥）由先賢善士建築湄聖宮位于庄尾伯公壇上片（北邊）（現在夜市商展場）崇奉天上聖母位於庄尾福德壇邊，因日本政府為了推行皇民化，廢廟欺神致使被強制拆卸，幸有本庄信婦古潤寶（張玉金之母親，黃梅秀之外婆）暗藏聖母金身保護未受火化之災。

迨臺灣光復（民國三十四年）後，民國三十六年（丁亥）由本庄耆宿紳士、黃阿盛、林庚乾、林新發、黃來春、林順和、陳文煥、朱勝增、曾連金、黃福恩、徐新順、黃添丁、黃貴來、曾成昌、吳阿龍、朱榮華、鄭火皮、溫金龍、林維發等人提倡興建新廟，以崇奉尊神、遵從聖教、敦厚民俗、淨化人心為宗旨，遂鳩合庄中善信男女人等商議向（旗山）游喜先生購買廟址約四百坪蒙楊公先師降臨指明座向（現在朝雲宮座落之方向），又蒙劉文四、黃福瑩兩位先生蒞臨指導涓擇吉日良時，在現有宮地以土磚建築本宮，崇奉天上聖母為主神，側奉釋迦牟尼佛、哪吒太子、觀音菩薩、註生娘娘（由徐日森建議民國六十八

年陞座）、福德正福等諸神，藉神道之闡教警醒愚頑回頭向善。

歲月經過三十年之後，原來土磚建造的廟堂已損壞不堪修復，遂於民國六十七年（戊午）眾議重新改建本廟，村人即推舉黃來春、曾連金、黃連興、邱金松、黃貴然、黃國康、徐日森、徐奕喜、溫新元、鍾見興等人為重建委員，涓取二月初二日起工定基，重建磚造正殿三間及拜亭、下面（南邊）廚房等建築，民國六十八年（己未）十一月十三日子時陞座，新廟堂落成大典，從此奠定了今日朝雲宮的規模。

【連絡資料】

高雄杉林朝雲宮

地址：846 高雄市杉林區清水路朝雲巷 10 號

電話：07-6773012

【六部生介紹】

正鸞生：黃富豐	副鸞生：陳德木
記錄：鄭肇麒、何鈞堅、	宣讀生：羅瑞文
羅瑞文、徐文榮	
司禮生：黃文晏、邱彩華	接駕生：張崴勝、林榮造
掃沙生：黃進水、黃文銀	鍾鼓生：林煥明、曾真祥

【鸞文或鸞詩】

庚子年12月5日 110 年 01 月 17 日

月眉朝雲宮　登堂文

本宮　主席聖母　登堂詩（　天上聖母）
　　江山易改性難移，巧詐任為豈自欺，
　　虔善勤修義理記，慈悲平等造福基。
　　未來變化難預期，過去塵煙沉落蹟，
　　現在省思謹勉勵，悟開常理除執迷。

話：
悟道不嫌遲，善修真性知，
結緣福念至，慧用智心持。

庚子年11月25日 110 年 01 月 08 日

月眉朝雲宮　　登堂文

本宮　主席聖母　登堂詩（　天上聖母）
　　時序輪轉感有無，舊桃年末換新符，
　　因緣聚散凡人路，不改道心賢聖扶。
　　喜捨慈悲傳善風，修身鍛性體真空，
　　悟參虛幻浮生夢，隨緣自在法喜中。

話：
　　人生得意幾多時，把酒言歡莫笑癡，收斂只
因衛己是，開明世道總維持。
　　諸生可有他事？

58 台南昭清宮育善堂

【寺廟沿革或簡介】

昭清宮乃崇奉至聖先師孔子及三聖恩主，即地方皆謂「文武聖廟」儒宗聖教是也。因時勢潮流道統不一，而三教聖人並出，教道於是分派。

儒以治世，道以救世，釋以度世，各立一門，而三教之名益著矣。儒治世，教人以三綱五常，修身齊家治國，修心養性，至誠思明之道也，而道救世，教人以修練玄功，會三歸一，九轉還元以通於神明之機也。而釋度世者，示以三皈五戒，五蘊六塵，闡明地獄輪迴果報等事，惟世人信仰，只就釋道兩門，由來久矣。其間尚有許多傍門，宣教不同，互相詆誹，孰是孰非，無容辯白。

然溯自漢朝以來，始有神道設教，三相下凡，代天宣化，處處開堂，揮鸞闡教，勸世救世，著書善文，流傳經典，度生拔死，其愛民神恩深且大矣。因佳里未有文武聖廟，初由本鎮善士六、七人發起設堂扶鸞闡教，宣揚儒道釋三教以資濟世，頃於民國五十四年元月，歲次乙巳孟春，專程拜訪埔里 昭平宮育

化堂為母堂，承蒙　母堂恩主奏准，同年二月十日神農大帝賜詩，命名曰「昭清宮育善堂」，嗣後母堂道長誠懇蒞臨鼎力協助，塑贈聖像，並捐法寶，輔導鍛乩，於同年三月二十七日開堂，初就本鎮忠仁里蔡明進檳榔樹下簡建廟堂，安香進座開始扶鸞闡教，幸得聖神顯赫，香火日盛，堂務蒸蒸日上，參鸞者日益踴進，是時深感場地狹窄，集議覓地建廟，然後奉聖示，選定本鎮安西里一一八之三號為聖基，即今之廟址，位在鎮區之中心，四方八達貫通省、縣、鎮公路，交通稱便，山明水秀，左水倒右，川流不息繞過明堂，真是「玉帶纏腰」之吉穴也。遵聖示於民國五十八年歲次乙酉七月洽購一千餘坪，臨時搭建廟堂搬遷現址，同年十一月十五日聘請卸任高縣長文瑞動土興工，同時金闕使者李仙翁帶旨宣讀，命南天齊天大聖監工督導記錄，歷時四載，至民國六十二年，歲次癸丑竣工，同年十月二十一日舉行入火安座，典禮盛況空前。然後民國六十五年歲次丙辰三月十一日南天使者，又帶旨宣降詩選派魯殿籌建委員會委員，命同年十二月二十四日卯時，大成殿動土，敦聘請謝省議員崑山、葉分局長貽勇，兩位文武官主持，隨即興建至民國六十六年，歲次丁巳十二月十七日完成，同時舉行大成至聖先師孔子、四配、十二哲、七十二先賢鎮座典禮，是日由楊縣長寶發主祭，各界長官、母堂、友堂道友、鸞友大德，熱烈參祭，盛典隆重，誠堪誌於千古。

　　本宮文武聖兩廟工程，均由埔里母堂賢生蕭建築師再福無酬設計製圖奉獻。惟本宮雖建文武聖廟兩全，尚缺五門及龍虎兩廂，延至民國七十六年，歲次丁卯始動工興建，經地方賢達熱心贊助已經完工，擇於民國八十四年，歲次乙亥三月二十四日謝分金落成繳旨。溯自開堂至今，整整四十五年歲月，承蒙聖神臨駕降詩勸善，其優雅詩文普及全省各地，而受感化者日見益增。

【神蹟故事】

一、購買廟地奇聞軼事：

己酉年三月廿七日（民國五十八年）

埔里育化堂恩主　降駕　恩賜七言絕句詩意

昏昏醉醉漏真機　福地圖謀可保持　子午羅庚成大局　時來魚堀化龍池

※ 指此處為靈山寶穴，指迷渡世法船之聖域。

己酉年七月十八日（民國五十八年）

本堂主席　降　五言詩

地非人所得　久後亦仙基　鄭子休堅執　成家別路祈　鑑前還察近　幾度業推移

讓聖完名節　行程錦繡馳　幾多購此業　難見發興時　願認機蓬適　重開遠大期

神天無負德　擁汝轄雙眉　邊語休收耳　當為慷慨兒　來堂參叩禱　欲我知無知

處世何為重　揚芳譽祖披　養魚魚不順　意在育雞思　福邑今能就　命宮推更疑

身臨逢十字　船遇逆潮危　圖利為登月　問財似上嶷　歸根當屈膝　迷眼看分歧

淺水能沉石　高上望海夷　占明方向事　宛爾一坪棋

※ 言原地主堅執為祖業，不肯讓售。因而聖意再度賜詩解釋，此地其重要性非同小可，期鄭氏能深思熟慮其中之奧義。

己酉年九月初一日（民國五十八年）

本堂主席　降詩

明治原來是海狼　修功千載作君王　吞彊霸地東方亂　中韓遭災並受傷

春河本是海狼民　真我生於川木津　世出原年終卅捌　葬軀東海實傷神

※ 鄭氏再次堅執無意讓售，廟方執事者，依然未放棄原意，多方與鄭氏洽談。有天鄭氏在一信封內附上字條，請示恩主　解釋其內意，而至五十八年九月初一日降駕賜詩，其內意鉅細靡遺道出其原委。事後才由鄭氏，口中得知字條內意是要請示恩主　解釋其前世因果，此時與鄭氏所寫字條內意完全相吻合。事後鄭氏專程赴日本親察此事，得知完全無誤。因而首肯將此處讓售。且午門前鎮殿一對石獅，其家族成員深感恩主神威顯赫，贈與一對鎮殿石獅，以表誠敬之心。

【與神對話】

【連絡資料】

台南昭清宮育善堂

地址：722 台南市佳里區安西里 118 之 3 號

電話：06-7224214

【六部生介紹】

正鸞生：黃文選	筆生：黃富津、楊玉婷	唱生：蔡宗興
監壇：陳林金節	接駕生：陳月花、黃金美	經生：高明華
護駕：湯美珠、楊秀花	效勞生：陳信甫、王欽正	

【鸞文或鸞詩】

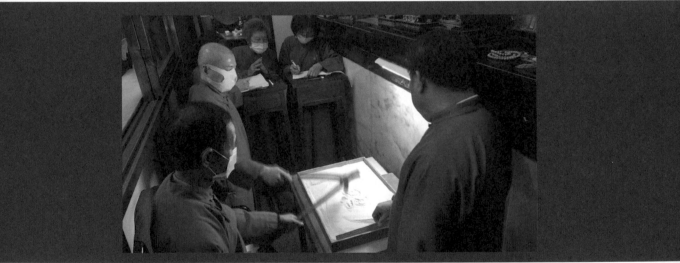

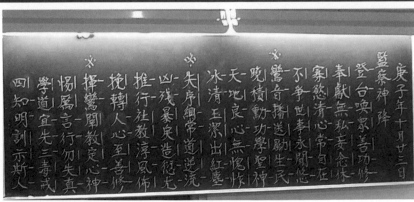

59 台南玉井望明三合水玉二娘娘廟

【寺廟沿革或簡介】

溯自西元 1661 年二娘娘隨鄭成功之水師作為航海守護神,由唐山渡過黑水溝來台,平定荷蘭人後,士兵分駐各地屯墾養軍,二娘娘隨著士兵沿曾文溪一路東進至三重溪口大武壟之芒仔芒(今望明三合水),二娘娘在此修行濟世約一百五十餘年,後因屯墾之需要在轉至內庄北仔尾(今大內國聖湖),駐紮約 40 餘年,於此展望南方有三座靈山聳立,遂指示信眾遷至山仔頂(今山上區山上里)建廟奉祀,續展開濟世工作。

【神蹟故事】

根據當地耆老口述,有一年(約西元 1933 年)因大內發生瘟疫,二娘娘至大內庄教治,時值農曆七月十五日,回程時瘟疫信徒又不按照二娘娘指示的辦法去做,因而觸犯天規,回廟後即自行處分,將神尊置放於天井遭受風吹、日曬、雨淋,七七四十九天,並交代任何人皆不可觸其金身,此期間有庄民見二娘娘額頭上有一水滴狀之東西,而欲予擦拭,卻誤觸金身(恐係天意),因此

二娘娘為維護山上里信徒之安危，龍辰不得不暫脫離金身，重返大武壠之芒仔芒修行，自行承擔因救治瘟疫，觸犯天規制之罪遣。次觸犯天規，乃係救渡蒼生，明知不可為而為之，事後並自行處分。玉帝憐其心，嘉其行，故將二娘娘晉封為玉二娘娘。"此係於民國五，次甲辰年桂月由山上天后宮之天上聖母大媽降壇道出此段事蹟，至此娘之封號確立。

　　明三合水，四面環山，碧水潦迴，山明水秀，五二娘娘深知此地乃絕此係玉二娘娘來台登陸修行濟世及觸犯天規後，重返修行之於民國六十三年指派義聖尊王鎮駐守護，直至民國九十九年六月二十四日（歲次庚寅年五月十三日），在山上天后宮由羅信忠先生請玉二娘娘來作主連續擲九次聖杯的指點，請信徒前往五二娘娘修行聖地（今望明三合水）開墾，同年十一月二十日（農層十月十五日）再由山上天后宮北極玄天上帝降壇指派玉二娘娘前先鋒官入駐協助開墾，並指示來日將在此舉辦玉二娘娘「如何來道教文化最高境界之法會，同日也開光點眼天上聖母及玄天上帝等各神尊，且指稱該龍辰皆係唐山早期移民來台及鄭成功攻台在經過黑水溝遭受浪沉船之守護神。民國一零二年九月降壇指示再雕刻蕭田、泉州、漳蒲三尊唐山二娘娘，於民國一零三年三月二十二日開光點眼，同時束報上天，公告天下，二娘娘廟正式名立，五二娘娘金身亦同時在山上天后宮宋江陣護駕之下順利完成入火安

　　座於二娘娘廟之儀式本廟主祀為玉二娘娘，從祀唐山二娘娘、天上聖母、玄天上帝、福德正神、註生娘娘、中壇元帥、義聖尊王、千順將軍、四大將軍及黑虎將軍。

【連絡資料】

台南玉井望明三合水玉二娘娘廟

地址： 台南市玉井區望明里望明 131 號

電話： 06-5742990

【六部生介紹】

正鸞生：蔡文旗、黃百成、楊建坤、楊順欽　　　筆生：余后木

唱生：余后木　　　　　　　　　　　　　　　覆文生：余后木

接駕生：余后松（鑼）　　　　　　　　　　　效勞生：余后木（鼓）

【鸞文或鸞詩】

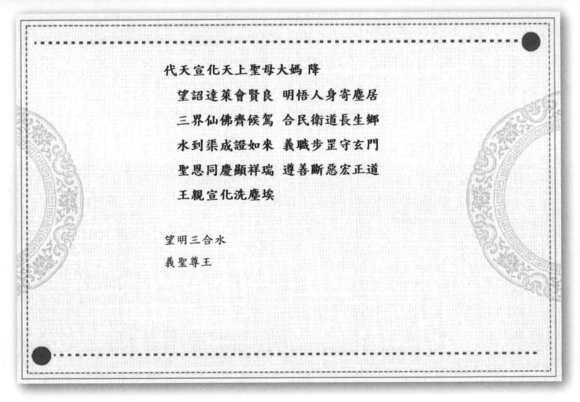

代天宣化天上聖母大媽 降

望詔達萊會賢良　明悟人身寄塵居

三界仙佛齊候駕　合民衛道長生鄉

水到渠成證如來　義職步罡守玄門

聖恩同慶顯祥瑞　遵善斷惡宏正道

王覲宣化洗塵埃

望明三合水

義聖尊王

【連絡資料】

高雄美濃善化堂

地址：843 高雄市美濃區興隆三街 170 號

電話：07-6813424

【鸞文或鸞詩】

本堂主堂 清水祖師
侯 詩

清香撲鼻瑞雲騰　　水火想通濟蠢生
祖泛慈航超劫溺　　師開蓮蕊拔生靈

其二
主發慈悲濟萬民　　堂開惻隱指迷津
善功普遍宣仁道　　化被含靈渡溺沈

其三
悲嗟生死應難期　　悟道修真志莫移
幻假將成真夢幻　　夢中成夢景稀奇

其四
夢中做夢夢稀奇　　認定真身免受悲
世世恩冤相顯報　　生生結伴斷難移

其五
夢中作夢夢稀奇　　世世恩寬相顯報
輪迴苦却嘆生難　　最好為人行大道

其六
　古今忠孝要敦修　　專性無虧心自足

其七
　囑生早晚用夫功　　不老山中真訣現

其八
　養精蓄銳氣提山　　不詐不騙情性在

其九
　認定真身免受悲　　生生結伴斷難移
　轉陷迷途心自寒　　功成玉勒列仙班
　盡義為神執不籌　　一誠貫徹赴文樓
　妙道珍修性力空　　長生藥圃桔泉藏
　攝血還元心志閑　　身中三昧白蓮瓶
　輪迴苦劫嘆生難　　轉陷迷途心自寒
　最好為人行大道

61 高雄美濃廣善堂

【寺廟沿革或簡介】

美濃地區的開發歷史可追朔至清乾隆元年（公元 1736 年），林豐山、林桂山（生卒年不詳）兩兄弟，率領 40 餘人，從武洛庄（今屏東縣里港鄉武洛）入墾靈山、雙峰山、月光山麓，並建立「開基伯公」（現在靈山下），這是客家人墾殖美濃的開端。數年後於現在美濃溪北岸與羌仔寮溪、竹仔門溪匯合處建立聚落，稱為「瀰濃庄」，日治時期大正 9 年（公元 1920 年）將「瀰濃」改為「美濃」。

美濃廣善堂位於瀰濃里，其祭祀圈涵蓋人口最稠密的大瀰濃庄地區，包括瀰濃、泰安、東門、中圳、合和、福安六里，旁及祿興、廣德、興隆里部分地區。依據該堂編撰的堂誌，堂內供職人員包括理事長、常務監事、理監事、經理、顧問總共 59 人，前述瀰濃庄各里佔了 55 人，旁及 3 里僅有 4 人，鎮內其他里

都沒有該堂的供職人員，祭祀圈的界定非常明顯。

美濃廣善堂為美濃地區四大鸞堂之一，與廣興善化堂、石橋仔善誘堂、南隆輔天五穀宮同屬於降筆會的鸞堂系統。日治時期，高雄縣客家聚落鸞堂信仰可以畫分為兩大支系，日治前期以杉林鄉月眉村樂善堂為起點，相繼分香成立旗山鎮圓潭宣化堂、美濃鎮廣善堂，傳到廣善堂後在短短的 10 年內，後續成立了龍肚庄的廣化堂、廣興莊的善化堂、九芎林庄的宣化堂、石橋庄的善誘堂，甚至遠傳至六龜鄉新威庄的勸善堂。另 1 支系則是日治中期以南隆地區的五谷廟為中心，相繼到美濃鎮龍山里獅形頂的朝天宮，這一支系源於日治時期大量引進北部桃竹苗客家人入墾南隆農場，在物資貧乏、生活困頓面臨極大身心挑戰下，墾民移植原住地的信仰作為守護神。

美濃廣善堂即是在大正 4 年（公元 1915 年）春，由美濃古阿珍糾集志同道合者 12 人，從成立於大正 3 年（公元 1913 年）杉林區月眉里的樂善堂（高雄縣客家地區最早成立的鸞堂，帶動美濃、旗山地區的鸞堂信仰），迎請三恩主（關聖帝君、孚佑帝君、司命真君）香火奉祀於俗名牛皮寮下的古細番住宅，開啟美濃地區的鸞堂信仰。

大正 6 年（公元 1917 年）4 月，信眾們集資向地主曾李楊來購得建廟基地，廟址位在瀰濃山下，背倚網形山，面對美濃溪，被視為堪輿學上的風水佳地。信徒積極開荒整地，初建草堂安奉神位，主祀三恩主。隔年冬天，正殿落成，秉持「己欲善而民善」之理想，將堂號名為「廣善堂」。此後，陸續於大正 11 年（公元 1922 年）增建兩側橫屋、大正 12 年（公元 1923 年）建講堂，組織與堂規也日漸完備。昭和 8 年（公元 1933 年）11 月完成後殿玉清宮，奉祀玉皇大帝。至此，廣善堂整體的規模大抵完成。

戰後，廣善堂積極投入美濃區的地方建設，更發起祈雨、祈安等祭祀活動，民國 55 至 74 年（公元 1966-1985 年）間籌建大福醮，儼然成為美濃區民的信仰

中心。民國 85 年 (公元 1996 年) 後殿凌霄寶殿落成，巍峨的三層樓建物，安奉玉皇大帝、佛陀與菩薩，既有的玉清宮則改為文昌殿。在陸續的擴建與翻新過程，廣善堂融入不同階段的建築特色與民間信仰，清楚紀錄儒、釋、道等三教合一的歷史過程。客家話的「講」與「廣」同音，所以居民也將「廣善堂」稱為「講善堂」。

【神蹟故事】

學乩過程：鸞生父子陰陽對話 (民國 60 年)

八殿城隍到詩：　八月初六日亥刻扶

八面薰風月色朦，殿前領命喜和融；

城開片刻欣無限，隍固留心到此中；

興喜登台作綿文，奇緣相遇在堂欣；

觀爾眾等虔心奉，囑白良言悅耳聞；

吾今奉命到來堂，片刻徐行喜氣揚；

蒙感恩師開聘召，喜中有感動心腸；

喜是離娘四八春，丟離妻子入返魂；

今晚父子重相會，憶昔當初嘆苦言；

哀入冥關四入秋，榮沾諭召我來遊；

陰陽隔別難言說，一別家園萬事 休；

關西夫子姓名楊，福蔭兒孩耀祖先；

清白傳家昌世代，吾兒洗耳細思量；

弘農祖德永流芳，來到堂中効善良；

寶重懇勤功早立，宣修陰隲感穹蒼；

楊家門俚掛心歎，今夜奇逢返故鄉；

時刻難延多敍說，叮嚀囑白化傳揚。

＜話＞：「吾 乃八殿城隍荏職，今晚蒙怗主席恩師聘召，片刻復轉故鄉，

嘆我們日昔當年，離別陰司，稚齡幼女，淚顯衫襟，三期幸得今天得蒙難兄導化，曉到堂門參道，喜哉，善哉，時刻難延，要轉司壇，叮囑吾兒來寶，再加立志，吾在冥中之希。」

＜又詩＞：

復轉冥關別善堂，關西門下定榮昌，豐賢慶瑞安家樂，春繼榮昇耀祖先。送駕。」＜主席恩師 話＞：

今晚特開恩典，聘召城隍，爾生等知否是誰，詩中載明，各宣免疑，停筆。」

楊來寶的學乩文中，將其父榮陞為八殿城隍，降鸞會話訓勉，又詩中提及孫子楊豐春，楊豐春也在 2007 年銜續楊來寶接下正乩職務。

摘至：

1、張二文。（1998.11）從世俗到神聖― 六堆客家鸞堂鸞生養成傳承紀實之研究。

行政院客家委員會 98 度獎助客家學術研究

【連絡資料】

高雄美濃廣善堂

地址：843 高雄市美濃區福美路 281 號

電話：07-6812124

【鸞文或鸞詩】

八月廿三日丑刻

副主席真君

詩：

楊柳生新色亦清，福田廣種現光明，
來堂定效前修爵，善路宏開見大平，
人生最懼惡多為，指醒迷途正在茲，
慘報臨頭何不避，修全善果勿猜疑，
冥刑苦法實難當，廣造慈航渡十方，
到此神仙難化解，善人方得上天堂，
香煙朵朵滿堂清，喜爾諸生向善誠，
果曉勤修真道德，定然錫福兆昇平。

關太子興　到

詩：

廣興善事學前賢，善道無虧福錄綿，
堂上尊神施化澤，還期爾等細心研，
興能長久善為憑，惡事當除禮義興，
可把修功勤立德，招彰報應福常增。

62 高雄六龜勸善堂

【寺廟沿革或簡介】

「新威」於乾隆五年由客家祖先約二十餘戶，落腳於著濃溪畔，戮力開墾，村落漸成。緣由先賢邱安生於民國七年亟思建廟，祈神恩護佑，邀輩自美濃廣善堂，分爐恭迎「關聖帝君」「孚佑帝君」「司命真君」等三聖恩尊在家祠奉祀追至民國十三年旋由邱貴興先生，慨獻堂地五七三坪為址善男信女出錢出力，「勸善堂」於焉初成。三聖恩尊神像陞座，靈光普照，庄民歡欣鼓舞，本庄從此五谷豐登、安居樂業、人才輩出。

二、傳承

民國十八年全體鸞生祈求 皇恩旨諭，於十九年十月造降發行善書「勸善新編」四部冊編輯者：徐阿輝及黃阿桂等二位先人扶鸞，提升文化、和諧民風勸醒愚玩。

再次於二十八五月再降造，發行「述世醒民」四部冊，編輯者為妙鏡先師劉西生扶鸞，代天宣化，勸醒十方澆漓，上遵下睦、尊老敬賢、協志同聲、互

熟協助、堂門之光斯時乃有邱運林、黃鼎真、邱忠彥、黃增光等四位正鸞生。

三、再造

堂正殿歷經七十餘載,牆壁龜裂,被列為危險建築物控管於八十七年九月吉時,興土動工、重建寶殿,依前三山、後五山棟,客家傳統建築造型,巧藝營造。於民國九十一年七月六日恭迎昊天金闕玉皇大天尊、三聖恩主恩師暨列諸聖佛仙神星君,榮登龍座,人傑地靈、香火鼎盛、儒釋道三教同堂,正道宣揚、代天宣化、匡正人心、弘道闡教、扶鸞濟世。

每月農曆十五日「祈安禮斗」消災植福、風調兩順、國泰民安。每年農曆六月二十四日「關聖帝君」聖誕,為最盛大之慶典,管理委員會依儀典隆重祝壽。信眾亦備牲體素果共襄盛舉、同來祭祀、祈安還願,香客絡繹不絕,香燭娘娘。承載民願直上天際 威靈顯赫、廣佑萬民、永護群黎。

四、展望

1、保存客家傳統文化,發揮客家精神,弘揚教義、易俗濟世。
2、宣揚傳統倫理道德,增進社會福利,聞揚善良風氣。

【連絡資料】

高雄六龜勸善堂
地址:高雄市六龜區新威里十鄰新威 153 號
電話:07-6871037

【鸞文或鸞詩】

王天君 登臺

話：

嗚呼觀今塵世，風俗日壞，世道日頹，人心愈德於青蒼，居仁由義，君子人也，立身於青天白日之下，愈趨愈下越滑越刁，近惡遠善，奸盜邪淫，賭風日甚，無惡不作，如畜類行為無異，是成何世哉，是成何世哉，蓋所以皇天不忍降災者，實有宏施一點慈悲之意，故吾神方可處處飛鸞降書勸化，上乃三生有幸也，無奈痴蠢之輩，仍故囝為，知過不改，深可惜哉。

深可嘆哉，汝等試觀近年災氛疊降，非旱災即水患，非干戈即地震，種種災劫，乃汝等自作之孽，動干皇天震怒，以致於斯也，今宵吾神降出新箋，功已及半，從此益加洗心滌慮，協力匡扶，可得部就篇圓，方能出色，爾劻勞者各宜勉諸，切切此示。

63 高雄美濃善誘堂

【寺廟沿革或簡介】

【善誘堂】在「高雄市美濃區」當地是間極具特色且非常有名的廟宇，主祀神祇關聖帝君很靈驗，每每保佑者當地居民的生活起居，深受當地居民的愛戴與朝拜。

以前蓋一間廟總是需要動員數十、數百到數千人的力量才能竟其功，所需的經費及時間更是龐大，所以如果不是天命使然，在台灣小小彈丸之地是無法保留到那麼多的廟宇直到現在的；在網路化發達的現代，行動使用人口的急速攀昇，我們相信用建廟宇的概念來建構新一代的【網廟】，讓我們一起努力來將台灣特有的廟宇文化保留下去、傳承下去，並留下完美的文化記錄與文化價值。

　　民國 8 年，宋阿三先生邀集多人至美濃廣善堂參修禮拜，開始有建廟修行之意象。

　　民國 8 年，宋阿三先生提議敬錄三恩主恩師及諸神，在家設堂供俸，由宋阿三、練阿堂、張王桂、劉乾五、劉阿二、宋阿德、劉盛德、劉阿琳、鍾石生、詹福生、張發英、劉新華、宋阿寶、劉添德、鍾阿奔等人輪流在朔、望神生節日時禮拜恩主恩師及諸神，並推舉張王桂先生為第一任堂主。

民國 11 年，接任堂主劉阿華先生提議購地設立堂。

民國 12 年，購得現有堂址土地。

民國 13 年，簡易善誘堂初步完成落成啟用，正式定名為善誘堂誕生。

民國 18 年，增加興建拜亭。

民國 36 年，請旨著書「靈樞寶鑑」。

民國 44 年，曾亭楡、林垂昌先生協助再改增建堂宇。

民國 46 年，改建堂宇完工啟用，正面朝南。

民國 48 年，堂主劉新華先生去世，由劉慶施先生接任堂主。

民國 51 年，善誘堂與美濃廣善堂共同設鑾堂，共同舉行慶祝 50 周年紀念。

民國 52 年，劉慶施先生去世，由劉福厚先生接任堂主，理事長潘丁坤先生。

民國 74 年，劉福厚先生去世，由劉正富先生接任堂主，理事長潘乾順先生。

民國 77 年，再改建部分堂宇。

民國 80 年，改建堂宇完工落成啟用，正面朝北。

民國 100 年，善誘堂改組成立理監事會，推舉潘乾順先生為理事長，陳興龍先生為堂主。

民國 104 年，成立管理委員會，由理事長制改為管理委員會制，並推舉林榮清先生為首任主任委員，正式立案登記管理委員會制。

民國 105 年，改建前拜亭，拆除清龍及欄杆，雙獅移置入口圍牆正門兩側，設置殘障爬坡道，擴大參香拜亭。

民國 106 年，籌建牌樓計畫，蒐集圖案，考量建設經費有限，找尋師傅，興建

開始，需調移台電電線電桿、電話線桿、第四台線路、自來水管路、公路總局預計拓寬計畫、農田水利會水利用地、市府地政處、美濃區公所石橋路用地許可、市府水利局、交通局。

民國 107 年，修繕活動中心，油漆、更換門窗，修建廁所、更換燈飾、設置排水溝、填土整地，室外排水溝，搭建遮陽遮雨鐵皮屋頂，牌樓施工完工，於 107 年 11 月 15 日辦理剪綵啟用及宴客、新修活動中心啟用典禮、青龍復建彩繪點睛，文康設施(歡唱)啟用。

民國 108 年，設置路口紅綠燈閃燈警示標示，以維路口交通安全。

民國 109 年，向市府都市發展局申辦設置「誘見稻香」小型迷你公園，籌畫規劃設計方案，送市府審查，多次修正意見，7 月開工，10 月完工啟用。

民國 110 年，1 月辦理管理委員改選，有民眾鬧場與干擾，至無法進行改選，個人並宣布辭去主委職務，改由副主任委員陳興隆接辦，相關改選鬧場無法改選事宜及過程，陳報市府民政局及美濃區公所。

【連絡資料】

高雄美濃善誘堂

地址：高雄市美濃區祿興里石橋 6 號

電話：07-6852224

64 屏東恆春天道堂

【寺廟沿革或簡介】

本堂天師於民國 56 年由本地黃居先生所奉祀，至臨終前始喚有志士陳豹移師遷址，繼往開來並定名為天道堂。定每年 9 月 20 日為堂慶日，而後招兵買馬，眾人殷鑑世風日下人心不古，思欲挽困拯危，然唯恐人力有所不迨，務必配合神力，眾商之下毅然赴台南下營鄉樂善堂見習鸞務廣究鸞章，於民國 66 年間請著首科金章「古道儒風」同時勒派陳豹為堂主至今。

由於神人共協，從四次遷堂至最後於黃平堂監宅中為堂址，歷經 29 年之奮鬥，今欣覺鸞務日重漸感道堂狹窄陳豹堂主毅然興起建堂之念，僅於民國 83 年間五次遷堂至現址並於 84 年興工動土始建天道堂，今興建中。

【連絡資料】

屏東恆春天道堂

地址：屏東縣恆春鎮山腳里恆南路 117 巷 22 號

電話：08-8895222

65 屏東竹田覺善堂

【寺廟沿革或簡介】

位於西勢村六堆忠義祠的右前方，正大門稱玉清宮，宮前大廣場是一座規模宏偉道教廟宇，期正殿凌霄寶殿供奉玉皇大帝、其他兩邊兩個殿，分別為紫雲宮及仙鳳宮，內正面又稱覺善堂，堂前右房懸掛西式覺善堂管理委員會招牌，堂後院塑造有一座濟公大佛像，高約三丈頗為特殊，另外在廟前的大龍門，高有三丈多，極為華麗氣派。

玉清宮於日治大正十三年（一九二四年）創建，大正廿、廿二年（一九三一、一九三三年）擴建，光復後民國三十八年擴充建地至約一甲四分（包括宮前廣場）民國四十二年、五十一、五十七、六十三年及民國六十七至六十八年逐年逐次再擴建及塑造大佛像等設備，今成為大規模廟宇聖地（西勢人陳添富提供資料）

【連絡資料】

屏東竹田覺善堂

地址：911 屏東縣竹田鄉龍門路 26 號

電話：08-7793709

66 高雄小港鳳儀宮志光堂

【寺廟沿革或簡介】

溯自明末熙宗天啟四年、西元一六二四年，台灣被荷蘭竊據，當時台灣先民過著暗無天日的生活，至順治十八年天運辛丑、西元一六六一年，鄭成功驅荷治台後，有位福州府人氏吳天年者和表親余大慶，於清康熙六年（西元一六六七年）歲次丁未，二人舉家遷台，臨行之際，迎請宅中所奉之朱府千歲，以隨航護佑，後乃暫居斯邊，而朱府王爺自蒞境以來，神威顯赫，但境域尚無廟安祀，逾二載，境內住戶增至四十餘戶，同年朝廷命派七品官鄭有祝來治理政務，但鄭病歿，朝廷無再派人接任，因此境民迎請朱府王爺金身安奉於官邸，

而「大人宮」一名亦遠播四方，並定為地名，周府大將軍，廣東省廣州市人，奉玉旨敕封為將軍大元帥，二百八十餘年前，宋、吳、余三大祖先共同恭迎來店仔後供奉。越數載，閩粵籍移民陸續渡台，其中有一余姓，信士迎請一尊溫府千歲，未幾，又有一余姓信士攜來池府千歲神尊，二聖尊皆進奉於大人宮，與朱府千歲共同靖域之職責，迄于清高乾隆五十年（西元一七八五年），三府千歲回福建泉州、廈門等地竭祖，翌年因林爽文之亂，三府千歲未能及時返台，越二年，戰事平靖，三聖尊始，自三府千歲，鎮駐境域以還，施藥救人消災袪厄，因是建廟崇祀，以安妥聖靈。

小港區鳳宮里的鳳儀宮，是清朝乾隆年間創建的古廟，裡頭供奉神明是溫、朱、池三王爺，此廟從清乾隆十二年創建以來，歷經多次重修，廟方為維持古蹟原貌，故利用原有材料，如現有的花崗石階，廟柱礎石，及雕花大石柱等珍貴建材，經過專家鑑定後，均為初期建廟時，由大陸運來之原始材料，風貌猶存，值得鑑賞。

【連絡資料】

高雄小港鳳儀宮

地址： 812 高雄市小港區漢民路 188 巷 32 號

電話： 07-8016784

【六部生介紹】

正鸞生：孫棐繪

副鸞生：陳癸梅

唱生：傅清得、陳柯秀花、郭昭明、曹麗月

筆生：韓紫宸、傅清山、郭昭明、吳月桂

監壇：曹月來、陳柯秀花

宣講：余啟芳、陳李正芬

經生：郭啟明、傅清得、李明煌、曹月來、吳月桂、沈陳秀嬌

【鸞文或鸞詩】

余本科主著造本堂主席　降

詩

至守三綱行五常　行遵四德及三從
光耀性命功德行　儀表端正是賢良

話

三綱者：君臣、父子、夫婦。

遵行先聖三綱、五常，應用在修身、齊家，更運用在道場之團體修持，促進社會之安定有其重要啓示。

◎君為臣綱：

綱是綱領，一條堅固正直之粗繩，是由眾多細線所結成，君揮臣動，要成為一國之明君必需有領導之能力，具備修身之法則，能親近會得有忠孝才德正直之賢良為臣，繞能博納善言，察知真才實學，將仁風德政交付推行。臣者必服從君王之領導，盡其才能輔佐執行政策，盡忠報國，君惜臣才，臣敬君愛，上施下效，國泰民安。

君不君：朝綱不整，不能禮賢下士，忠奸

余本科主著造本堂主席　降

詩

至守三綱行五常　行遵四德及三從
光耀性命功德行　儀表端正是賢良

話

三綱者：君臣、父子、夫婦。

遵行先聖三綱、五常，應用在修身、齊家，更運用在道場之團體修持，促進社會之安定有其重要啓示。

◎君為臣綱：

綱是綱領，一條堅固正直之粗繩，是由眾多細線所結成，君揮臣動，要成為一國之明君必需有領導之能力，具備修身之法則，能親近會得有忠孝才德正直之賢良為臣，繞能博納善言，察知真才實學，將仁風德政交付推行。臣者必服從君王之領導，盡其才能輔佐執行政策，盡忠報國，君惜臣才，臣敬君愛，上施下效，國泰民安。

君不君：朝綱不整，不能禮賢下士，忠奸

余本科主著造本堂主席　降

詩

至守三綱行五常　　行遵四德及三從

光耀性命功德行　　儀表端正是賢良

話

遵行先聖三綱、五常，應用在修身、
齊家，更運用在道場之團體修持，促進社
會之安定有其重要啟示。

三綱者：君臣、父子、夫婦。

◎君為臣綱：

綱是綱領，一條堅固正直之粗繩，是
由眾多細線所結成，君揮臣動，要成為一
國之明君必需有領導之能力，具備修身之
法則，能親近會得有忠孝才德正直之賢良
為臣，纔能博納善言，察知真才實學，將
仁風德政交付推行。臣者必服從君王之領
導，盡其才能輔佐執行政策，盡忠報國，
君惜臣才，臣敬君愛，上施下効，國泰民
安。

君不君：朝綱不整，不能禮賢下士，忠奸

67 高雄林園無極紫修殿警善堂

【寺廟沿革或簡介】

　　無極紫修殿警善堂的前身為「警善堂」，民國 35 年農曆 (以下省略)11 月 20 日，林園鄉黃瑞祥、余源水、黃文衛、陳崇、許鞍心、許新福等六位有識之士，鑑於人心悖古，道衰德微，共同商議創設鸞堂，以挽救頹危風俗。

　　首先於黃瑞祥先生家宅正廳，祀奉四聖恩主－關聖帝君、司命帝君、孚佑帝君、文昌帝君香位，請旨設堂，每夜訓筆、扶鸞問卜，遠近聞風接踵求事者眾多。民國 36 年 (西元 1947 年)2 月 20 日正式開堂，堂號警善堂，勅任南宮太乙星君柳星君為正主席，命派黃瑞祥為首任堂主。同年 5 月更名為紫修殿警善堂。民國 38 年 11 月，因堂生眾多，廳屋狹小，眾議購買虎邊毗鄰地 526 坪，興工建堂於林園鄉頂厝村檨林巷 10 號現址。民國 39 年 4 月落成，同年 4 月 14 日安座開堂。

圖 2-1. 民國 35 年開基堂主黃瑞祥肇建之堂貌 (創堂時在此扶鸞)。
資料來源 ： 警善堂提供，黃健君翻拍 2019.5.6.

圖 2-2. 民國 39 年歲次庚寅年孟夏落成新建警善堂全貌。
資料來源 ： 警善堂提供，黃健君翻拍 2019.5.3.

圖 2-3. 民國 84 年歲次乙亥年仲春吉旦重建警善堂全景。
資料來源 ： 黃健君拍攝 2019.4.29.

民國 47 年正月，余源水接任第二任堂主，民國 49 年秋，由於堂生數超過 200 人，堂宇尚感狹小，同年 12 月興工增建，民國 50 年初春完竣。經三度頒書感化多方，堂生數激增數達 300 人。是年 6 月增建大殿，並改造前殿作為效

勞處所。民國51年2月首屆恭還聖蹟。民國53年正月興建大殿，6月落成安座，8月更名為無極紫修殿警善堂。民國72年9月2日，崇尚儒學開辦漢學講習班，聘請黃祈全、劉福麟、黃瑞祥、黃火盛₈諸位先生擔任義務老師，教讀四書、瓊林、詩學入門等。

民國78年5月28日設重建委員會，由盧榮祥₉擔任主任委員，展開重建大殿事宜。民國80年正月10日，重建大殿工程開工。民國81年10月10日重建工程竣工，建築格局為四層樓宇建築，同年11月11日至27日舉行大殿落成與第十科頒書。重建後實施重組，一樓文昌書院設院主，二樓警善堂設堂主，三樓紫修殿設殿主，頂樓無極瑤池宮設宮主，由總堂主負責全般堂務，組織型態變為管理委員會制，總堂主即主任委員，另設總主監，亦即常務監委。民國99年12月詹進成接任第三任總堂主。

頂樓為無極瑤池宮與藏書閣，宮內主尊供奉瑤池金母娘娘，同祀三教教主－釋迦牟尼佛、太上道祖、至聖先師。三樓為紫修殿，殿內主尊供奉玉皇大天尊玄靈高上帝，同祀文昌帝君、孚佑帝君、司命真君、玄天上帝與三官大帝－天官大帝、地官大帝、水官大帝，左右偏殿從祀南斗星君、北斗星君。二樓為警善堂，主尊供奉玄靈太子，同祀觀世音菩薩、司命真君、延平郡王、托塔天王、哪吒太子、周大將軍、太乙星君、孚佑帝君、許府千歲、韋馱菩薩，左右偏殿奉祀先靈神位，二樓同時也是管理委員會辦公室。主祀神：瑤池金母、玉皇大天尊玄靈高上帝、玄靈太子。

【連絡資料】

高雄林園無極紫修殿

地址： 832 高雄市林園區頂厝里檨林巷 10 號

電話： 07-6414115

---

8 黃祈全、劉福麟、黃瑞祥、黃火盛等四位詩宗，前二位分別是鳳崗詩社、旗峰詩社詩人，鳳崗、旗峰兩詩社，均創於日據時期；後二位是林園詩社詩人，其中黃火盛先生是林園詩社創辦人之一，於民國61年(西元1972年)12月10日成立大會，公推為首任社長。黃祈全、劉福麟兩位詩宗後來也都加入林園詩社，連袂參與各地詩會活動。

圖2-4.頂樓為無極瑤池宮，宮內主尊供奉瑤池金母娘娘，同祀三教教主－釋迦牟尼佛、太上道祖、
至聖先師。
資料來源；黃健君拍攝 209.6.24

圖2-5.三樓為紫修殿，殿內主尊供奉玉皇大天尊玄靈高上帝，同祀文昌帝君、孚佑帝君、司命真君、
玄天上帝與三官大帝－天官大帝、地官大帝、水官大帝，左右偏殿從祀南斗星君、北斗星君。
資料來源；黃健君拍攝 209.6.24

---

9 盧榮祥先生，曾任高雄農田水利會會長。

【與神對話】

圖 2-6 二樓為警善堂，主尊供奉玄靈太子，同祀觀世音菩薩、司命真君、延平郡王、托塔天王、哪吒太子、周大將軍、太乙星君、孚佑帝君、許府千歲、韋馱菩薩，左右偏殿奉祀先靈神位。
資料來源；黃健君拍攝 209.6.24

一樓為「文昌書院」，功能為活動中心。刊印善書濟世，開辦講習班、誦經團、書法班，舉辦詩人聯吟大會及高屏縣市書法比賽，宏揚中國傳統文化。

圖 2-7. 民國 81 年 (西元 1992 年) 歲次壬申年全國詩人聯吟大會。
資料來源： 警善堂提供，黃健君翻拍 2019.5.4.

圖 2-8. 民國 81 年 (西元 1992 年) 歲次壬申年全國詩人聯吟大會。
資料來源： 警善堂提供，黃健君翻拍 2019.5.4.

【神蹟故事】

民國七十六年一月十一日丙寅年十二月十二日

天台山了一仙翁孫真人降示

盧洪生素蘭

素蘭世出漢家民　寶貴時間求道人　六一轉生風霜苦　還原返本復前因

黃盧生石蜂

石蜂原本月宮人　浪費時光悟卯寅

雖有才華真可惜　三三轉世契姻親

黃生麗香

麗香三六見才華　求道明師為出家

警善求精參聖教　彩雲伴駕燦紅霞

黃生麗玲

麗玲良才可不全　寄居南海為流連

四三墜落紅塵苦　以道求精一字傳

洪生水山

冰山個性屈強人　學道求師自潔身

向進必成回本位　五三前付果生珍

林生泰興

泰興前本廣東人　父子侈居落泊身

雖有全心求二四　東流失足墜紅塵

李生固

李固前生苦命人　子肩父貴費精神

孝全兼以行仁德　六一重修必有因

　　以上了解到本堂仙佛除了降鸞文濟世外，也對堂生論其因果，警惕堂生需懷慈悲心，濟世渡人。一般宮 院 堂問世需先報名，而本堂直接對堂生的警惕，算是傳奇。

【六部生介紹】

正鸞生：黃兩文、王妙卿、黃敏忠

筆生：盧寬裕、蔡沛真、蔡陳秀子、李芝妍

唱生：盧素娥、吳碧雲

覆文生：蔡陳秀子

接駕生：黃允能、龔勝英

經生：黃文崇、黃允能

本堂正主席南天玄靈太子 關

箴言演繹豁吟胸　　勵子虔誠劍練鋒
戞玉珠璣才吐鳳　　敲金錦繡句雕龍
六根清淨三乘法　　五蘊皆空百煉從
不畏艱辛勤悟道　　圓融大業世尊宗

其二

樸實諸生德厚譽　　宣仁教孝自耕鋤
理天廣闊談禪法　　心地宏開讀典書
笛奏悠揚聲遠播　　絃歌雅韻振清虛
文篇哲學經綸飽　　秘藏胸羅富五車

其三

冒雨來堂信步趨　　揮鸞闡釋眾仙儒
文昌教澤滋桃李　　學院栽培繞市區
警世金篇開妄瞶　　箴言玉律醒癡愚
頌書待發宣仁義　　雅俗淳風繼昔虞

其四

闡釋箴言盛世情　　同心協力好賢生
新書道義傳千里　　舊籍文章播滿城
厚德羅幃詩筆陣　　宏襟錦帳句縱橫
豪懷壯志禪心悟　　大展鴻圖羽翼鵬

國家圖書館出版品預行編目資料

與神對話(上)／陳桂興主編，
－－第一版－－臺北市：宇河文化 出版；
紅螞蟻圖書發行，2022.1
面 ； 公分－－(玄門真宗；10)
ISBN 978-986-456-323-4（平裝）

1.扶乩 2.民間信仰

196.2   110020251

玄門真宗 10

與神對話(上)

主　　編／陳桂興
發 行 人／賴秀珍
總 編 輯／何南輝
校對整理／柯貞如、紀婷婷、蘇倍民
美術構成／沙海潛行
出　　版／宇河文化出版有限公司
發　　行／紅螞蟻圖書有限公司
地　　址／台北市內湖區舊宗路二段121巷19號(紅螞蟻資訊大樓)
網　　站／www.e-redant.com
郵撥帳號／1604621-1　紅螞蟻圖書有限公司
電　　話／(02)2795-3656（代表號）
傳　　真／(02)2795-4100
登 記 證／局版北市業字第1446號
法律顧問／許晏賓律師
印 刷 廠／卡樂彩色製版印刷有限公司
出版日期／2022年 1 月　第一版第一刷

定價 850 元　　港幣 284 元

ISBN 978-986-456-323-4　　　　　Printed in Taiwan

關聖帝君《玄靈高上帝》親敕 建立自己的教門
尋回自己的累世的門徒 咸令得到皈依、歸宿

玄門山

玄門真宗 總山門

關聖帝君《玄靈高上帝》親臨降頒，尋回自己的緣生門徒，為近二千年的神威救渡及五常德「仁、義、禮、智、信」精神能有一定位，更讓關聖帝君《玄靈高上帝》近二千年來的神人因緣、門徒有所的皈依歸宿。

天運甲子歲次開科，關聖帝君《玄靈高上帝》親敕點選門徒，創建以『關聖帝君《玄靈高上帝》』為教主的宗教脈延，親敕以「玄門真宗」為教名，更從立「教名」、「會集賢才」、「創建道場」、「立教申請」、「學術公聽會」等完成創建以關聖帝君《玄靈高上帝》為教主的『玄門真宗』。

根據「玉皇尊經」的記載，關公在公元一八六四年被各教教主推舉，禪登「玉皇大天尊玄靈高上帝」，至今一百三十餘年，復於公元二○○三年在內政部正式申請立教，有了自己的教門，自己的國度，稱為圓融國度。

關聖帝君如今已立有自己的教門『玄門真宗』來宏揚無量無邊的神威誓願，有廣大的門徒，有完整的經卷和殊勝濟世的方便法門，如今更創建『玄門山』為宣教總山門，得以更完整的建制，組織，宏揚關聖帝君《玄靈高上帝》的大誓願天命、拔選人才、為社會，為云云眾生行救渡、救贖、教化的大慈悲誓願。

讓我們在恩主恩師的五常課程學修教門

追求法喜的身體健康
創造通達的人際關係
經營和諧的圓滿家庭
建立利益眾生的事業
實現精勤的人生理想

歡迎你回家